一目でわかる
Document Management of Municipalities
自治体の文書管理

―行政文書管理ガイドラインの実践―

廣田傳一郎
［編著］
江川　毅
［著］

第一法規

推薦のことば

政治行政の基盤となる文書管理を学ぶ時代

文書管理の歴史の中で、二〇一六年から現時点（二〇一八年七月）を含む数年ほど、特筆すべき時期はないに違いありません。森友事案・加計事案によって文書管理が、政治の一大案件となり、その成否が政権の存亡に影響を与える事柄となりました。もともと文書管理の在り方は情報公開制度の基盤であり、民主主義を支えるものです。私は従来から文書管理は、一国および各自治体の行政水準を表す指標であると述べてきました。現在の事案はそれを如実に示すものとなっています。

このような時に、学者として文書管理の研究・あり方に生涯を捧げてきた廣田傳一郎先生編著『一目でわかる自治体の文書管理－行政文書管理ガイドラインの実践－』が生まれました。廣田先生は文書管理の伝道者のように事柄をわかりやすく伝えることに卓越した腕前を持っています。先生は、堅苦しい論述ではなく、対話方式を貫きました。対話は大切なことを伝える重要な手段です。大学や学校の教師は、学生や生徒から質問が繰り返されるときに、手のひらに重みを感ずるように、事柄の核心の理解が進んでいることに驚きます。

私は、文書管理に携わる多くの実務家がこの書物からたくさんのことを学んでいただきたいと思います。同時に、この書物では当然のこととして触れられていませんが、国や自治体の首脳部が公文書管理の重要性を認識することが大切であることを強調したいと思います。国や自治体の首脳部にこの認識が欠けると、文書管理は本当の意味で、政治行政の基盤とはなりません。一見よい文書管理の仕組みも砂地の上に建てたレンガ造りのビルのようになってしまいます。国や自治体の首脳部が適切な文書管理を作り上げようという強い持続的な意思を持つときに、砂地でない堅牢な基盤が出来上がります。

本著が国・地方を通じて広く関係者に読まれ、それぞれの場所での文書管理の改善に役立ち、ひいては行政水準の向上と市民・国民へのサービスの向上の寄与につながりますことを心から願っております。

二〇一八年七月

増島俊之（元中央大学教授・元総務庁事務次官）

Contents

一目でわかる自治体の文書管理
―行政文書管理ガイドラインの実践―

4 分類を実践せよ！

5 ファイル基準表を活用せよ！

6 書庫の検索性を確保せよ！

7 ファイルサーバを管理せよ!

8 アーカイブズは職員自ら評価選別せよ！

9 最適的なファイル用具を選別せよ！

本文イラスト：小川洋一郎

オープニング

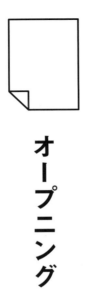

Hello Open Filing, Goodbye Cabinet !

本書の主人公である吉田係長は、ある市役所（職員数約500人、48課）で、文書管理改善の実行責任者（プロモータ）を任された駆け出しの文書係長である。吉田係長の最大使命は、新庁舎への移転に向け、事務室の机の上や足元、保管庫（文書収納庫）の上やカウンター前の廊下にまで山積みになっている文書や文書保存箱などを整理整頓し、文書を50％減らすことであった。

そこで、いろいろな本や学術論文を読みまくり、他の自治体職員からも情報を集めながら、繰り返し検討を行った。その結果、文書のファイリング方式を全庁的に切り替えることになり、昨年度からＡＫＦ（Administrative Knowledge Filing、「行政ナレッジ・ファイリング」）の導入に取り組んでいる。

ＡＫＦとは、ＮＰＯ法人（行政文書管理改善機構）が研究開発したフォルダ式整理法のことで、公文書等の管理に関する法律（平成21年法律第66号、以下、公文書管理法）の実務指針である行政文書の管理に関するガイドライン（内閣総理大臣決定。以下、ガイドライン）のモデルとなった日本規範である。

ＡＫＦの核となる分類技法は、ツミアゲ式階層分類と業務プロセス式水平分類とのクロス分類技法である。クロス分類の成果は、高速他者検索を実現して職員に歓迎され、ついには、職員の働き方を変え、行財政改革をも達成する。

さらに、ＡＫＦには専門的職業人の人材育成プログラムが標準装備されており、導入後の自主管理を支援する仕組みも整っている。

そこで、吉田係長は、単に文書を50％削減するのではなく、自ら設定した改善目的を達成するためにＡＫＦの導入を決め、その指導をＮＰＯ法人にお願いすることにした。

同法人には、専門アドバイザーと呼ばれる研究者が何人も所属していて、改善指導だけでなく、その研究成果を国の機関や自治体の改善事業に還元している。

また、総務省及び内閣府の後援を得ての懸賞論文募集や、駿河台大学と提携して全国の自治体対象の実態調査を実施し、結果を同大学の研究紀要に公表している。

最近では、総務省からの依頼を受け、公文書管理法の実務指針であるガイドラインの策定にも協力し、その普及のため総務省講師として各管区で講演も行っている。そのため、文書管理に関する実績は申し分ない。

ところでＡＫＦは、使う容器と用具が、キャビネットと個別フォルダの組合せから、保管庫とＢＳフォルダの組合せ（当該容器・用具を用いるファイリング方式を、「オープン・ファイリング」ともいう）に替わり、進化した。ＢＳフォルダとは、ＡＫＦのために開発された新しいフォルダで、収納時は保管庫の棚に立てておき、引き出して使う。吉田係長が導入を進めるＡＫＦも、このＢＳフォルダを使ったものだ。

そんな吉田係長の課に、新人の坂崎くんが配属となった。坂崎くんは、文書担当なのだが、吉田係長の課は、昨年、導入を終えており、専門アドバイザーの指導を直接受けることができていない。

そこで課長は、吉田係長に、ＡＫＦについて一から坂崎くんに教えるよう指示した。

この物語では、坂崎くんが吉田係長にあれこれ質問をしながら、ＡＫＦの理解を深め実践していく様子を追い、一方で改善のプロモータである吉田係長がＡＫＦ導入過程で、職員の抵抗などさまざまな阻害要因をどのように克服してきたかを、実践事例に基づいて跡付けしている。

したがって、この物語は、文書管理改善はこうあるべきだという絵空事ではなく、ここまでは実現できたというリアルな物語になっている。読者の皆さまには、坂崎くんと吉田係長の奮闘ぶりを見ながら、この物語にご参加いただき、文書管理改善の勘どころを掴んでいただきたいと念じている。

なお、国の機関の話ではあるが、財務省による決裁文書の改ざん等の悪質な行為に関与した職員に対し、人事院の懲戒処分指針を改定して、「免職」を含めた処罰基準を明記することや、公文書管理の状況を確認する専門部署と専門官も置くことも、行政文書の管理の在り方等に関する閣僚会議で決定している。

一方で、行政文書の管理に係る案件をかかえる大臣の中には、当該文書の存否確認のために3か月も「探索」していた、と釈明するケースもあった。しかし、先進自治体では、数十秒とかけないで「検索」している。ＡＫＦをモデルにし、内閣総理大臣が決定して各府省の大臣に通知したガイドラインによる実務の改善を実施していなかったか、していたかの差である。職員を守るためにも、本書による改善実施を急ぐべきだと考える。

末筆であるが、本書が上梓できたのは、次の方々の支えによる。

ＡＫＦの導入体験記の執筆に快くご協力いただいた島根県隠岐の島町総務課課長補佐　野津千秋氏と、北海道池田町総務課総務係係長　横田大輔氏に、記して謝意を表したい。

第一法規㈱の木村文男氏、西連寺ゆき氏には、原稿の大幅な遅延、また再三にわたる修正にも、終始溢れんばかりの好意をもって誠意的に対処していただいた。心から有り難く厚く御礼申し上げる。

1

事務室の文書を50%削減せよ!

吉田係長は、ＡＫＦの導入経緯について説明するため、自らの提案で作った自慢の打合せスペースに坂崎くんを呼び、コーヒーを飲みながら話をすることにした。昨年、ＡＫＦを導入した結果、文書の保管場所が減り空間ができた。そこで吉田係長は、ソファなど低い椅子とテーブルを持ち込みこの打合せスペースを作ったのだ。職員が昼休みなどに利用するほか、係のちょっとした打合せなどにも使っている。どこかのびのびとした空間だ。

▼ 27台あった保管庫がたった6台になった

ＡＫＦの導入により60ｆｍあった文書が12ｆｍに。机に換算して約15台分のスペースが生まれた。

吉田係長　今日は、よろしくお願いします。

坂崎くん

まあ座ってよ。

坂崎くん
この打合せスペース、すごくいいですよね。ソファも座り心地いいし。なんか落ち着きますね。

吉田係長
去年まではなかったんだよ、これ。ＡＫＦを導入したら、予想以上に文書や保管庫が減ってスペースができたから、僕が提案をして作ってもらったんだ。なかなかのもんでしょ？　それにこのソファ、とても中古には見えないよね。

坂崎くん
えっ、これ中古なんですか？　新品だと思ってました。

ＡＫＦ導入後の事務室（快適オフィス）全景

吉田係長が所属する課の10人分の机は窓側に配置され、文書を配架している保管庫の６台は、隣の課の保管庫６台と背中合わせでisland配置になっている。あいにく吉田係長の課の保管庫は裏面になっているためは使用状態が見えないが、見えている隣課の保管庫と同じである。
つまり、一列に並んでいる保管庫（880㎜H）６台には、課の保管文書（現年度文書・継続文書・前年度文書）を、具体的には１人当たりの適正保管文書量である1.2fm×10人＝12fm（１fm＝１ｍ）を配架している。また、必要に応じて課外秘文書、法令等で施錠管理が義務付けられた文書の配架のため、１台をシャッター扉付き保管庫とした。
なお、図の保管庫の手前には、隣課の机10台が配置されるが、ここでは割愛している。

吉田係長

中古家具屋で探したんだ。以前は文書や物に囲まれて仕事をしていたから、そのときとは大違いだよ。気持ち良くって、仕事もしやすくなったし。導入の時は大変だったけどＡＫＦにして本当によかったと思うよ。

坂崎くん

昔は文書や物に囲まれて仕事をしてたんですか？　全く想像ができないですね。

吉田係長

だろうね。今は6台しかないけど、もともとここには、保管庫が27台あったんだから。

坂崎くん

AKF導入前の事務室（課の保管文書量は60fmの場合）。

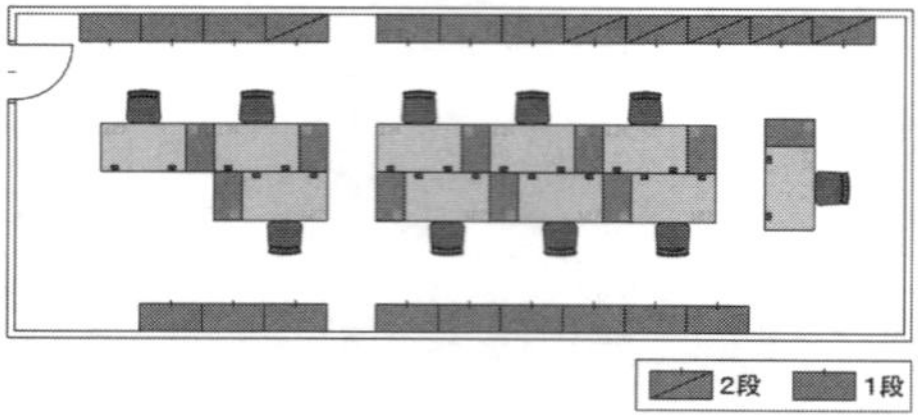

AKF導入後の事務室（課の保管文書量は12fm。１人当たりの保管文書量＝1.2fm）

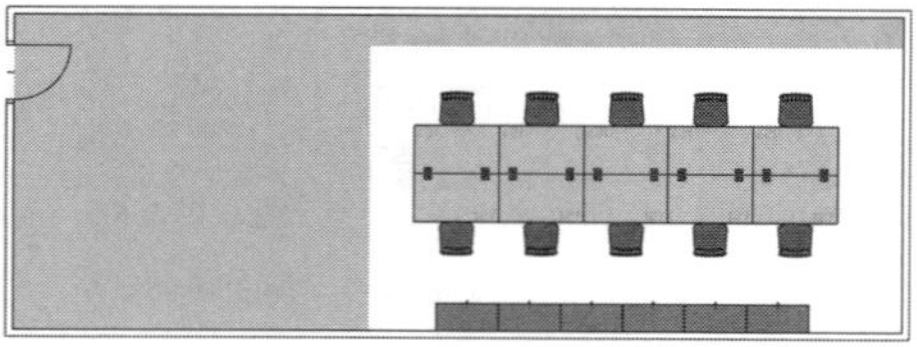

27台も？　っていうか、逆に、27台もよく入ってましたね、ここに。ものすごく狭かったんじゃないんですか？

吉田係長　それだけじゃないよ。みんなの机の横には１人１つずつ脇机があって、さらに机の下にも小さな収納庫を置いていたんだ。入庁してからずっとそうだったから、狭いとかはあまり感じてなかったんだけど、でも、ＡＫＦを導入したら、ほら、このとおり。すっきりしたよね～。びっくりしたよ、今までのは何だったんだろう　ってね。

坂崎くん　それって、どれだけの文書があると27台とかになるんですか？

吉田係長　あとで計算して分かったんだけど、ＡＫＦの導入前は課全体で約60ｆｍあったみたい。うちの課は10人だから１人当たり６ｆｍになるね。

坂崎くん　それが、今はどのくらいになってるんですか？

吉田係長　今は１人当たり1.2ｆｍだから、10人でも12ｆｍだね。だから保管庫６台で足りているんだよ。

坂崎くん　残りの保管庫はどうしたんですか？　捨てちゃったんですか。

吉田係長　一部はリサイクルしたけど、それでも残ったものは廃棄したよ。けっこう傷んでいたし、それに、旧ＪＩＳ規格の３号保管庫（S-S3、880㎜W×415㎜D×880㎜H）の引違い書庫　っていうやつで、高さが880ミリしかなかったから、１台にＡ４のファイルを２段しか収納できなくて、あまり使い勝手が良くなかったんだ。

坂崎くん　えっ、たったの２段ですか？　３段にはならないんですか？

旧JIS規格の３号保管庫

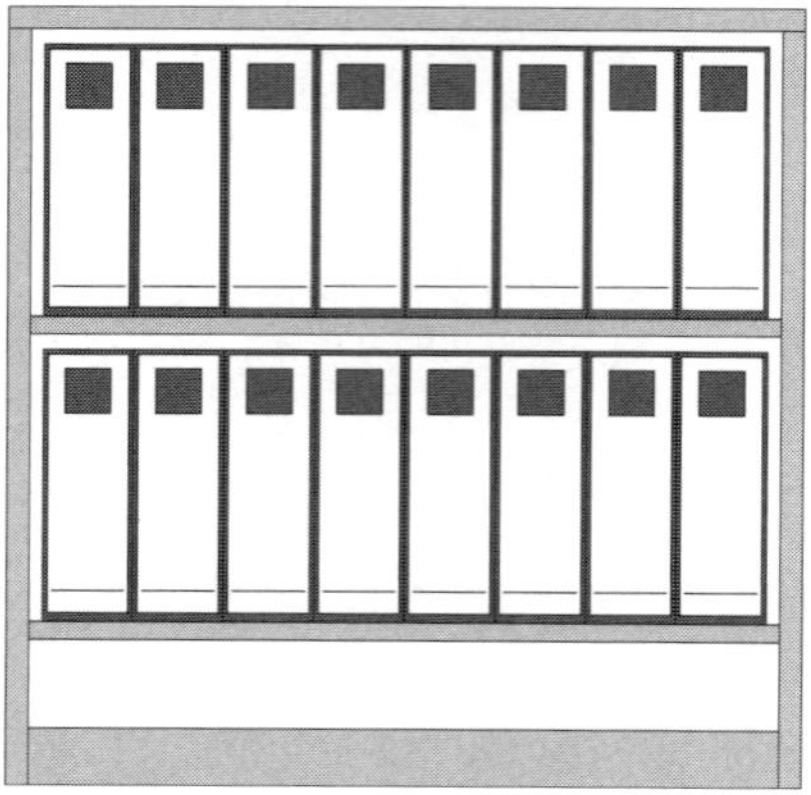

吉田係長
一応もう一段できるんだけど、高さが150ミリにもならないから、何も入れられなくて。

坂崎くん
なんかそれって、収納効率がすごく悪いですね。

吉田係長
もともとはB5判の規格だったんだろうから、しかたないっちゃ、しかたないんだけどね。でも、いつも中途半端な高さの1段がもったいないな〜って、思ってたんだ。だから今回の作業で思い切って整理をしたんだよ。

坂崎くん
それはそれで、もったいないですね。

吉田係長
ちなみに、この前、課長に教えてもらったんだけど、今回処分した保管庫21台と脇机10台って、僕たちが今使っている机（700㎜D×1,200㎜W）の面積に換算すると、約15台分くらいのスペースになるらしいよ。すごくない？

坂崎くん
机、15台分のスペースですか？

吉田係長

ＡＫＦを導入したら、１つの課くらいのスペースができちゃった　って感じ？　だから、空いているスペースがもったいないな～　とか思って、それで、このソファを買っちゃったんだよね。

▼公文書管理法のガイドラインはＡＫＦの制度設計そのもの

公文書管理法の実務指針としてまとめられたガイドラインには、実はモデルにしたシステムがあった。それが100余の自治体で導入されているＡＫＦだった。

坂崎くん

なんか意味わかんないですね。そもそも何でそんなに減らす必要があったんですか？

吉田係長

これね、今、新庁舎建設の検討が進められているのは知ってるでしょ。庁舎建設担当部門から、新庁舎の事務用のスペースが今よりも小さくなるから、移転前に、事務室にある文書を50％削減しろ　って言われたのが始まりなんだ。だから最初は、ＡＫＦを導入する、なんてことは夢にも思ってなくて、どうやったら文書を50％削減できるか　ってことだけを考えていたんだよ。

坂崎くん　そうなんですか？　でも何で庁舎建設は、それを係長に言ってきたんですか？

吉田係長　だって僕、文書管理担当の係長だから。だから、僕に言ってきたんだと思うよ。

坂崎くん　文書管理担当の係長　って、移転のために文書を50％削減しなければいけないんですか？

吉田係長　いやいや、本当はそんなんじゃないと思うんだけど、でも、

↓　新庁舎への移転が決まった
↓　事務室の文書を50％削減しないと新庁舎に入りきらない
↓　文書のことは文書主管課の仕事
↓　文書担当係長は吉田

↓ じゃあ吉田にやってもらおう

みたいな感じで押し付けられちゃったんだよね、実際。

坂崎くん

なんか、むちゃくちゃな話ですね。だいたい文書の50％削減　って、私たちの業務とは、本来、別の話ですよね。

吉田係長

さあ、どうかな？　どっちにしても業務命令だからね、いやとも言えないし。だから、とりあえず、みんなに半分捨ててくれ　ってお願いしてみたんだ。

坂崎くん

みんな協力してくれたんですか？

吉田係長

全然だめだったよ。そりゃそうだよね。仕事で使うから捨てられない　って。「冗談じゃない」って○○課の課長には怒鳴られちゃったしさ、ひどい目にあったよ。

坂崎くん

いきなり文書を半分にしてくれ　って言われても、みんなだって困りますよね。でも、とにかく移転のために半分にしろ、あとは各課の責任でやれ　って投げちゃえばよかったんじゃないんですか？

吉田係長　そんなことして、後で何かあって、責任を取れ、とか言われたら、それはそれで困るからね。

坂崎くん　それじゃあ、どうしたんですか。

吉田係長　だからさ、何かいい方法がないか、僕なりにがんばっていろいろと調べたんだ。

坂崎くん　文書を半分にするコツとかをですか？

吉田係長　それもそうなんだけど、前から課長に庁内の文書管理がなってないから、なんとかしろ　って言われていたから、どうせやるなら、文書管理改善とセットでやったほうがいいと思って、ファイリングの本や論文とかを読みまくったんだよ。そうしたら、いろいろと調べているうちに、国に公文書管理法　っていう法律と、その実務指針のガイドラインがあることが分かったんだ。

坂崎くん　国に文書管理の法律とガイドラインがあるんですか？

吉田係長　僕も勉強不足で、今まで知らなかったんだけど、そのガイドラインを読んで驚いたよ。各府省庁の文書管理規則のひな型だけかと思ったら、各規定の趣旨や意義、それと文書管理を行う際の実務上の留意事項を具体例までつけて示しているんだ。

坂崎くん　でも、それって国のガイドラインですよね。それだと市役所とかでは使えないんじゃないんですか？

吉田係長　それがね、そうでもないんだよ。公文書管理法の第34条には「地方公共団体は、この法律の趣旨にのっとり、その保有する文書の適正な管理に関して必要な施策を策定し、及びこれを実施するよう努めなければならない。」って規定されているからね。それに、そのガイドラインには、実はモデルにしたシステムがあって、それがなんと、今うちで導入しているＡＫＦみたいなんだ。

ガイドラインはフォルダの使用を前提につくられている

ガイドラインは、迅速な所在検索や効率的な整理・保存の観点から、ファイル化の方式として紙フォルダを使う随時ファイル方式を推奨している。

坂崎くん じゃあ、ガイドラインはＡＫＦなんですか？

吉田係長 基本的にはそうみたい、僕も話を聞くまで知らなかったんだけどね。これって、つまり、ＡＫＦを導入すれば、国の法令にのっとった文書管理ができる　ってことになるんだよ。

坂崎くん 本当ですか？

吉田係長 本当だよ。ガイドラインは文書のライフサイクルに沿って、作成、整理（分類・ファイル化）、保存（執務室での保管）、行政文書ファイル管理簿、保存（書庫への引継ぎ）、移管、廃棄又は保存期間の延長とかを定めているんだけど、どれもＡＫＦの実務と対応しているからね。

坂崎くん　へえ〜　すごいですね。

吉田係長　でもそれって、専門アドバイザーがガイドラインの策定にもかかわっていたみたいだから、ある意味、当然なんだろうけどね。

坂崎くん　専門アドバイザーがですか？

吉田係長　そうなんだ。たまに実地指導のあととかに、ガイドライン検討のときの裏話をしてくれることもあるよ。例えば、「行政文書ファイル」をまとめるタイミングには、「随時ファイル方式」と「事案完結時ファイル方式」とがあって、最初、遠慮して両論を併記してたら、どちらを推奨するのか問われて、迅速な所在検索や効率的な整理・保存の観点からは、紙フォルダを使う随時ファイル方式が望ましい　って説明したら、それが了とされて、ガイドラインにその旨が明記されることになった、とかね。

坂崎くん　ふ～ん。

吉田係長　でも、事案完結時ファイル方式っていっても、ガイドライン自体はＡＫＦがモデルなんだから、本当はあり得ないんだけどね。

坂崎くん　事案完結時ファイル方式って、簿冊を使う方法ですよね。あれでどうやって文書を管理するんですかね、さっぱり分からないですよ。

吉田係長　いやいや、僕らは、ＡＫＦを導入しているから、そう思うんだよ。そうでなかったら、今でも簿冊を使っていたかもしれないし。

坂崎くん　そうなんですか？

吉田係長　あと、ガイドラインには、単に、行政機関における文書管理の問題点を解決するための原理原則だけじゃなくて、改善の肝と手順も「留意事項」に書いておいた、とも言っていたよ。

坂崎くん じゃあ、留意事項を見れば、自主的に改善ができるようになってる　ってことですか？

吉田係長 そうみたい。自分たちでフォルダ式整理法の導入や維持管理ができるように、かなり詳しく書いた　って言っていたから。

坂崎くん だから係長は、最初にガイドラインには文書管理を行う際の実務上の留意事項が具体例をつけて示されている　って言ってたんですね。

吉田係長 そういうこと！

文書の50%削減は改善目的にならない

目的のない改善は成功しない。改善目的と改善成果、それに実務である改善手法とその理論は、相互に関連し合っている。

坂崎くん 係長、ちょっと話を整理してもいいですか？　分からなくなってきたんで。

吉田係長 何が？

坂崎くん 最初、文書をどうやって50%削減するか　って話だったじゃないですか、それが、いつの間にか、ガイドラインの話になって、それはＡＫＦがモデルでした　って話になってますよね。

吉田係長 うん、そうだね。

坂崎くん　じゃあ、それと、うちがＡＫＦを導入することになったことと、どういうふうに話がつながるんですか？

吉田係長　そうか、そうだな。なんて説明したらいいかな。まあ、簡単に言うと、うちは、ただ単に文書を50％削減することだけを目的にしてない　ってことかな。

坂崎くん　えっ、事務室の文書を50％削減することが目的じゃなかったんですか？

吉田係長　違うんだなあ。専門アドバイザーと話をしているうちに、それではうまくいかない　って気がついて、目的をしっかりと設定することにしたから。

坂崎くん　目的ですか？　何の目的ですか？

吉田係長　文書管理改善の目的だよ。僕も最初のうちは、事務室の文書を50％削減できればいい　って考えていたんだけど、そのことを、専門アドバイザーに相談したら、それだけだと、必ずリバウンドして、すぐに元に戻ってしまうよ　って言われたんだ。

坂崎くん　リバウンド?　なんかダイエットみたいですね。

吉田係長　えっ、ダイエット?　違うよ。何のために改善を行うのかをしっかりと考えて取り組まないと、一過性の作業で終わってしまって、長続きしない　ってことだよ。それと、もしその改善が、ただ、文書を減らせばいい　ってことだけだったら、自分たちは協力できない、とも言われてさ。びっくりしたよ。

坂崎くん　協力できない?!　業者が協力しないなんてことあるんですか?

吉田係長　う〜ん、正確には専門アドバイザーの所属は研究・教育機関だから、一般的な業者とは少し違うみたいなんだ。

坂崎くん　50%削減は目的にならないんですか?

吉田係長

ならないらしいよ。削減はあくまでも波及効果で、大事なのは、何のための改善かっていう目的だ　って言っていた。

坂崎くん　削減は波及効果なんですか？

吉田係長　もともと庁舎建設担当部門から文書を減らせ、としか言われていなかったから、僕も、それ以上のことは考えていなかったんだけど、文書管理の専門家からすると、不要文書が事務室にたまってしまうのには原因があって、そこを改善しないと意味がない　って。だから、文書係長がプロモータとして、しっかりと目的を持って事業にあたらないと、途中で挫折して、プロモータも、それをやらされた職員も傷つく　って言われたんだ。

坂崎くん　なんだか話が抽象的でよく分からないですね。じゃあ、その目的　って、削減以外にどんな目的を持てばいいんですか？

吉田係長　そのとき見せられたのがこの表（次頁）なんだけど、これによると文書管理の「改善目的」には、「前提」↓「目標」↓「目的」↓「究極目的」っていう4つの上方志向性があって、その「改善成果」として「前提」で文書私物化意識が払拭されて、「目標」で事務の効率化が、「目的」で意思決定の最適化が図られて、そして遂には、「究極目的」で市民との情報共有を通して住民自治の構築を支援するように設定されているみたいなんだ。

坂崎くん　ただ文書を削減するだけなのに、なんか大げさな感じですね。

吉田係長　そうかな？　僕はこの表の説明を受けて、それまでバラバラだった改善目的と改善成果、それに実務である改善手法とその理論が、相互に関連し合っていることが分かったんだよ。だからこそ、構築すべき文書管

AKFにおける改善目的、改善成果、改善手法の三位一体論

改善目的の上方志向性	改善成果　（情報共有化程度）	改善手法
究極目的	**住民自治の構築支援効果** （住民との情報共有と，住民の検索性向上対応）	共有化ツールであるファイル基準表の機能高度化
↑	↑	
目　的	**意思決定の最適化支援効果** （課内情報共有と，他者検索３０秒以内を達成）	業務プロセス式水平分類技法の活用（事務工程分析論の成果を援用）
↑	↑	
目　標	**行政事務の効率化支援効果** （担当情報把握と，自己検索１５秒以内を達成）	ツミアゲ式階層分類技法の活用（事務機能分析論の成果を援用）
↑	↑	
前　提	**文書私物化容認意識の払拭** （共有化なし，検索性を問えるレベルではない）	公文書管理法ガイドラインの管理原則に則る

理の全体像が見えてきたように思えて、なんか、エールをおくられたように感じたんだ。

坂崎くん　へえ〜。

吉田係長　そんなわけで、とりあえずうちの場合は、改善の目的を「意思決定の最適化」に設定して、それを達成するためにＡＫＦを導入することにした　ってわけさ。

▼ 文書管理の根本問題は不要文書の氾濫と文書の私物化容認意識

事務室を整理して、組織的に文書を管理する環境を整えて、初めて文書管理改善のスタートラインに立つことになる。

坂崎くん　じゃあ、文書を削減するために作業を行うんじゃなくて、その「目的」を達成するために作業をすると、結果的に文書が削減される　ってことなんですか？　それって、何が違うんですかね。いっしょだと思うんですけど。

吉田係長　文書が削減されるっていう点では同じだね。だけど、削減が目的だと、その時点で終わってしまうけど、削減がもし通過点だったとしたら、どうだろう。ＡＫＦの導入では、事務室を整理して、組織的に文書を管理する環境を整えて、初めて改善のスタートラインに立つことになるみたいだから。

坂崎くん　スタートラインですか？

吉田係長　つまり、組織的に文書を管理する環境が整ったら、そこから自己検索や他者検索が可能な分類が始まって、その成果として、行政事務の効率化支援や意思決定の最適化支援が達成されるっていうことだからね。

坂崎くん　でも、それって、その目的が達成されたら、結局、作業は終わるから、やっぱり、一過性になるんじゃないですか？

吉田係長

それがね、その成果が達成されると、みんなが今までよりも仕事がしやすくなった、とか、楽になった　って実感するようになって、だからこの状態をずっと維持しよう　って主体的に思うようになるんだって。実際、そういう声もあるしね。

坂崎くん　だから、不要文書がたまらない環境が保たれるんですか。でも、それだと、文書がたまる原因がなんなのか、よく分からないですね。

吉田係長　それは、「前提」のところにある私物化容認意識　ってことみたいだよ。

坂崎くん　私物化？　ですか？

吉田係長　仕事に関係する文書が担当者の私物同様になっていて、担当者がいないと何がどうなっているのかさっぱりわからない感じになっている状況のことを私物化　っていうみたい。

そういう担当者は、やたらと机の上に文書を積み重ねたり、それでも場所が足りなくなると、今度は足元とかに置いたりもするから、机の上やその周囲にどんどん文書がたまってしまうんだって。

坂崎くん
そうなんですか？

吉田係長
だから、まずは事務室を整理して、組織的に文書を管理する環境を整えて、この私物化容認意識を払拭することから始めないといけないんだ。

坂崎くん
ふ〜ん。でも係長は、本当にこれで文書を50％削減できる　って思ったんですか？

吉田係長
どういう意味？

坂崎くん
だって、その私物化容認意識　って、なんかとっても根深いものがありそうだし、それに、そんなの納得できない　って、抵抗する職員もいると思うんですけど。

吉田係長
確かに。僕もそこのところが一番悩ましかったんだけど、それがあるとき、できる　っていう確信に変わったんだよ。

坂崎くん
えっ、何があったんですか？

吉田係長
いや、今それを言ってしまうとそれで話が終わってしまうから、最後に話すことにするよ。まずは在るべき文書管理の姿から話をしてもいいかな？

坂崎くん
じゃあ、それができるとして、ＡＫＦはどうやって導入すればいいんですか？　ガイドラインの留意事項に具体例が示されている　って言われても、みんながみんなそれを読んで、そのとおりできるとは限らないですよね。

吉田係長
だから、専門アドバイザーにお願いしているんだよ。適切な文書管理が維持できる仕組みづくりを、一からアドバイスをしてもらうためにね。

事例報告Ⅰ　島根県隠岐の島町のＡＫＦ導入の経緯

総務課課長補佐　野津千秋

平成28年9月20日午後、新庁舎建設を担当している大規模事業課の設計担当者から、新庁舎建設にあたって文書管理について協議したいと言われ、総務課長と行政係長である私、大規模事業課長、設計担当者の４人で集まった。

その日の10日ほど前に、大規模事業課の２名は、先進地視察に出かけており、ファイリングシステムを導入した町と、していない町の庁舎を視察していた。この視察で得た情報を踏まえ、現在の庁舎の書庫面積は新庁舎では確保不可能であり、文書管理自体を見直さなければ、建設費用、建築面積などから新庁舎の設計が困難だと説明された。

視察先の写真を見せられて、ファイリングシステムを導入した文書管理を行えば、執務室や書庫が整理され、現在のように書類に埋もれて仕事をすることがなくなると力説された。

隣で話を聞いていた総務課長は、「文書管理については、前々から何とかしないといけないと考えていたので、ぜひやろう」と言っている。私は、内心「あぁ、これ私が担当するんだ」と、若干、憂鬱な気分で会議室を後にした。

だいたい、「ファイリングシステム」という言葉自体も初めて聞いた。何からどう始めればいいのか。いつから始めればいいのか。不安しかない。

そこから、約1日、大規模事業課から聞いた、「ファイリングシステム」「ADMiC」の2つの言葉をインターネットで検索して、自分なりにイメージをつかめたところで、まずは、ADMiCのホームページ内の問合せ先へメールを送ることにした（いきなり電話をする勇気はなかった）。

15時15分メール送信。「平成32年3月完成予定の新庁舎建設にあたり、ファイリングシステム導入を検討している。資料等があれば送付いただきたい。返信は、メール希望」というような内容だったと思う。丸1日どうしようか悩んだ後だったため、2、3日したら返信があるかなと、少し気分が楽になっていた。

ところが、16時「ADMiCの廣田です。メールありがとうございます」と電話がかかってきた。「おいおい、返信はメール希望って書いたのに。理事長自ら電話してくるの？」と内心思いながら、初めてお話しするADMiC廣田理事長のテンションに、若干腰が引き気味になりながら、何とか失礼にならないように気をつけた。約1時間、長電話を周りの職員にいぶかしがられながら、話を聞いた。①平成32年4月新庁舎移転ならば、平成30年度と31年度の2年間でできる、②平成29年度は3課程度のモデルブロックで実施したらよい、③大規模事業課が視察した四万十町の担当者に資料請求して勉強するとよい、④島根県内の導入団体名は、と、いうような内容だったと記憶している。

昨日の今日で、なんだかもうＡＤＭｉＣにお願いする話になってるぞ?と内心不安になり、総務課長に相談したが、「そうか。業者はまだ決定ではない。」という返事。

それからは、議会対応のため何も手を付けられず、１週間後の９月28日、四万十町の文書管理担当の方へ電話して、導入時のお話を伺い、資料の送付をお願いした。早速、翌日には、メールで導入時のプロジェクトチームの報告書やプロポーザル関係書類等を送っていただいた。

実は、この年の10月には、町長選挙が予定されており、平成29年度当初予算については、新町長の判断に委ねられるため、ファイリングシステムの導入が認められるかどうか、不確定な状況の中、準備だけは進めておこうと考えて、プロポーザルの実施方法やスケジュールなどの情報収集を行っていた。

10月18日、廣田理事長から電話で、①見積書の積算には、職員数が必要、②導入は75日で、できるため29年度途中からでも可能、という連絡があり、そろそろ29年度当初予算要求時期だったため、翌日メールで、①ファイリング対象職員一覧表、②年度別導入スケジュール（案）を送り、見積書の作成をお願いした。

ファイリング対象職員は、総務課長とも相談し、人事異動もあることから、保育所を除く全ての職場の正規職員とした。

導入スケジュールは、29年度はモデル課（4課）導入（実際の導入は5課に変更）。30年度はモデル課以外の全ての課・機関に導入。31年度から33年度は維持管理とする、5年間の計画とした。

その後、町長選挙が行われ、新町長が就任し、総務課長が副町長に選任された。

新年度予算要求のため、新規事業として事業計画を提出したところ、新町長は15年程前、職員時代に文書管理導入を指示され、先進地視察（旧斐川町）を行っており、ファイリングシステムのことも承知していた。その当時は実施できなかったため、この度の導入については、全く異論がなかった。

予算査定ヒアリングでは、①公文書の文書量削減、②文書の検索性の向上、③文書の私物化排除、④新庁舎移転前から実施することにより、移転費用・労力の削減を主な効果として挙げ、事業説明を行った。町長、副町長がこの事業導入に前向きだったため、問題なくヒアリングは終了した。

3月議会が終了した後、プロポーザルの準備に入った。本町でも、近年プロポーザルによる事業実施例があったため、その手法や他市町村を参考にしながら、要綱や実施要領、仕様書などを作成した。

29年度の導入時期については、新年度予算策定やイベント等のスケジュールを考慮して、10月までには終了するよう7月開始とし、4月から6月でプロポーザルの実施から契約までを行うこととした。

仕様書を作成する上で、特に悩んだのは基本方針だった。他市町村を参考に、当初は、①執務室内の文書量削減、②既存の棚式キャビネットの使用、③文書検索性向上と私物化排除を主にしていた。しかし、本町の現状を見てみると、執務室内は、現年度だけでなく過年度の文書が相当存在し、それを整理して保存する書庫は、各課それぞれが管理していて、文書と物品が無秩序に置かれている状態である。書庫が現状のままでは、とても執務室から文書を移して納めることはできず、庁舎移転時も大変な労力が必要になると感じた。そこで、「書庫の整理」も加えることとし、次の7点を基本方針とした。

①「行政文書の管理に関するガイドライン」に準拠する。
②文書の検索効率を高め、個人管理を排除して組織的共有化を図る。
③書庫等に保管された文書等の削減（総面積約780㎡を300㎡以下とする）。
④執務室内の文書等の削減（職員一人当たり5.7ｆｍを2.0ｆｍ以内とする）。
⑤文書検索性の向上。

⑥既存の棚式キャビネットを使用。

⑦指導方法は、現物の文書を用い、全職員参加の「実地指導型」とする。

次に、参加資格では、実績に重点を置いた条件とした。本町が離島ということもあり、導入状況確認の点などから、島根県で導入実績のあることを資格要件に含めた。

①中国5県内で5例以上（内島根県内で3例以上）

②提案するファイリングシステムを参加者が組織内で導入し、品質を検証していること。

③ファイリングシステム・公文書管理の調査研究が行われ、論文や著書で発表していること。

3月中にプロポーザルに関する書類の準備を終えて、4月に入ってすぐに手続開始の公告、

AFK導入の行程

ブロック	研修・実地指導計画	回数/日数	期間（目安）	7月	8月	9月	10月
導入（モデルブロック）							
モデルブロック（45人）	管理職研修＋導入研修	3回/2日間	7月5日(水)(後/打合) 7月6日(木)(前・後) 7月7日(金)(前)				
執務環境・書庫環境の整備	職員の皆様の作業 ・書庫の目録作成、不要文書の廃棄 ・執務室の不要文書の廃棄、過年度文書の書庫への引き継ぎ ・執務環境の整備						
モデルブロック（45人）	第1回実地指導	1日間	8月2日(水)(後) 8月3日(木)(前)				
保有文書の年度別及び用具の切換え作業・階層分類の実施	職員の皆様の作業 ・保有文書の年度別切替え・用具の切換え ・階層分類の実施（担当業務分のみ）						
モデルブロック（45人）	第2回実地指導	1日間	9月5日(火)(前・後)				
階層分類の仕上げ	職員の皆様の作業 ・水平分類の実施（課全体での取り組み）						
モデルブロック（45人）	第3回実地指導	1日間	9月25日(月)(前・後)				
水平分類仕上げ，効果検	職員の皆様の作業 ・前年度ファイル基準表の確定及びラベル印刷 ・効果検証リハーサル						
モデルブロック（45人）	第4回実地指導	1日間	10月19日(木)(前・後)				
引継ぎ・移替え							
モデルブロック全職員	引継ぎ・移替え研修	2回/1日間	2月下旬				

6月にプレゼンテーションを行い、6月末に特定非営利活動法人　行政文書管理改善機構（ADM・iC）と契約した。

導入の行程は、前頁のとおりとし、まず、最初に管理職研修を行った。29年度はモデルとして5課を対象に導入するが、このファイリングシステムを導入する目的や意義などを理解してもらう必要があると考え、全管理職を対象とし、最初に町長の挨拶から始めた。その後、モデル課の職員を対象に導入研修を行った。

どちらの研修でも、皆が真剣に話を聞いており、不満そうな表情を見せていなかったことから、ここで初めて、本町でもファイリングシステムの導入が出来そうだと感じた。

研修から約1か月後の第1回実地指導までの間に、執務室・書庫の不要文書の廃棄と27年度以前の文書の書庫への引継ぎを行った。7月、梅雨後半の高温多湿の時期、職員は空調のない書庫に、扇風機を持ち込んで作業を行った。勤務時間内あるいは土・日に出勤して、まず不要物品、不要文書の廃棄を行ったが、可燃物の焼却場が一度に大量の書類を焼却できないため、シャッター付の車庫を、廃棄物の一時保管場所とし、分割して搬出した。

書庫にスペースができた後、執務室にあった27年度以前の文書を移動させ、作成年度・保存期間別に並べていった。最初の作業が書庫の整理だったため、職員のやる気が落ちるのではないかと心配したが、作業が大変だった分、書庫を整理して、きれいになったことで達成感が得られたようだった。

第1回実地指導後、いよいよ28年度文書の用具切替、執務室内の書架の並べ替え、不要書架・脇机等の搬出を行った。

ファイルからフォルダへの切替作業では、

①穴をあけずにただフォルダへ挟むだけということへの抵抗感

②ファイルにひとまとめになっている方が見やすい

③20文字でフォルダに入っている文書を簡潔に表現できない

④通常の業務が忙しくて手が回らない

など、フォルダ化が進まない職場・係もあったが、既にフォルダ化している職場の例を示したり、専門アドバイザーに質問を送って回答いただいたりした。

不要な書架・脇机・ファイル等も大量に出たため、車庫に一時保管し、他の機関や保育所に譲渡できる物は持ち帰ってもらった。

課を区切っていた書架、壁際の背の高い書架、脇机がなくなったことで、フロアが広く利用できるようになった。また、執務室の風景が一変し、モデルブロック以外の職員や、来庁者からも驚かれ、何を行っているのか興味を持たれたようだった。

私の席は、2階フロアの一番端にあり、フロア全体を見渡せるが、導入前は書架やファイルで、立ち上がっても隣の課の職員の顔を見ることができなかったが、今では、座ったままでフロアの全員の姿を確認できるようになった。

今回、書架は今まで使用していたものを再利用する形で導入し、扉付の書架の扉を全て外し、棚板の位置を調整して、フォルダが3段入るようにした。しかし、左右の扉用の溝がフォルダの出入れに支障があるため、不要となったブックエンドを右端に入れ3センチほどの隙間を空けた。

また、一番下の段も扉の溝があって、フォルダが引っ掛かることと、フロアの埃が付着するため、不要となった書架の棚板をフォルダの下へ敷いて対応した。

第2回実地指導では、文書の水平分類について指導を受け、各課で話し合って文書を並び替えることとしたが、今まで係ごとに管理していた文書を、課内で共通の認識をもって業務で並べるということは、職員にとっては受け入れることが難しかったようだ。結果的に係ごとに並べることとなったとしても、課員全員で、課の業務や文書の並べ方について話し合うことが大切であるという説明を行い、課内で話し合ってもらった。

第3回実地指導では、水平分類について、各課の話合いの結果を説明してもらった。また、ガイド名やフォルダ名、分類方法について職員から疑問や質問を出してもらい、次の実地指導までに修正し、検索テストに備えるようお願いした。

第4回実地指導では、検索テストを実施。文書検索のコツがつかめない職員は、時間がかかったが、何とか全員、文書を取り出すことができた。

以前は扉付の書架にファイルが入っていたため、他の係の文書を見るということはなかった。フォルダ化し、文書がオープンになったことで、必要があれば他の係の文書でも自由に見ることができるようになった。ある課長は、「職員が休みのとき、来客があったが、すぐに必要な文書を探し出して対応できた。」とファイリングの良さを実感していた。

また、29年度文書は、まだファイルのままだったため、いちいち穴をあけて綴じる必要があり、職員からは、「もう穴をあけるのが面倒」という声も上がるようになっていた。

第4回の実地指導が終わった後、29年度文書のフォルダ化を行った。分類やガイド名をよりわかりやすくしようと工夫する職員もおり、今後もっとよくなっていくのではないかと期待している。

執務室は、物品や備品、書籍など配置場所を決めて整理し、各職員の机の中や机の上についてもルールを決めているが、これを維持していくためには、職員1人ひとりが意識して取り組まなくてはならない。各課長にリーダーシップをとって取り組んでもらうよう働きかけていかなければならない。

改善前の総務課の事務室

改善後の総務課の事務室

改善後の２階フロア

2

最適的な改善手法を評価選別せよ！

課長からの指示で、新人の坂崎くんにＡＫＦの導入経緯について説明をしている吉田係長。空になったマグカップに、再びコーヒーを入れてソファに戻ってきた。

▼ ＡＫＦ導入の肝は分類の実地指導にある

ＡＫＦ導入では、専門アドバイザーが各課の事務室で、現物の文書を教材にし、職員１人ひとりに寄り添って、実地で改善方法についてのアドバイスをする。

坂崎くん

ＡＫＦの導入って、実際には、どういうふうに進められるんですか？

吉田係長

管理職向けや一般職員向けの集合研修もあったけど、一番の肝は、なんといっても実地指導かな。なんてったって、専門アドバイザーが、僕たちの事務室に来てくれて、３階層の分類や水平分類の指導をしてくれるんだから、他の委託業務ではあまり考えられないよね。

坂崎くん　実地指導って、事務室で椅子に座って話を聞くんじゃないんですか？

吉田係長　違うよ。専門アドバイザーが保管庫の前に行って、フォルダタイトルがしっかりと書かれているかとか、分類がきちんとできているかとかを、現物のフォルダを見ながらチェックして、その場で改善方法についてアドバイスしてくれるんだ。1課だいたい1時間くらいだったかな。

坂崎くん　えっ、1時間も？　現物を見ながらですか？　そうすると、それを見ながら、その場で分類も作ってくれたりもするんですか？

吉田係長　いや、基本的に分類は僕たち職員の義務だからね。専門アドバイザーは分類を作ったりはしないよ。ただ、僕らが作った分類をみて、「こうするともっと検索しやすくなりますよ」みたいな感じでアドバイスしてくれるんだ。

坂崎くん　だからアドバイザーって呼ばれているのか。でも分類はどこの課でも同じようにできていないとまずいですよね。そこはちゃんとアドバイスしてくれるんですよね。

吉田係長　それがね、全然違うんだよ。課の中で業務がどのように流れているかを確認して、その流れにあった分類を作るように話をしているから、アドバイスの方法は課によっても違うし、ときには、人によっても異なっているんだ。

坂崎くん　そんな指導で、全庁的に統一されたＡＫＦができるんですか？　サンプルを示して、みんな同じ方法で分類した方が良くないですか？

吉田係長　それは違うと思うよ。分類を押し付けたら、昔、文書主管課が考えて作っていたワリツケ式　っていう文書分類表と同じことになっちゃうからね。分類は職員1人ひとりがやるものだから、そこは職員に任せないとね。全庁的なルールなら、どこの課に行っても、文書がフォルダに入れられていて、3階層に分類されて、課で話し合って決めた水平分類が組まれている　ってことで、その統一性は保てるんじゃない？

分類のコツは、分類の配列の工夫にある

課内のチームワークを整え、課員全員で話し合って水平分類を組むことが、よい整理、よい管理を長続きさせる秘訣。

坂崎くん
あの〜、3階層の分類とか、水平分類　っていうのは分類の種類なんでしたっけ？

吉田係長
あれ？　まだ説明していなかったっけ？　AKFには2つの分類があって、1つがツミアゲ式階層分類で、もう1つを業務プロセス式水平分類　って呼んでるんだ。
ツミアゲ式階層分類は、担当者が文書同士を、どういうふうにリンク付けるか考えながらまとめていく分類のことで、ガイドラインでは「各々の職員は、自ら現物の行政文書を確認しながら3段階の階層構造の分類を行うものとする」ってされているね。
ちょっと前のガイドラインまでは、さらに踏み込んで、フォルダに入れる文書の枚数や分類の項目数の目途についても定めがあったんだよ。

ここがポイント！

ガイドラインでの行政文書の枚数や分類の項目数の目途

平成27年3月13日改正までのガイドラインでは、第四整理《留意事項》〈分類の意義・方法〉に、行政文書の枚数や分類の項目数について、次のような記載があった。

○　分類に当たっては、行政文書の枚数や分類の項目数の目途を示すことも考えられる。例えば、紙フォルダを用いる場合は、①小分類は行政文書の枚数にして100枚±50枚程度、②中分類は小分類の項目数にして10項目±5項目程度、③大分類は中分類の項目数にして5項目±3項目程度とするなどである。

なお、当該留意事項は、平成29年12月26日の改正により削除された。

坂崎くん　へえ～　何でなくなっちゃったんですかね？

吉田係長

さあ、わからんね。もう1つの業務プロセス式水平分類は、それぞれの担当者がまとめた階層分類の塊を、課員全員で話し合って、課としてどういう順序に並べるか、みんなで並べ方を決める分類のことなんだよ。

ガイドラインでは「組織としての文書の検索性を高めるために、各職員ごとに文書を保存するのではなく、組織内の文書の共有化を図るとともに、分類の配列（行政文書ファイル管理簿への記載順序やファイリングキャビネットの中の並べ方等）を工夫することが望ましい」ってなってるね。

坂崎くん
課員全員が話し合って並び順を決めるんですか？

吉田係長
だって、そもそも文書の保管単位は課だからね。それに、専門アドバイザーの話だと、課員全員で話し合って水平分類を組むことが、よい整理、よい管理を長続きさせる秘訣みたいだから、僕らも必死に考えて作ったんだよ。

坂崎くん
整理や管理を長続きさせる秘訣ですか。すごいんですね、水平分類は。

吉田係長

これができると、分類を見て、不足している情報を発見したり、それを補ったりすることができるようになって、そうして集められた業務遂行上の必要情報をフル装備し、フル活用すると、改善目的にもあった意思決定の最適化にもつながるんだって。

それに、水平分類を組むと事務室内の文書を1か所に集めることにもなるから、スペースもできて、ほんと、水平分類様様だよ。この状態がしっかりと維持できれば、事務室はいつもすっきりだね。

坂崎くん

確かに、係長が、がんばってAKFを導入したおかげで、今、ここで、こうして話ができているわけですからね。

スペースの有効活用例（打合せスペース）

▼秒単位の「検索」の改善が、億単位の経費節減になる

1日当たりの無駄な検索時間は約9分。これに自治体職員の平均時給3、091円を乗ずると、年間1人当たり約11万2、667円の人件費相当額となる。

坂崎くん
でも、どうしてAKFだったんですか。フォルダ式整理法だったら、他にも方法はあると思うんですけど。

吉田係長
AKFを導入することで、行財政改革としての効果も期待できる　っていうのがあったからかな。文書の検索性を上げる、そのために課内で情報を共有して活用できるようにする、それが改善成果の意思決定の最適化につながって、さらには、行財政改革も達成できる　っていうところがすごく魅力的だったんだよね。

坂崎くん
行財政改革ですか？

吉田係長

公文書管理法審議時の附帯決議に「公文書管理の改革は究極の行政改革であるとの認識のもと、公文書管理の適正な運用を着実に実施していくこと」っていうのがあったから、気になってちょっと調べてみたんだ。そうしたら、行財政改革について、こんなふうに書かれているのを見つけたんだよ。

ここがポイント!

公文書管理の改革は究極の行政改革である

例えば、2008年度に特定非営利活動法人　行政文書管理改善機構（通称ADMiC）・駿河台大学・行政文書管理学会の全自治体を対象にした調査（回答自治体数956団体）によれば、自治体の職員が1日に執務室にある担当業務の文書を検索する件数が5件で、これに要する時間が10分11秒であった。「AKF（Administrative Knowledge Filingの略で、ADMiCが自治体などでの改善指導を通して研究開発した成果物）」で自己検索すると5秒から10秒程度であるが、安全をみて15秒としても、1日当たりの無駄な検索時間は約9分（10分11秒－1分15秒）／職員となり、それに法定労働時間相当の243日を掛けると、年間約36時間27分／職員の労働時間を節約することができる。これに自治体職員の平均時給3、091円（平成19年4月1日付総務省自治行政局の地方公務員給与実態調査結果を基に、平均年間給与に期末手当平均年額を加えて、法定労働時間1、944時間で割って算出）を乗ずると、年間一人当たり約11万2、667円の人件費相当額が節約できる。自治体の職員数が1、000人とすると、1億1、266万円／年間になる。これから導入・維持管理に係る経費を差し引いた金額が行政改革効果として計上できる。

坂崎くん
秒単位の検索時間の改善で、億単位の経費節減になるんですか。これって、ちょっと信じられないですね。

吉田係長
まあ、経費節減とは言っても、お金が手元に残るわけではないからね。イメージしにくいとは思うんだけど、実際に計算してみると、うちでも数千万円の規模になったんだよ。

坂崎くん　数千万！　すごいですね。

吉田係長　だから、ＡＫＦを導入するとどうなるのか視察に行って、実際にいろいろと確認をして、専門アドバイザーを紹介してもらった　っていうわけさ。

でもね、いまさらなんだけど、僕は、課内での情報共有が達成できたことが一番の成果かなと思っているんだ。今までと違って、業務が効率化されて、とても仕事がしやすくなったからね。

坂崎くん　情報の共有ですか。そんなに大事なんですか、情報共有　って。他の担当者の業務が自分の業務で必要になること　って、まずないと思うんですけど。

吉田係長　そんなことないよ。課内の文書を、いつでも誰でもサッと取れることで、意思決定の最適化につながるし、もし担当者が不在でも、市民の皆さんを待たせることなく応対することもできるから、それって市民にとって有益なことだよね。

坂崎くん

でも、それなら、ＡＫＦでなくても、文書の置かれている場所がちゃんと分かっていればいい　ってことですよね？

吉田係長

まあ、それでもいいんだけど、じゃあ、それで私物化容認意識をどうやって払拭する？　けっきょく、それができないからグチャグチャになっちゃうんじゃないかな？

つまり、情報共有のためには、その前提として、文書をきちんと管理するための環境づくりが必要で、さらに、課内の文書を、いつでも誰でもサッと取り出せるように、どんな業務の文書が、どこに保管されているのかを、課の職員全員が、分かるようにしておくことが大事なんだ。

それを、このＡＫＦの分類で実現しているんだよ。だから、第１ガイドや第２ガイド、そしてフォルダで構成される３階層の分類は、情報共有のための手掛かりとして、とても重要で……そして……課でチームワークを整えて水平分類を組むことで……。

坂崎くん

ちょ、ちょっと待ってください、係長。そんなに一度に話をされてもついていけないので、もう少しゆっくりお願いします。

吉田係長

ごめん、ごめん。僕が言いたかったのは、情報共有のためには、文書の置き方というか、並べ方にもコツがあるってことなんだ。
そのコツが、さっき話をした階層分類と水平分類とのクロス分類で、そうして、できあがった分類が、情報共有のための手段として、とても重要な役割を担っているんだよ。

坂崎くん

分類が情報共有の手段ですか？　う～ん、でも確かに、うちの課の分類を見ると、業務そのものを知らなくても、フォルダにどんな文書が入れられているのか、だいたい想像できますからね。

▼ＡＫＦの導入によって2方向から働き方改革を実現する

ＡＫＦの分類は、自らの業務の見える化を図るための階層分類と、仕事の進行順など課内情報の共有化を図るための水平分類、２つの分類の組合せ。

吉田係長

そうでしょ。だからこれは、管理職にとっては、業務管理の最強のツールにもなるはずなんだよ。だって、分類を確認することで、その業務がどこまで進んでいるのか、遅れていないのか、忘れられている業務はないのか、を把握することができるんだから。極端な言い方をすると、分類を見れば、その人が今どんな仕事をしているのかも分かっちゃうってことなんだよ。

坂崎くん すべてお見通しってことですね。ちょっと怖いですけどね。ちなみに、実際にそれをやっている課はあるんですか、その、監視的なことを。

吉田係長 うちの課長がやっているよ。ときどき保管庫の前に行ってフォルダとかを見ていたりするでしょ？ でも、そのおかげで、時間外労働が減ったんだよ。

坂崎くん そうなんですか？ 確かに、毎日定時に帰れとは言われてますけど。

吉田係長 それだけじゃないよ。今年から課長の指示で、毎朝、その日の業務の予定を報告することにしたんだ。前年度の文書を見れば、1か月くらいの予定は簡単につくれるからね。

だから、ほら、みんな朝礼の時に今日残業が必要かどうかを申告しているでしょ。あれができるのは自分で仕事をコントロールしている証拠なんだよ。もちろん、それを聞いて、必要があれば、課長が応援をつけてくれるからね。そうなれば、自分も楽になるし。

　でもそれって、課長自身も課員のフォルダを見て、業務の進捗状況を把握しているからこそできるんだよ。

坂崎くん　なるほど、そういうことだったんですね。

吉田係長　実はこれも、ＡＫＦ導入の１つの成果なんだよ。

坂崎くん

AKFの導入によって２方向から働き方改革を実現

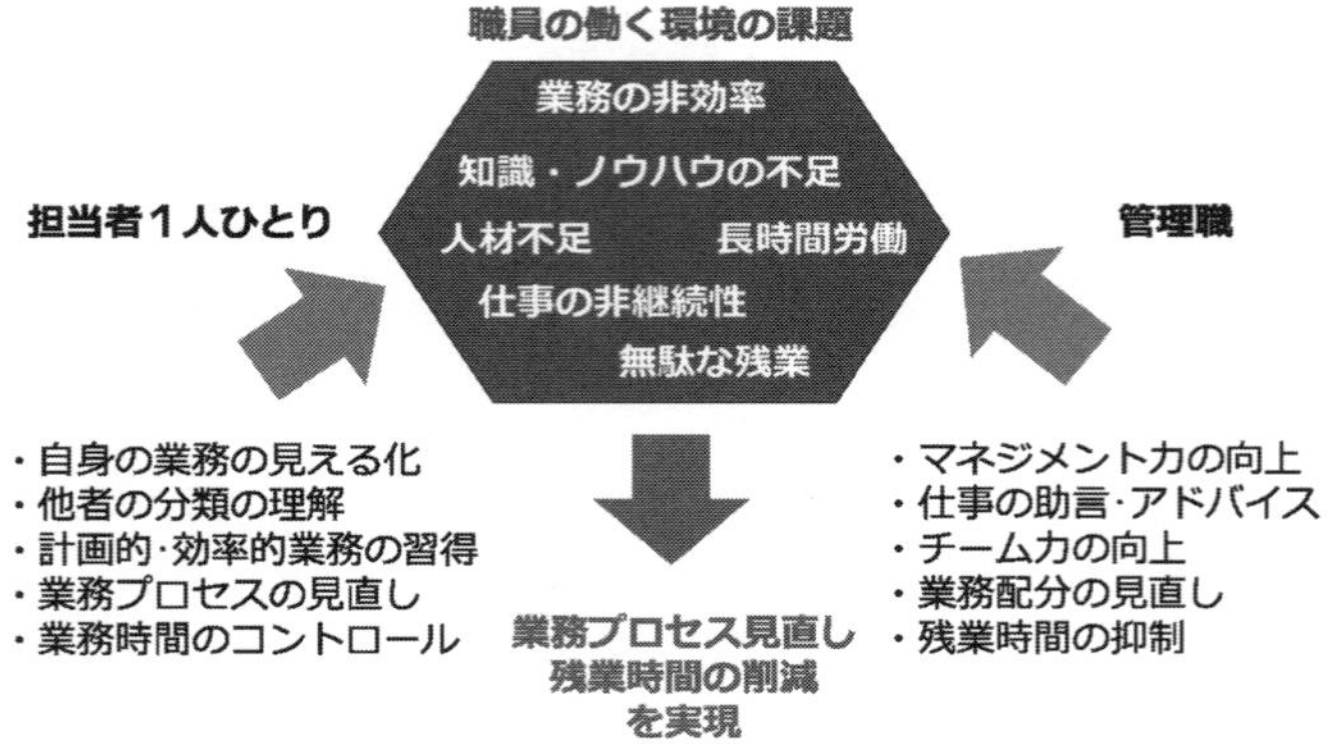

ＡＫＦ　ってただ単に文書を管理するだけのものじゃないんですね。でもそうなると、本当は、管理職にとって一番必要なものじゃないですか、これ？　何でやりたくない人が出てきたりするんですかね？

吉田係長

たぶんやってみないと分からない　ってことと、あとは、今はどこも人手不足だから、管理職がプレイングマネージャーみたいな感じで課員と一緒になって仕事に追われちゃって、正直、管理どころではないのかもしれないね。

仕事は課員に任せている、とか言っちゃってさ。でもそれって、何も管理できていない　ってことでもあるよね。昔ならそれでもよかったかもしれないけど、今の時代、それじゃあ　だめだよ。課員をちゃんと管理できないなら、管理職失格だからね。

坂崎くん

今は管理職も大変なんですね。

吉田係長

でも、だからこそ文書管理をおろそかにしてはいけないんだ。今の時代にこそＡＫＦのようなツールが必要なんだと思うよ。

▼ 現役職員のための研修機関　行政文書管理アカデミー

行政文書管理アカデミーは、文書管理の専門職要員の育成を目的につくられた、文書管理改善の理論と技法を修得するための1年制の研修機関。

坂崎くん

いろいろ話を聞いていて思ったんですけど、何で、文書管理　って定着しないんですかね？　本当なら、業務を行う上で、みんなが標準装備すべきものですよね。でも、やりたくない人がいたり、やったとしても、気を抜くと崩れてしまったり　って、なんか不思議ですよね。

吉田係長

よく分からないけど、意識の問題が大きいんだろうね。坂崎くんのように、新人で入ってきて、みんながフォルダを使って、分類をしながら、業務を行っているのを見たら、それがあたりまえと思うだろうし、そのこと自体、意識をしなくてもできるようになるんだろうけど。

僕らは、もともと、簿冊を使っていて、文書はそこにとじる　ってことしか教えられてこなかったから、急に、文書はフォルダを使って、しっかりと3階層に分類して管理しろ、なんて言われると、それ自体がなんか面倒な仕事のように思えてしまって。ついつい、今は忙しい、とか、簿冊の方が管理しやすいとか、あれこれと理由を付けて、抵抗してしまうんじゃないかな。

でも、よく考えてみると、簿冊では、文書をちゃんと管理していたわけではないから、ＡＫＦのことをきちんと理解して、真摯に文書管理に取り組めば、こっちの方が、楽で、仕事がしやすくなった　って絶対に思うはずなんだけどね。

坂崎くん

係長は、ずっと専門アドバイザーと話をしたりして、いろいろ教えてもらっているから、きっと、そう思えるんだと思うんですけど、正直、私の場合、文書管理とか、分類とか　って言われても、ピンとこないんですよね。それをやって、何の意味があるんだろう　って思っちゃったりもして。

吉田係長

みんなも坂崎くんと同じなのかな?　研修では繰り返し説明してもらっているんだけど、なかなか入っていかないんだろうね。坂崎くんの言うように、ピンとこない　ってのが正解かもしれないね。

だからかな？　専門アドバイザーからは、１人でがんばらないで、できるだけ仲間を増やすように勧められているんだ。

坂崎くん　仲間ですか？　どんな仲間です？

吉田係長　文書管理に関して、同じ「志」を持った仲間だよ。

坂崎くん　志?!　なんか大河ドラマっぽい　っすね。でも、どうやって増やすんですか？　その仲間　って？

吉田係長　そうだなあ、やっぱり、専門アドバイザーが講師をやっている、行政文書管理アカデミーに職員を派遣して、文書管理を一から勉強してもらって、改善の目的や意義を理解してもらうしかないかなぁ。

坂崎くん　行政文書管理アカデミー？　なんですか、それ？

吉田係長　文書管理の専門職の育成を目的につくられた、文書管理改善の理論と技法を修得するための1年制の研修機関　って聞いている。平成30年度で12年目に入っていて、修了生は220人以上もいるらしいよ。

坂崎くん　そんな研修機関があるんですか。知らなかった。しかも1年間？　結構長いですね。

吉田係長　確かに長いね。でも、1年間しっかり勉強すると、民間資格の「行政文書管理士」っていう称号も授与されるみたいだから、やりがいはあるんじゃないかな。

坂崎くん　だけど、1年間も通うとなったら、相当、大変なんじゃないんですか。仕事はどうするんですか？

吉田係長　それなら大丈夫。インターネット講義と集中講義の組合せみたいだから、全国どこからでも、仕事をしながらでも、受講できるらしいよ。

ちなみに、平成29年度の開設科目は、実務中心の12科目で、合計100時間の研修だったみたいだね。

坂崎くん　なんかすごい本格的ですね。研修　っていうよりも、もはや学校ですよ。それに開設科目　って、いったいどんなのがあるんですか？

吉田係長　科目はね、「在るべき行政文書管理」、「分類と検索」、「管理原則と書庫管理」、「維持管理・自主管理」、「公務員倫理・情報倫理」、「電子文書管理システム」、「アーカイブズの評価選別」とかで、あとは集中講義の「事例研究」とか「分類演習Ⅰ／階層分類」や「分類演習Ⅱ／水平分類」みたいだよ。

坂崎くん　へえ～　文書管理の分野が網羅されている感じですね。ちなみに、これって、どんな人が受講しているんですか？

吉田係長　ほとんどは全国の市町村の現役の職員みたい。北は北海道から、南は沖縄まで、ほぼ全国をから受講しているみたいだね。それに、そのうちの何人かには国家公務員も含まれているみたいだし。

坂崎くん　現役の職員が中心なんですか、それなら受講生同士で情報交換もできそうですね。「うちは今、こんなんで困ってるんすよ、おたくどうしてます？」みたいな感じで。

吉田係長　おっ、いい反応だね。そうそう、この前、公式ホームページを見てたら、平成29年度の「受講者アンケート」の結果が公表されていたんだけど、それを見ると「なかなか関わることができない他県の自治体の方と交流ができ、学ぶことが多くあった」って書いてあったよ。それに、参加自治体の取組み事例の紹介や、意見交換会もあるみたいで、それが、特に、評価が高かったようなんだ。だから、来年はうちからも派遣しようかと、ちょうど課長と相談していたところだったんだよ。

坂崎くん　えっ、ま、まさか……。

吉田係長　そうだね、坂崎くん、第1号ってことでどうかな？

坂崎くん　えっ、私ですか？　ちなみにそこって、レポートとか試験とかあるんですかね？

吉田係長

あ～、それね。講義は、毎週教材のテキストを読んで、レポートを提出する　っていう形式で進められるみたいだよ。教材には、実際に行政機関で使われている分類も使うみたいだから、とても実務的な内容になっていると思うね。

あと、泊り込みでやる集中講義では、実習を行うらしいよ。例えば、夏だったら3泊4日で、受講生が4～5人ごとのグループに分かれて、分類の実習とか。

でも、最後の冬の集中講義では、口頭試問がある　って言ってたから、それに向けては、しっかりと勉強もしないとダメだろうね。

坂崎くん

ヒエ～。

夏の集中講義の様子

グループごとに分かれて行う水平分類の演習

文書管理の専門職員育成機関
行政文書管理アカデミー　トップページ
http://www. bunsho-academy. jp/index. html

行政文書管理アカデミー　推薦文

文書管理は行政水準の指標

元　総務庁事務次官　増島俊之

国の内外を問わず、ある時代の統治組織の考え方や活動内容を知る最も大切な手段は、保存文書をひもとくことです。それによって統治の成否のみならず、民の喜怒哀楽も知ることができます。行政の歴史を何百年、何千年と遡らなくても、わずか数年前、数十年前であっても、そのときの組織体の活動が、的確に記録され、保管され、いつでも取りだして参照することが可能であるとすれば、その組織体は、国であれ、地方自治体であれ、高い行政能力の組織体であるということができます。

なぜならば、そのような組織体は、先人の知恵を的確に積み上げることができることを意味し、また先人の失敗を反省して次の施策に生かすことができるからです。それだけではありません。行政活動に対する市民・国民の監視を容易にし、関係者の責任の所在を明らかにし、それらの者への追及を可能にするからです。

1993年８月に誕生した連立政権の細川護熙内閣総理大臣は、当時総務庁事務次官であった私に、情報公開法の立案着手を命じました。その制度立案は、それまでの数多くの部分開示立法（建築基準法、大気汚染防止法、政治資金規正法等）との関連、訴訟制度との関連など厳しい見直しを迫るものでしたが、実務的な最大問題は、それまでの各省庁の文書管理がこの法制に対応できるかということでした。法律は2001年に施行されましたが、文書管理のあり方については、まだ模索の途上にあるといってよいと思います。そのことを全国民に知らしめた事件が、社会保険庁の年金関連記録の問題でした。

これからの文書管理は、さらに複雑な様相を呈しています。文書の態様がディジタル化の波の中で一変しつつあるからです。このような状態の中で、文書について深い理解を持ち、適切な処理をなしうる職員が強く求められています。

優れた職員は、自己の研鑽だけでは生まれません。その職員の所属する組織の首脳部の深い理解と研鑽への環境を整えることが必要です。そのときに初めて文書管理の専門家が生まれます。

「行政文書管理改善機構」（略称ＡＤＭｉＣ）は、自治体における行政文書管理の改善活動に貢献している唯一のＮＰＯ法人ですが、文書管理システムの改善及び職員の指導から、さらに一歩を進めて、本年度には、記録管理の大学院として実績を持つ駿河台大学の文化情報学研究所と行政文書管理学会の協力を得て、行政文書管理の専門職要員の育成を目的とする「行政文書管理アカデミー」を発足させました。全国から集まった受講者に１年間12科目に及ぶ学習と実習をインターネットと集中授業を通じて実施しているところと聞いております。

優れた文書管理専門家の誕生は、国・地方を問わず、行政水準の向上を図るものです。しかも市民・国民にとっても大きな意味のあるものです。多くの関係者が行政文書管理アカデミーの受講のチャンスを生かされることを心から願っています。

http://www.bunsho-academy.jp/overview/recommendation01.html

事例報告Ⅱ　北海道池田町のAKF導入の経緯

総務課総務係係長　横田大輔

本町は平成29年度よりAKFを導入することとし、3課（総務課・企画財政課・建設課（以下「モデルブロック」という）を対象として実施することとなり4月から私はその担当者となった。残念なことに、私は本町において最も文書管理に適していない、自他ともに認める「机の上が滑走路にはならない」職員の代表格である。そんな私が担当者となり、どのようにAKFの導入に携わったかを記すことで、これからAKFを導入する自治体の担当者の方の参考となれば幸甚である。

写真からもわかるとおり、執務室内は文書であふれかえり、執務環境は非常に悪い状態であった。文書の検索には非常に時間を要し、文書目録もまともに整備されていないことから、そもそも探している文書の有無すら判別できなかった。文書管理は個人の資質に委ねられていたといってよい。書庫はただの物置であり、「引継ぎ」という概念そのものが存在しなかった。

現町長の勝井勝丸町長は、平成12年当初より、文書管理の重要性を主張していた。ただし、地方交付税交付金の削減等財政状況を鑑み、ファイリングシステムの導入は見送られ続けた。

そのような中、平成28年に学校給食センターが全面改築され、元々あった給食センター（以下「旧給食センター」という）の利活用を検討していく中で、旧給食センターを書庫とし、執務室の効率的な利用、分庁舎の統合を目指し、ファイリングシステム導入を検討し、ファイリングシステムの中でもＡＫＦを導入することとなった。他の自治体の例を聞くと、大抵は「新庁舎の建設」や「市町村合併」がファイリングシステム導入のきっかけであることが多いが、本町は、「文書を保存する場所ができた」というタイミングでの導入となった。

○既存の什器で対応することの是非

本町では専用の「容器」を購入せず、簿冊用の既存の保管庫や書架を利用してＡＫＦを導入することとなった。既に導入した自治体にしてみればあり得ない話だと思うが、創意工夫で対応することを求められた。

この段階で、課の垣根を越えて、どのようにすれば保管庫や書架を上手く使えるか、どういう工夫でＢＳフォルダに対応できるのかの話し合いがなされ、モデルブロック内でのチームワークが醸成されるきっかけとなったと思われる。

後述するが、ＡＫＦ導入成功には「課のチームワーク」が必要不可欠である。与えられた条件が厳しいものであったからこそ、早い段階で、課のチームワークが生まれ、これが結果的にＡＫＦを円滑に導入することができた要因の１つであると思う。ただし、鍵がかからない保管庫や書架での保管となってしまっていることから、セキュリティの問題が生じており、今後の全庁導入においては、そのことを考えておく必要がある。

○モデルブロックの役割

モデルブロックは、今後その自治体でＡＫＦを導入するにあたっての「手本」とならなければならない。その意味で、モデルブロックをどの「課」にするかは非常に重要な選択である。本町は、「総務課」「企画財政課」「建設課」としたが（これは、単に役場庁舎２階の３課という理由であるが）、あまり良い選択ではないと思う。総務課は「水平分類に馴染まない」、企画財政課は「文書が多い」、建設課は「そもそもファイリングシステムの導入に消極的になりがち」であるためである（建設課については後述するが、幸いにも最もＡＫＦ導入に積極的であった。多分全国的に見ても本町ぐらいであろう）。モデルブロックの選定は安易に決めないほうが良いと思われる。

また、モデルブロックは、今後導入する他の課の職員からも見られていることを意識する必要がある。特に、通常文書管理の担当課であると思われる総務課は、絶対に妥協してはならない。「総務課がそうやっているから」と言われたら、返す言葉がないためである。

○ＡＫＦ導入担当者の役割

ＡＫＦ導入担当者は、「聞かれたことに、アドバイスする。」ことにとどめ、決して答えめいたことを言わないほうが良い。ＡＫＦのルールについて疑義が生じる事案については的確に答えるべきであるが、それ以外のこと（階層分類・水平分類など）については、課の考えを尊重することが必要であると思う。というのも、ここで担当者が「これはこうした方が良いですよ。」というと、それを答えと捉え、それ以上の発想をしなくなるためである。あくまで「こういう考え方もありますよ」というスタンスが望ましいと考える（裏ではＡＤＭｉＣの専門アドバイザーに（こんな質問が来たのですが）という相談をするのは忘れずに）。

○ファイル責任者の役割

ＡＫＦでは課にファイル責任者を置くことが求められるが、その人選は重要である。ファイル責任者がＡＫＦへの理解を示し、率先して実施しなければ、周りの職員はついてこない。ＡＫＦ導入担当者は、今後の日程をファイル責任者に伝え、実地指導を受けられるように課の進捗状況を見なければならないが、ＡＫＦを面倒な作業ではなく、正しく「仕事」として捉えてくれる人がならないと、ＡＫＦ導入担当者は相当な苦労を強いられることとなる。ちなみに、私は「お願いします」というと、必ずファイル責任者には「お願いしますじゃなくて、「やっとけ」でいい」と言われた。ファイル責任者との信頼関係を密なものにすることも、ＡＫＦ導入に必要な要素だと思う。

た。

○課のチームワーク

何度も聞かされた「課のチームワーク」。最初は何故そんなに固執するのかわからなかった。

断言する。ＡＫＦはチームワークによって成立する。皆で話し合ってフォルダの名前決め、ガイドの名前を決め、水平分類を決めるのだから。課の誰もがフォルダを取れるようにするためには、ただ単に「課全員で決める」というルールが有りさえすれば良いのだ。

11月30日。第3回実地指導。つまり「30秒検索試験」の日。私が専門アドバイザーとともに出勤すると、どの課も試験さながら、30秒検索の練習をしていた。誇らしかった。勿論、3課全てが合格した。

○行政文書管理士の養成

ＡＫＦ導入で欠かせないのが行政文書管理士の養成である。つまりＡＫＦの理論を習熟した職員の養成が必須ということであり、私も行政文書管理アカデミーを受講し、行政文書管理士の資格取得を目指すことになるのだが、これがさっぱりわからない。わからない中で担当となるのは大変つらい思いをすることとなるので（実際かなりきつい思いをしました）、今後ＡＫＦの導入を考えている自治体におかれては、あらかじめ行政文書管理アカデミーに数名を受講させた上で、ＡＫＦを導入することが望ましいと思われる。

○ファイリングシステムの導入とAKFの選定

ファイリングシステムの導入おける業者選定について、一般的な委託契約や物品購入においては、入札を執行し価格の安価な者と契約を結ぶということになるが、ファイリングシステムの導入において果たして同様の考えが当てはまるであろうか。

本町では、次の2点を重要視した。1点目は公文書管理法及び同法ガイドラインに準拠した文書管理手法を用いていること、2点目は、どのように文書管理を永続的なものとするかについてである。

1点目については「導入」であり2点目は「維持管理」と言える。

広義な意味でファイリングシステムは世の中に多く存在する。その中で、ＡＤＭｉＣが提唱する「ＡＫＦ」は公文書管理法及びガイドラインに沿った内容であることはもちろんのこと、それらが進化し、昇華された行政向けのファイリングシステムであり、それが実現されるまで責任をもって、経験豊富な専門アドバイザーによる徹底した現場主義（実地指導）による指導が行われる。具体的には、現地において職員全員を対象とし、全ての現物のフォルダの確認及び指導を受けることとなる。マニュアルが配られて終わり、というものではない。

またファイリングシステムの大多数は、「導入」に重きがおかれ、その後の「維持管理」については自治体に委ねられるようなスタイルが多い。しかし、「ＡＫＦ」は、文書管理改善として、維持管理を重視しているという点が他との差を生み出している。導入直後は職員がルールを守るが、すぐに乱れ、結果崩壊するという話をよく聞くが、ＡＫＦにおいてはそのようなことにならないよう、維持管理においても導入時と同様に実地指導を重んじ、最終的に導入自治体自身での自主管理への移行をサポートし、定着するノウハウと技術を有している。これらが100を超える自治体でＡＫＦが選ばれている理由であると考えられる。

さらに、ＡＫＦの理論を研修することができる「行政文書管理アカデミー」があり、継続的に職員を派遣することにより、ＡＫＦの理論が当該自治体において継続できるようなシステムが構築されている。

改善前の建設課の事務室

改善後の建設課の事務室

改善後の建設課の地震対策

3

事務室環境を改善せよ！

課長からの指示で、新人の坂崎くんにＡＫＦの導入経緯について説明をしている吉田係長。この日は朝から、坂崎くんに文書管理の前提でもある、文書の私物化を排除するための事務室環境の整理方法について説明することになっていた。

▼表示のないところ物なし。物品にも住居表示を

文書管理改善で文書だけを見ていると成功しない。物品類の管理もきちんと行うことが適切に文書を管理するためのコツ。

吉田係長 ここの事務室の中で、何か気がついたことはない？

坂崎くん そういえば、ホチキスやセロテープの置き場所から、本の置き場所まで、いたるところにテープ式のラベルで表示がされていますね。

吉田係長

さすが、いいところに気がついたね。そうなんだ。文書管理の改善をきっかけに事務室全体を管理するようにしているんだよ。だから今は、文具類や備品、参考図書や参考資料、そしてカタログやパンフレットまで、すべてのものをどこに置くのかを決めて表示してあるんだ。

正直に話すと、去年の実地指導のときに、専門アドバイザーからそうするように指導されたんだけどね。最初は、そこまでやるの？　って感じだったんだ。でも、実際にやってみると物がみつからない　ってことがなくなって、「なるほど！」って思ったよ。

坂崎くん

そうなんですか？

吉田係長

昔もなんとなく置き場所は決まっていたんだけど、その場所が課内で共有されていなかったから、片づけても、片づけても、物が行方不明になっていたんだ。でも、去年、みんなで話し合って置き場所を決めた後からは、ほら、ホチキスの表示がされているところには、必ずホチキスが置いてあるでしょ。あと、万が一、表示されていないところに置いているのを見つけたら、誰でも簡単に元の位置に戻すことができるから、今はもう探す　っていう手間がなくなったよ。

カウンター下に申請書類などを種類別に分けて保管し、表示をしている

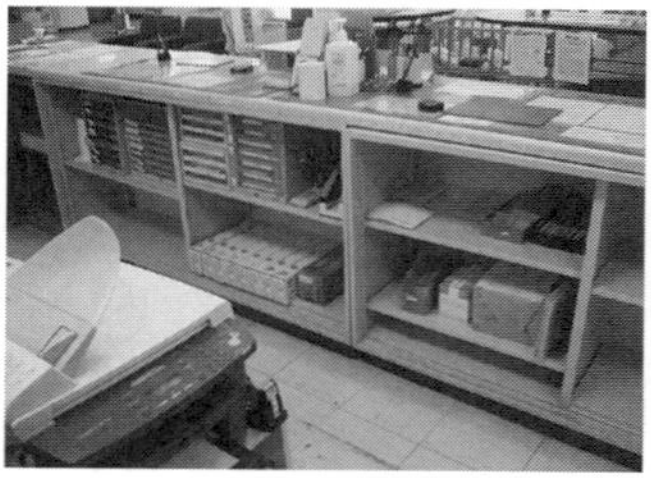

レターケースの引き出しなどを活用して、文具類を整理するなどの工夫がみられる

セロハンテープやパンチなども置き場所を決めて、表示をしている

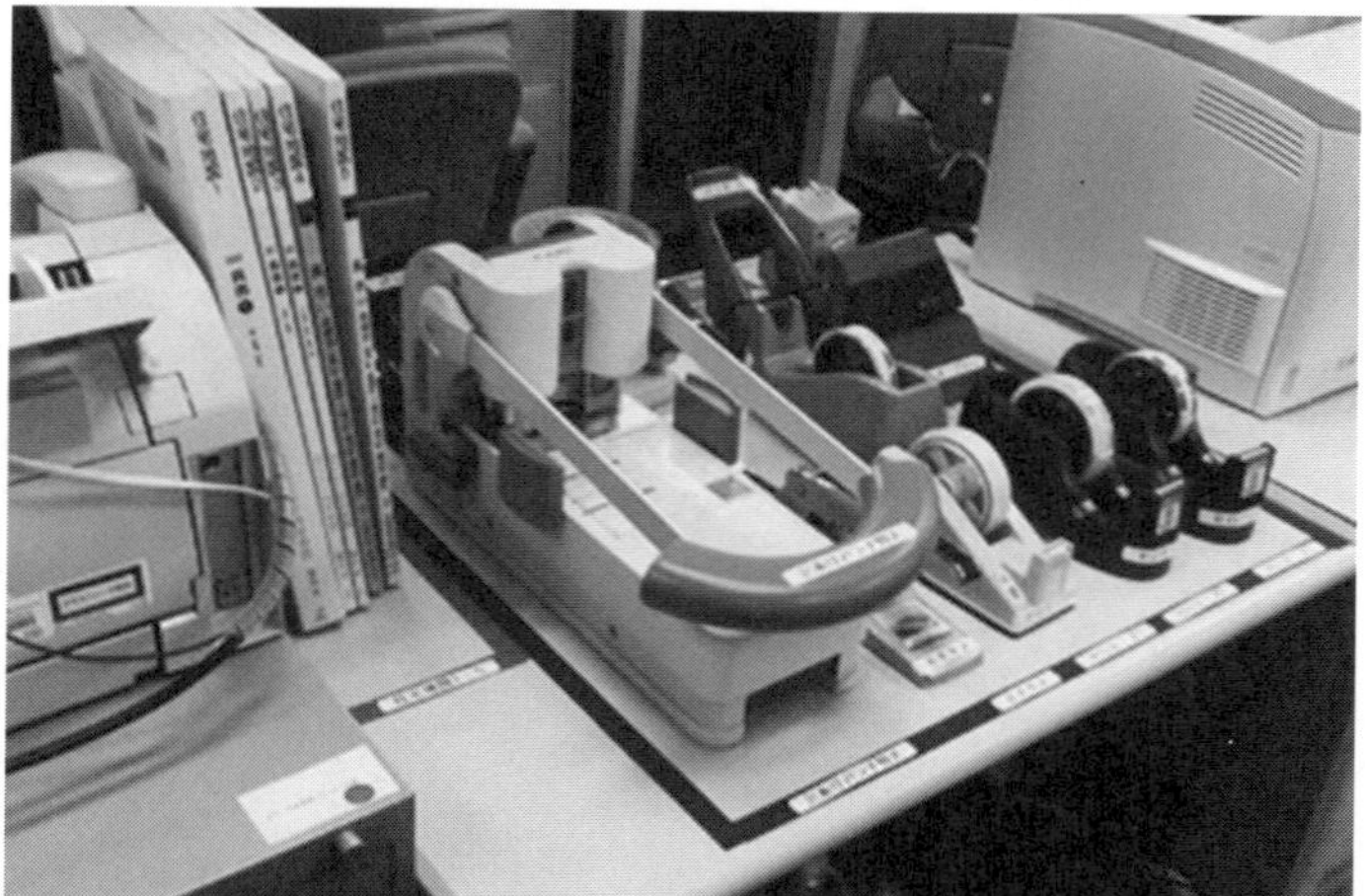

坂崎くん

そうか、それでホチキスを使ったあと、机の上に置いたままにしていたら、元のところに戻すように注意されたのか。それに、きちんと片づいていると、気持ちいいですね。

吉田係長

本当に、そうだね。でも去年までは、文書以外にも、いろいろなものがあちこちに置かれていて、足の踏み場もなかったんだよ。

坂崎くん

そうだったんですか?

吉田係長

実地指導のときに「この課にはいらないものが多すぎる。文書の管理を改善する前に、物を置くなら表示を、表示のないところ物なし。物品にも住居表示を。住所を。定位置を決めなさい!」って、専門アドバイザーから繰り返し指導されたから、仕方なくそのとおりに整理してみたんだ。

そうしたら、本当に、いらないものがたくさん出てきて驚いたよ。でもね、片づけていくうちに、だんだんと楽しくなってきて、せっかくきれいにしたんだから、これからは物の管理もちゃんとやろう　っていう気持ちになったんだよね。

文書の管理を改善するためには、文書だけを見るだけではだめなんだ。物の管理もきちんと行うことが適切に文書を管理するためのコツなんだっていうことを学んだんだよ。

坂崎くん

分かりました。私も気をつけます。

▼机の使い方にもルールがある

「退庁時、机の上は 滑走路」

吉田係長

ところで、机なんだけど。

坂崎くん

机ですか?

吉田係長

引出しが4つあると思うんだけど、それぞれ使い方が決まっているのは知ってるよね。

坂崎くん　引出しの使い方ですか？

吉田係長　まず、センターの大きい引出しは、帰宅時を含め、通常空にしておくんだ。

右側の3段の引出しは、上段が文房具入れ、真ん中が個人の貴重品や辞書とかで、下段を個人の参考資料やマニュアル類を保管する場所として活用する。行政文書はどんな理由があっても入れてはいけないからね。

坂崎くん　はい。

吉田係長　文房具についても注意が必要だよ。消しゴムやボールペンなど、なぜか3つも4つ

机の引出しの使い方

① 長尺物の大きい文房具のみを収納し、通常は空にしておく。メモ用紙等の紙類も、収納しない。ただし、執務時間中は離席時等に文書を一時収納する（守秘義務を全うするため）。
② 文房具等を収納する。
③ 辞書類と庁内電話帳及び貴重品などの私物を入れる。
④ 個人で管理すべき文書（行政文書以外）をファイル化して収納する。

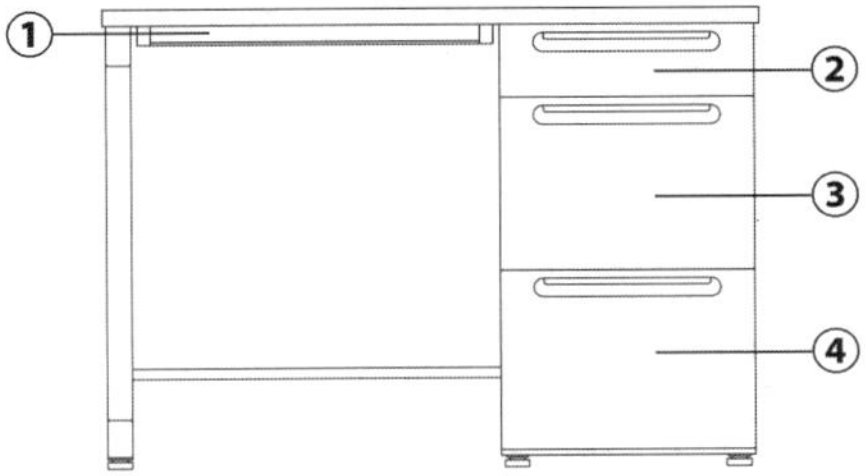

整理整頓された机の例

1段目の引出しも、きれいに整理整頓されている

も引出しに入れている人がいるんだけど、余分なものは課で管理する消耗品スペースに戻すべきだね。また、よく文房具類と一緒に小銭とか現金を引出しに入れている人を見かけるけど、公金であれば金庫で、個人のものであれば財布に入れて、貴重品として2段目の引出しで管理するようにするといいよ。

坂崎くん 分かりました。でも、なんで真ん中の大きい引出しにはものを入れてはいけないんですか？　一番収納力があると思いますけど。

吉田係長 いろいろと入れられそうでもったいないと思うよね。でも逆に、いろいろ入るからこそ、空にしておくんだ。いつも空にしておけば、何か入ったときにすぐに分かるし、そもそも、ここに文書を入れてしまうと、他の人は探せなくなってしまうからね。

あと、仕事中に窓口対応とかで離席する時があると思うんだけど、そういう時に、仕掛かり中の文書を机の上に出しっぱなしにしないで、大きい引出しに一時的に収納して離席するようにするんだ。最近は個人情報の取扱いにも厳しくなっているし、その方が市民の皆さんにも安心してもらえるからね。でもね。帰るときに文書や物を入れるのは絶対にNGだからね。くどいようだけど。

坂崎くん　パソコンのスクリーンセーバみたいですね。机の上のものを、パッと隠すんですね。

吉田係長　ところで、坂崎くんは、ペンケースや卓上カレンダーは帰るときにどうしている？

坂崎くん　え？　整理をして、きれいに並べて帰ってますけど。

吉田係長　去年、文書の管理を改善したときに、標語をつくったんだ。「退庁時、机の上は　滑走路」ってね。だから、帰るときは電話やパソコン以外、机の上に物を置いてはいけないんだよ。

坂崎くん　え～、カレンダーもですか？

吉田係長　そうだよ。文房具は右上の引出しに入れることになってるから、そもそもペンケースはいらないよね。カレンダーもそこの掲示板に貼ってあるし、別に個人で持つ必要はないんじゃないかな。仮に持つとしても、帰るときには2段目の引出しに収納して帰るとか、方法はあるよね。

坂崎くん　はぁ〜、でも隣の課では置いている人もいますけど……。

吉田係長　確かに。でも、誰かがやってるから自分も　っていうのは感心しないな。少し難しい話になるけど文書管理は誰のためにやっているのか、ということを真剣に考える必要があると思うんだ。机の使い方についても、どういうふうにすると文書を適切に管理できるか　っていう話と表裏一体なんだよね。

坂崎くん　分かりました。でも勤務中はOKなんですね。それじゃあ、かばんとかも机の下に置いてもいいんですよね？

吉田係長　だめだよ。基本的に机の下にも物は置かないんだ。何かが置いてあると、無意識のうちに、ついつい文書も置いてしまうからね。それに、私物はできるだけ事務室に持ち込まないで、ロッカーに入れておいた方がいいよ。僕も事務室に持ってくるのは貴重品だけにしてるんだ。

坂崎くん
分かりました。

▼表示のないところ参考図書や図面もなし

本や冊子も文書の分類と整合性をとり、第2ガイドで区切って、フォルダのラベルと同様に、色シールなどを貼って分類する。

吉田係長
それから、参考図書とかの本や冊子なんかも、ちゃんと管理しないとだめだからね。

坂崎くん
本や冊子もですか?

吉田係長
どれも業務と関連したものだと思うから、個人的に購入したものとは分けて、課として管理するんだ。ほら、あそこの保管庫を見てごらん。棚にビニール製の色テープが貼ってあるでしょ。それと、本や冊子の背表紙にも。

坂崎くん

本当だ。本や冊子の背表紙にも同じ色のシールが付いていますね。これって分類されているんですか？

吉田係長

いいねぇ。そのとおり。ほら、文書と同じように分類をして、第2ガイドで区切っているでしょ。そして、その第2ガイドごとに色を分けて、フォルダのラベルと同じように色シールを貼って、戻しやすくしてあるんだ。違う色の場所にあったらすぐに分かるようにね。

坂崎くん

なるほど。

参考図書などの管理の例

吉田係長

それと、事業系の部署では図面類も事務室で保管していることがあるんだけど、そういったものを、例えば、カウンターの下で管理するような場合にも、参考図書と同じように、分類をして、色のシールを使って表示をするようにしてもらってるんだ。「物を置くなら表示を、表示のないところ物なし。物品にも住居表示を。住所を。」をすべてに徹底しているんだよ。

坂崎くん

へえ～　すごい、そこまでやってるんですね。

▼事務室から8割の文書を追い出す

5割を廃棄して、3割を書庫や倉庫へ送り、残り2割を事務室で管理する。

吉田係長

さてと、次はいよいよ文書なんだけど、ＡＫＦを導入するときには、はじめに事務室全体を見渡して、事務室に保管するものと、書庫やそれ以外の場所で保存するものに分ける作業から始めるんだ。

うちは去年、その作業をやったんだけど、そのとき、退職した職員の個人的な文書が、大量に箱に入ったまま残されているのを発見したんだよ。他にも、古い段ボール箱に保存期間の満了した文書や、使っていないカタログや古い新聞なんかも入っていたりして、けっこう整理するのが大変だったんだ。それまでは、どの箱も開けたことがなかったから、何が入っているのか誰も知らなかったしね。

坂崎くん

そんなことってあるんですか?

吉田係長

あったね、実際。みんなうすうす気にはなっていたんだけど、誰も開けようとしなかったんだ。もちろん、忙しくてそれどころではなかったというのもあるけどね。でも今回は専門アドバイザーからすべてのものを確認するように言われていたから、そこで初めて開けたんだよ。

だから事務室内の文書を全て確認して、専門アドバイザーが言う8割くらいの文書を事務室から追い出すことができたんだ。内訳としては5割くらいを廃棄して、残りの3

割が書庫と倉庫行きだったかな。これを「5対3対2の原則」っていうみたいだよ。

坂崎くん 8割の文書が事務室からなくなるんですか？　すごい量ですね。それだけ整理すれば、きっと、みんな達成感があったんじゃないですか？

吉田係長 そうねぇ、もちろん達成感がなかったわけではないんだけど、分類とかは、まだやってなかったから、いよいよこれから分類　って感じの方が強かったかな。

坂崎くん そうか、分類は、まだでしたよね。そうすると、実際には、簿冊からフォルダに入れ替える前に、その時点で、文書を5割以上削減できてる　ってことになるんですね。

吉田係長 そういうことになるね。ここまで来て、やっとスタートラインに立った　ってわけだ。

坂崎くん そういえば、文書の8割削減　って、インターネットでも見たことありますね。たしか総務省の事例でした。

吉田係長

そうなの？

坂崎くん　総務省の行政管理局だったと思うんですけど、オフィス改革を実行して、文書を削減して、ペーパーレス化を導入した、とかだったと思います。

吉田係長　へえ～、ペーパーレスか。うちでも近いうちに検討することになると思うけど、総務省はどんなふうにやったの？

坂崎くん　記事には、個人や組織で持っている紙文書の整理から始めて、机やロッカーに眠っていた紙文書を書籍、白書、印刷資料に仕分けして、組織全体でそれぞれの紙文書が何部必要なのかを決めて、余剰分は全て破棄した　って書いてありました。

吉田係長　全て破棄？　それは思い切ったね。

坂崎くん　破棄した紙文書が全体の８割で、コピーの箱にするとだいたい480個分の削減になったみたいですよ。

ここがポイント！

総務省行政管理局のオフィス改革

総務省行政管理局では、国家公務員のワークスタイル変革の一環として、オフィス環境を抜本的に改修し、これまでの紙中心の働き方を見直すなどの試行的取組みを行っている。

特に、オフィス改革のポイントの一つである個人の座席を固定しないフリーアドレス制と個人用デスク撤廃を合わせた取組みは、霞が関の中央省庁では先駆的な試みとして注目を集めている。

出所：【総務省行政管理局のオフィス改革】

デスクに積み上げられた資料の山を

総務省オフィス改革

http://www. soumu. go. jp/main_sosiki/gyoukan/kanri/office_kaikaku/index. html

IIIIIIIII　なくして業務効率化
http://www.building.co.jp/news/2228/

吉田係長　そうなんだ、でも、それって、ガイドラインにのっとって削減したのかな？

坂崎くん　えっ、ガイドラインですか？　さあ、そこまでは書いてなかったのでちょっと分からないですけど。

吉田係長　それに、ペーパーレス化を進めても、紙文書が2割は残っているわけだから、そこはきちんと分類して管理しないといけないよね。

坂崎くん　それも書いてなかったので分かりませんが、きっと、やってるんじゃないんですか？

吉田係長　そりゃそうだね。そもそもガイドラインは国でつくったんだし、そこに削減の方法も、残った2割の紙文書の管理のしかたも書いてあるんだもんね。

▼フォルダは単年度管理を、複数年入れるのはNG

内閣府大臣官房公文書管理課が2月に報告する「公文書等の管理等の状況について」では、簿冊が原因と考えられる指摘事項が、毎年度重複して指摘されている。

吉田係長
じゃあ、次は、文書の整理のしかたなんだけど、AKFの特色の1つは、すべての文書が単年度の単位で管理されている　ってことなんだ。

坂崎くん
単年度管理ですか？　確か、フォルダの中には1年分の文書しか入れられない　ってことでしたよね。

吉田係長
そうそう。でも、去年までは簿冊が使われていたから、1つの簿冊に3年分とか4年分の文書がとじられていることがよくあったんだ。でも、専門アドバイザーから、これには文書管理上、大きな問題がある　っていうことを教えてもらったんだけど、何だか分かるかな？　内閣府の点検・監査報告でも毎年のように指摘されていることなんだけど……。

坂崎くん　簿冊で複数年分の文書をとじる問題ですか？　そうですね、たくさんの文書をとじれるから、持つと、重くて腕が腱鞘炎になるとか。

吉田係長　ハッハッハ、確かに。それもあるけど、もっと根本的な問題があって、文書には保存期間があるでしょ？　複数年分の文書を1つの簿冊にとじてしまうと、一般的には、保存期間をカウントするときの基準が、一番新しい年度からになってしまうんだよ。

もっとも、これは管理上の問題だから、複数年分とじられていたとしても、保存期間が満了したら、順番に簿冊から外して廃棄すればいいんだけど、古い簿冊は、書庫で保存されているから現実的には難しいんだよ。

そうすると、仮に、簿冊の中に廃棄できる文書があっても、すべての文書の保存期間が満了するまでは、そのまま書庫に保存され続けることになってしまうんだ。だから、うちの書庫は、いつも満杯で、文書を引き継ぐ場所がほとんどなかったんだよ。

坂崎くん

保存期間ですか。それって書庫のスペースの問題とも関係しているんですね。

吉田係長

そうなんだ。だから、単年度管理にすると、毎年、保存期間を満了した文書を廃棄できるようになるから、書庫問題の解決の一助にもなるんだよ。

ここがポイント！

保存期間の考え方（一般的な事例）

「H22年度作成＋H23年度作成＋H24年度作成」文書が1冊にとじられた保存期間5年の簿冊を廃棄する場合、すべての年度の文書が平成30年4月1日廃棄となる。

一方、フォルダによる単年度管理の場合の廃棄年月日は、それぞれ、次のようになる。

「H22作成」→平成28年4月1日
「H23作成」→平成29年4月1日
「H24作成」→平成30年4月1日

坂崎くん

そうすると、「継続文書」とかいうのはどういう扱いになりますか？　産業振興課には、企業誘致なんかのフォルダに「継」マークの付けられたフォルダが複数ありましたけど。

吉田係長

「継続文書」か。でも、簿冊とは大きく違うことがあって、フォルダ管理の場合、継続文書のフォルダであっても、1つのフォルダには単年度分の文書しか入れないんだ。つまり、フォルダは単年度ごとに作成されていて、それが年度順に一緒に並べられているだけなんだよ。

坂崎くん

じゃあ、継続文書でも、結局、単年度管

「継続文書確認票」の記入例

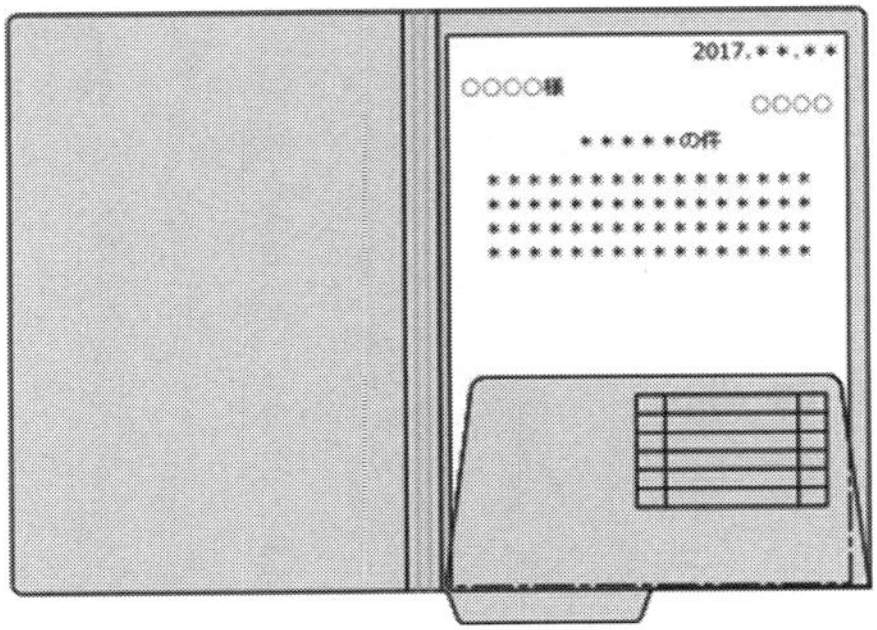

継続文書用フォルダ作成者が宛名ラベル等を利用して「継続文書確認票」を作成して貼付し、利用者が閲覧月日を記入。なお、5回を超えたときには記入しなくても良い。

理なんですね？

吉田係長　それと、業務によっては経緯の確認が必要だ、とか、外部からの問合せに対応するためだ、とかいう理由で、事務室に継続文書として置いているものもあるけど、でも、だからと言って、いつまでも置いておけるわけでもないんだ。

吉田係長　後で確認しておいて欲しいんだけど、継続文書は、フォルダに文書を閲覧した日付を記載する欄を付けてあるんだ。年度末にここを確認して、閲覧回数の少ないフォルダは「継続」を解除することになっているんだよ。今年度は、閲覧回数が5回未満だったら、継続解除の処理をして、文書の

一般的な文書のライフサイクル

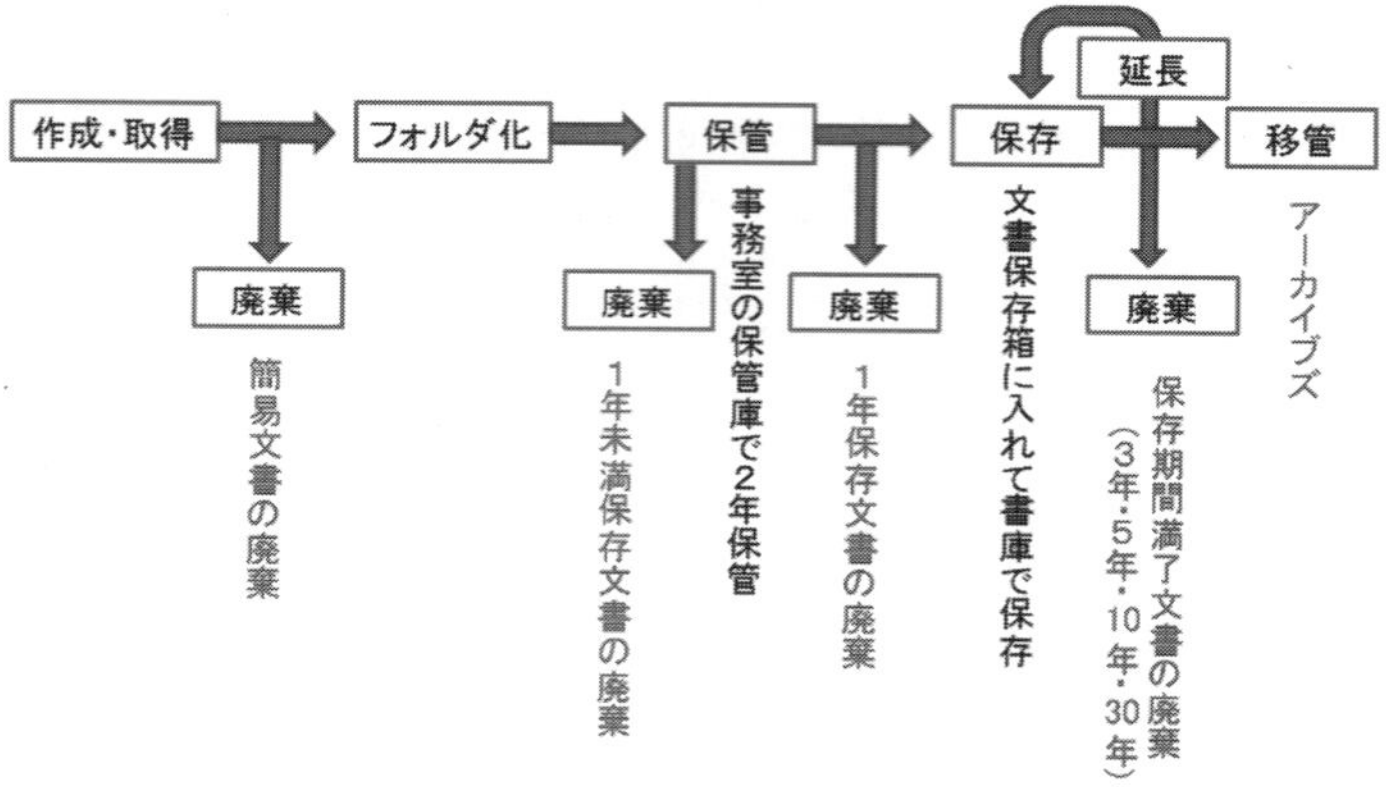

移替えのときに、下段に移動させることにしているんだ。

坂崎くん　5回未満で継続解除ですか？

吉田係長　そう。文書は作成から廃棄までを決められたルールにのっとって管理することで、初めて適切な管理が可能になると言われているんだ。これを文書のライフサイクル　って呼んでいるんだけどね。

▼事務室に保管する文書は現年度と前年度の2か年分だけでよい

保管庫が3段の場合、比較的文書を取り出しやすい上2段に現年度文書を入れて、3段目に前年度の文書を入れて管理する。

坂崎くん　ライフサイクルですか。

吉田係長

そう、ライフサイクルだから、事務室での文書の管理のしかたについては、ちゃんとルールがあるんだよ。専門アドバイザーは、これを管理原則　って言っていたけど。

例えば、今は、平成30年度だから、現年度が平成30年度で、前年度が平成29年度だね。保管庫が3段の場合、比較的文書を取り出しやすい上2段に現年度文書を入れて、下の段に前年度の文書を入れて管理するんだけど、これを「上下2期間法」というんだよ。管理ルールとも呼ばれているよ。

吉田係長

でも、背の高いA4対応型の保管庫だと、収納効率を高めるために、4段すべてに文書を収納している課もあって、そこは、上

上下２期間法による保管庫の収納例

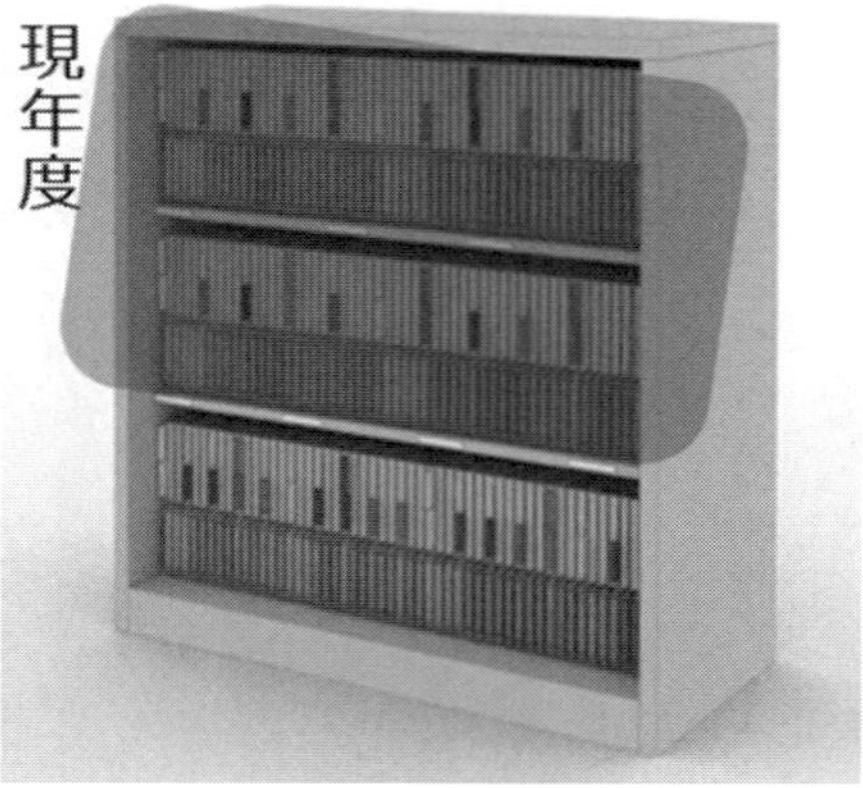

3段に現年度文書を入れて、下1段に前年度文書を入れているみたいだね。

坂崎くん　えっ、でもそれだと、前年度の文書入りきらないいじゃないんですか？　3対1の比率になっちゃいますよ。

吉田係長　そうだね。でも、前年度の文書の量は、毎年、増減するから、どちらの場合でも、ぴったり1段に収まることは少ないんだ。だいたい右端の保管庫の2段とか、3段分を、前年度文書の保管場所にすることが多いね。

坂崎くん　なるほど。でも、それよりも前の文書はどうするんですか？

A4対応型保管庫の収納例

吉田係長

前々年度以前の文書、つまり平成28年度以前の文書は、書庫に引き継いで、管理するんだよ。さっき、事務室に文書があふれていた　っていう話をしたと思うけど、その中には、過年度の文書も多く含まれていたんだ。

これまでは、新しい年度になると、新しい簿冊を作って、それを保管庫の空いている場所に置くだけだったから、棚がいっぱいになると、過年度の簿冊を棚の奥に押し込んで、前後2列で並べてみたり、横にして重ねてみたり、それはひどい状況だったよ。自分ではちゃんと管理しているつもりでも、いざ必要になって探してみると、どこに置いたか分からなくなって、探すのにも時間がかかっていたしね。

坂崎くん

でも、それは必要があって置いていたんじゃないんですか。

吉田係長

みんなも最初はそう言っていたよ。よく使うのでここに置いておく必要がありますって。でも、実際にはそんなに見ないんだけどね。書庫まで探しに行くのが面倒だし、当時は、書庫が整理されていなかったから、一度持っていったら最後、どこにあるか分からなくなってしまう　っていう不安もあったんだと思うよ。

だから、事務室の整理と同じタイミングで書庫も片づけて、みんなが安心して書庫へ文書を引き継げるように、一度に両方の環境を整えたんだ。

坂崎くん　大変だったんですね。でも、みんながみんな、一斉に文書を書庫へ引き継いだら、入りきらなくて書庫があふれるかも　ってことは考えなかったんですか。

吉田係長　その点は僕も心配していたんだけど、やってみたら、保存期間の満了している文書が意外に多かったことと、不要文書も、結構出てきたから何とかなったんだよ。

坂崎くん　さっきの退職者の残していった文書とかですか。

吉田係長　そうだね。それと1年未満保存文書も結構あったよ。

坂崎くん　1年未満保存文書ですか。何ですか、それ?

吉田係長　文書は、意思決定の過程を跡付けたり、検証したりするために必要なものだから、軽微な文書であっても簡単には廃棄はできないんだけど、それに該当しないものは、下段に移さずに、作成・取得した年度末までには廃棄してしまうこともあるんだ。例えば、研修や福利厚生に関する回覧文書は、原本を担当課が保管しているから、僕たちまで大切に事務室に置いておく必要はないよね。だから、そういう文書は、年度末の段階で、廃棄して文書の総量を減らすんだよ。

坂崎くん　へぇ～。

吉田係長　だから、ほら、現年度文書が上2段で、前年度文書が下1段でしょ。おかしいと思わなかった？　そのまま下に移したら、1段に収まらないよね。そのからくりの1つが、この1年未満保存文書にあるんだ。専門アドバイザーによると、現年度文書の40％程度がそれに該当する　って言ってた。たしか、論文でも読んだことがあるな。でもね、簿冊やボックスファイルとかだと、中の文書の総量を減らしてもファイルの背幅は変わらないから、下1段に収めることはできないよね。

年度末に行う文書の棚卸。これをやらずに新年度は迎えられない

前年度文書を文書保存箱に入れて書庫に引き継ぎ、現年度文書を上2段から下段の棚に移すことで、空いた上2段に新年度の文書を収納できる。

坂崎くん　文書はすべてフォルダに挟んで、ずっと取っておくものだと思っていました。

吉田係長　昔、簿冊を使っていたときには、僕もそう思っていたよ。何でもかんでもパンチで穴をあけて、簿冊にとじてしまって、あとで中身を点検することなんてなかったから、気がつくと簿冊がパンパンになっていたね。

今回、文書管理の改善をやってみて気がついたのは、文書はとじたらおしまい、ではないってことなんだ。

だから今は、「上下2期間法」っていう管理ルールにのっとって事務室で文書を保管して、もう1つのルールに従って、年度末に文書の棚卸をすることにしているんだ。坂

崎くんは、来年3月に初めて体験すること
になるんだけどね。

坂崎くん
文書の棚卸ですか？

吉田係長
具体的な作業としては、保管庫の3段目
に収納している前年度文書を、文書保存箱
に入れて書庫に引き継いで、次に、空いた
3段目に、上2段から現年度文書の中身を
チェックした後に移していくんだ。そうす
ると、4月に新年度を迎えても、新年度の
文書を現年度文書として、空いた上2段に
収納できるからね。これを「年度末場所換
え法」っていうんだよ。運用ルールとも呼
ばれているね。
この方法だと、毎年、文書を大規模に移

AKFでの文書の流れ

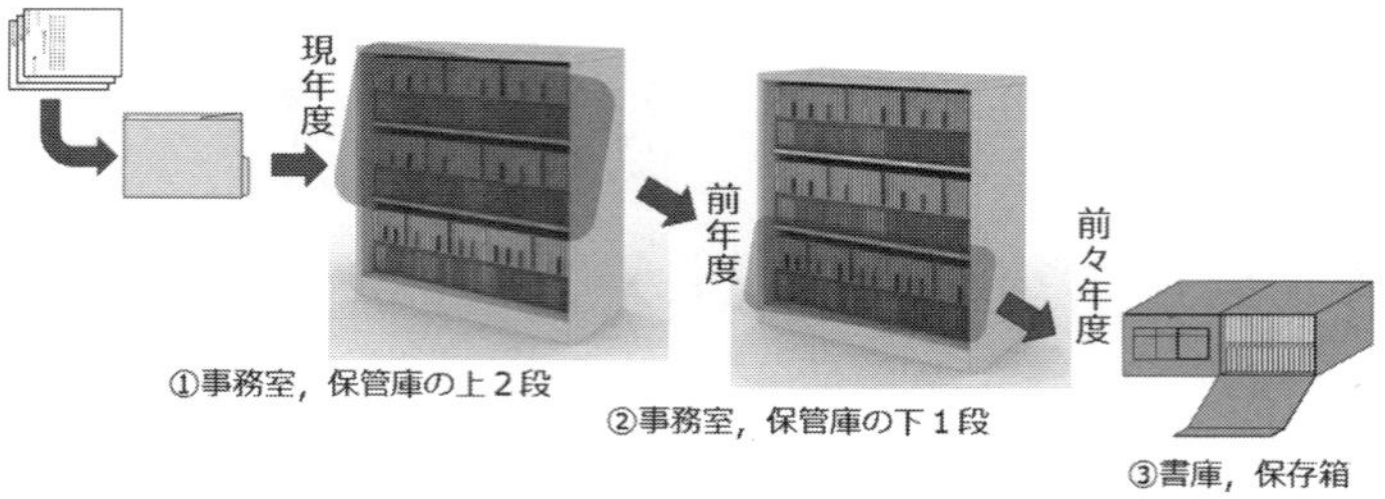

動かせることになるんだけど、一度ファイル化した文書を、年度末に、もう一度点検することになるから、その時点で不要な文書は廃棄できるからね。よくできた仕組みだよ。

坂崎くん　上下2期間法に年度末場所換え法か、なんだか覚えにくい名前だな。でも、ちゃんと覚えておきますね。

吉田係長　頼むよ。そうして、書庫に引き継いだ文書は、それぞれ保存期間が満了するまで、文書主管課の僕らがしっかりと管理して、廃棄をすると、ほら、さっき説明した文書のライフサイクルのとおり、ちゃんと文書が回っていくでしょ。

坂崎くん　なるほど、確かにこうすれば、事務室にも書庫にも文書がたまりませんね。でも、年度末って、この作業厳しくないですか。新年度の準備とか、けっこう忙しそうな気がするんですけど。

吉田係長　そうした声があるのも事実だね。去年は何とかなったけど、すべての課が年度末に作業をするのは来年の3月だから、それまでに、各課の状況を確認して、実施時期を決める必要があるね。

専門アドバイザーからは、3月が厳しければ、2月のうちに実施する方法もあるって言われているんだ。

坂崎くん　2月ですか。でも、そこでは文書の廃棄はできないですよね。保存期間内だから。バレたら叩かれますよ。

吉田係長　物理的な廃棄をしなければいいいんじゃない。廃棄対象文書として、書庫の端に置いておいて、年度が明けたら、直ちに廃棄処理する。ちなみに廃棄の作業は、うちが担当だから、各課の準備さえできていれば、僕らだけでも作業できるしね。

坂崎くん　確かに。

吉田係長　それに、一番問題なのは、年度内に引継ぎや移替えの作業ができなくて、そのまま新年度を迎えてしまうことなんだ。

坂崎くん

何でですか？

吉田係長　だって、新年度になった瞬間に、3か年分が事務室に保管されていることになって、上下2期間法がくずれてしまうじゃない。そうなると、置き場所に困った文書を空いているところに置いたりするでしょ、きっと。せっかくの苦労が水の泡だよね。

坂崎くん　でも、少しの期間だったらいいんじゃないですか。5月の連休明け頃に、少し落ち着いてから整理するとか。

吉田係長　だめだめ。僕は、年度末の作業がちゃんとできているか、専門アドバイザーに報告しなければいけない立場なんだ。「まだ、できていません」なんて報告したら、怒られちゃうからね。それだけは勘弁だよ。

坂崎くん　そんなに怖い人なんですか。

吉田係長　怖くはないけど、専門アドバイザーは、それだけ真剣に取り組んでいる　ってことだよ。だから僕たちも、どうすればそれを実現できるか、知恵を出す必要があると思っているんだ。内部のスケジュールの調整はプロモータの重要な仕事の1つだからね。今は2月の中旬に実施する方向で検討しているんだ。

おっと、もうこんな時間か。続きは午後にして、駅前に新しいラーメン屋が開店したからいっしょに食べに行く?

坂崎くん

ということは、係長のおごりですね。喜んでお供しま〜す。

4

分類を実践せよ！

課長からの指示で、新人の坂崎くんにＡＫＦの導入経緯について説明をしている吉田係長。午前中、坂崎くんに、事務室環境の整理のしかたや、文書の管理ルールと運用ルールについての説明を行った。昼食後は、引き続き、文書の分類方法について説明をすることにした。

▼文書はできるだけ速やかに取り出せるように分類する

検索の手段として分類することは、思考の整理と事務の整理に資する。適正な分類なくして、事務の効率化や情報の活用を図ることはできず、最適な意思決定は望めない。

吉田係長　さてと、午後は分類の話をしようか。文書を作成または取得したら、随時ファイル化！　そしてすぐに分類するんだ。数のコントロールを意識しながらね。

坂崎くん

数のコントロール？　へえ～、フォルダの中の文書の枚数や、ガイドが管理するフォルダの数なんかもすべて数が決まっているんですね。知らなかった。今はまだフォルダの中の文書が少ないから、全く気にしてませんでした。

吉田係長

これから文書が増えていくに従って、数を意識するようにしないといけないね。この分類のことを「ツミアゲ式階層分類」っていうんだ。

坂崎くん

これって、何で数が決められているんですか？

吉田係長

いい質問だね。なぜだと思う？

数のコントロール

フォルダ	第２ガイド	第１ガイド
50 ±30	10 ±5	5 ±3
フォルダに入れる文書は，50枚を基準とし，±30枚を許容とします。	フォルダの数が，10±5冊ごとに第２ガイドを立てます。	第２ガイドの数が，5±3枚の範囲内で第１ガイドを立てます。

坂崎くん　数が決まっていると並べたときに規則的にきれいに並ぶからですか？

吉田係長　なるほど、確かに、規則的に並ぶね。でもちょっと違うな。要するに、フォルダやガイドの数をしっかりとコントロールすることで、検索性を担保しているんだよ。

坂崎くん　検索性ですか？

吉田係長　例えば、1、000枚の中から文書を1枚探すのと、50枚の中から探すのって、手間や探す時間が違うよね。50枚の中から探す方が断然早い。だから、このフォルダとガイドを使って、1、000枚の文書を、

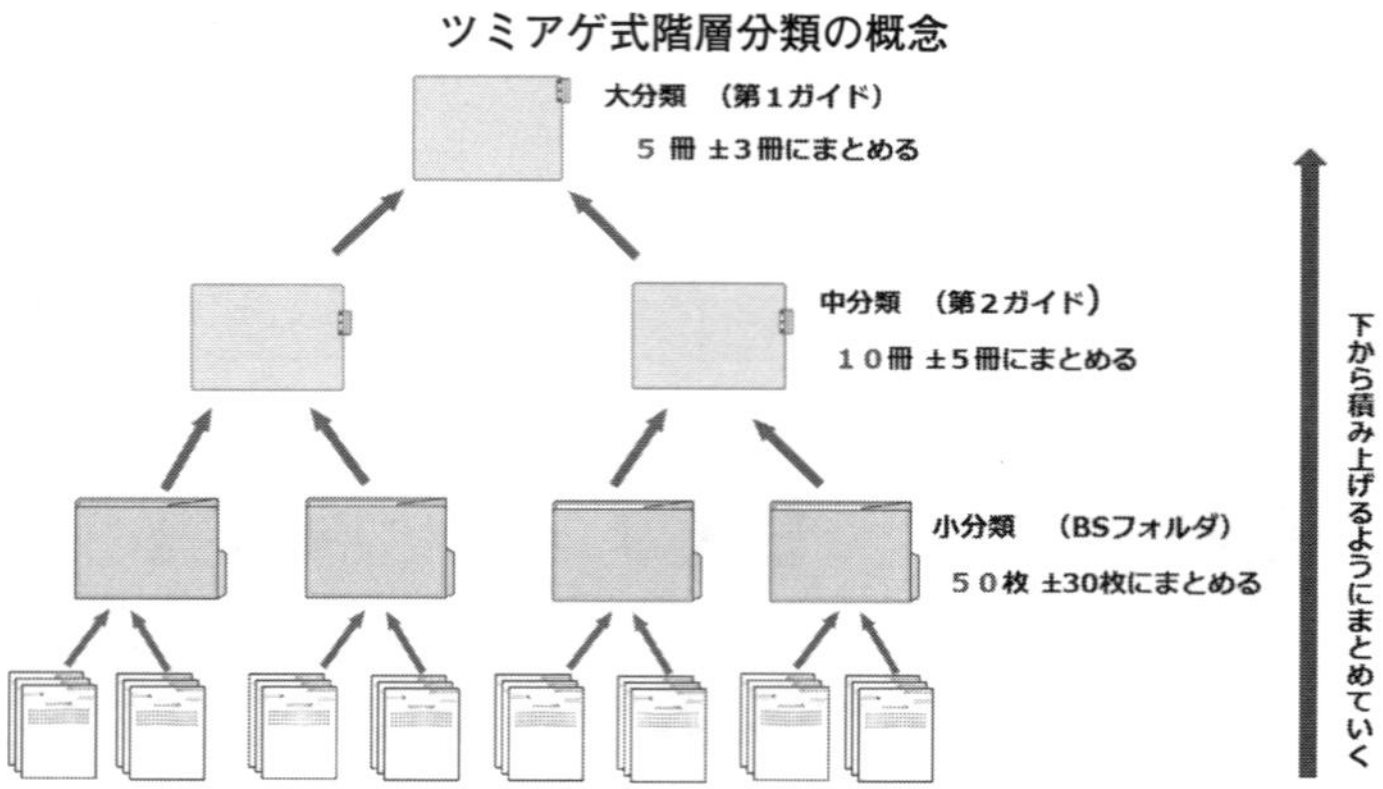

数のコントロールを意識ながらまとめていくんだよ。

初めに、関係のありそうな文書を50±30枚くらいずつにまとめて、小さな山を作っていく。そうすると1、000枚だから、だいたい20くらいの山ができるかな。この山を一つずつフォルダに入れてタイトルを付けるんだ。

次に、フォルダのタイトルを見て、グループとしてまとめられそうなフォルダを集めて、10冊くらいを目途に束にして、その山に第2ガイドを置いて、ガイド名を付ける。

最後は第2ガイドの束を5つくらいでまとめて、第1ガイドを置いてガイド名を付けると、ほら、3段階の階層構造になるでしょ。

坂崎くん

なりますね。

吉田係長

そして、文書を検索するときには、いきなりフォルダタイトルを見るんじゃなくて、第1ガイド、第2ガイドの順にガイド名を見ながら下りて行って、目的のフォルダが見つかったら、保管庫から取り出して、フォルダの中の文書を見てみると、ほら、50枚の中から探すようになるでしょ。

坂崎くん

なりますね。

吉田係長　ポイントは、すべての文書が同じルールでまとめられていて、どこを探すときも同じルールで探せる　ってことなんだ。これだと、ガイド名がちゃんと分かれば、いつも同じ時間で探せることになるからね。数がしっかりと守られていることはとっても大事なんだよ。

坂崎くん　なるほど〜。分類　って検索と関係が深いんですね。

吉田係長　ほんと、そのとおりだね。僕も最初は、よく分からなかったんだけど、専門アドバイザーに言われたとおりに、簿冊から文書をバラシて、数のコントロールに従って、まとめて行ったら、業務の見える化もできて、自分の担当文書なのに、検索性が上がった！仕事がしやすくなった！　って実感できちゃったんだから。すごいよね。

坂崎くん　逆に、今までどうしてたんですか〜　って感じなんですけど。

吉田係長

ちなみに、1人当たりの現年度の文書枚数は、だいたい6、000枚くらいらしいから、これを分類すると、フォルダ数は1人当たり100冊くらいになって、第2ガイド数が1人当たり10枚くらいで、第1ガイド数が1人当たり2枚くらいになるんだよ。

坂崎くん　へぇ〜。

▼フォルダタイトルの付け方にもこだわる

数のコントロールを意識して分類しても、フォルダタイトルが「一般文書関係」では検索できない。

吉田係長　それともう1つ、検索性を担保するためには、数だけじゃなくて、分かりやすいフォルダのタイトルやガイド名を付けないと意味がないんだ。

ここがポイント！

検索の手がかり、フォルダのタイトル

フォルダに文書をまとめたら、フォルダタイトルを考えるのだが、このタイトルの付け方によって、フォルダは探しやすくも悪くもなる。では、探しやすいフォルダのタイトルとはどのようなものだろうか。

まず、フォルダのタイトルが具体的である必要がある。具体的にするには、収納されている文書の内容がはっきりと分かるキーワードが含まれている必要がある。そして、それが他のフォルダと完全に区別できるキーワードでなければならない。

次に、フォルダのタイトルは客観的である必要がある。客観的にするには、人によって判断が異ならないキーワードを用いる必要がある。業務担当者しか分からないような略語や専門用語などはできるだけ使用しないようにする。

なお、フォルダタイトルを付す際には、一般的に、次のような語句は検索の役に立たないため省略する。

(1)「文書、一般文書、書類」

(2)「関係、綴り」

(3)「その他」
(4)「雑件、諸件」
(5)「その1、その2」

吉田係長　昔、簿冊で文書を管理していたときには、簿冊のタイトルに「一般文書関係綴り」というのがあったんだ。県からの通知や各種研修案内とか、いろいろな文書がまとめられていたんだけど、これだと簿冊のタイトルからは何がとじられているか分からないよね。

坂崎くん　そうですね。さっきの検索に役に立たない語句をとると、何も残らないですね。

吉田係長

フォルダタイトルの様式

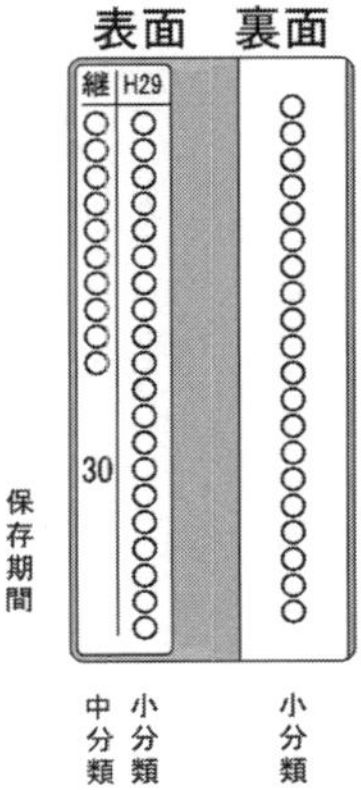

「一般文書」「関係」「綴り」どれも禁止ワードだから、確かにタイトルがなくなるね。だからそうならないように、坂崎くんがこれからつくる新しいフォルダのタイトルには、ちゃんとキーワードを入れるようにしてね。

坂崎くん 分かりました。でも、前年度のフォルダを見て、それを参考にしてもいいんですよね。

吉田係長 構わないよ。ただ、何も考えずに全てを同じにしてはいけないよ。自分なりに考えて、どうすれば他の人でも検索できるか工夫することも大事なんだ。

坂崎くん 他の人が探すんですか？　私の仕事は他の人はあまり関係ないと思うんですけど。

吉田係長 そうかなぁ？　まあ、坂崎くんがいつも席にいて、窓口も電話も上司への対応もすべてやってくれるのなら、それでもいいんだけど、そんなことできる？　出張もあるし、第一、休暇を取ったりもするでしょ。そんなときに問合せがあったら、係長である僕や課長が対応しなければいけないこともあるんじゃないかな。

坂崎くん

それは……。

吉田係長

それに、坂崎くんは定年まで40年くらい、ずっとここで今と同じ仕事をしているつもり？　人事異動や、昇格もあるだろうし、担当する業務は常に変わっていくよね。

そのときは、今の仕事を後任に引き継ぐことになるはずから、その人でも探せるような分類にしておくと、次の人は仕事をやりやすいんじゃないかな。だから、自分の仕事は他の人に関係ない　って思わずに、いつバトンタッチしてもいいように、日頃から数をコントロールして分類して、分かりやすいタイトルを付けておくことが大事なんだよ。

坂崎くん

そうか。私がやっている仕事は、今、たまたま私が担当しているだけですからね。次、誰が担当になるか分からないし、明日、私がここにいることは誰も保証してくれないですしね。

吉田係長

そこまで言ってないよ。

▼分類成果の検証は、達成度確認で客観的に実施する

分類の成果は、他の係や担当者の文書を、保管庫から20秒以内で取り出すことができるかどうかで客観的に検証できる。

吉田係長　あとね。分類の成果は客観的に調べる方法があるんだよ。僕たちは去年全員が体験しているんだけど、やってみる？　他者検索。他の担当者の文書をこの保管庫の中から20秒以内で取り出すことができれば合格だよ。

坂崎くん　今、ここでですか？　どんなふうにやるんですか？

吉田係長　まずは、適当な文書を抽出して、と。今から、この文書の件名を読み上げるから、それを手掛かりに、その文書が入るフォルダを探してみてくれる？　まずは、第1ガイドから。

ほら、前に説明した「達成度確認」ってやつだよ。実地指導のときは、課長も含めて全員が20秒以内に文書を取り出せないと、「不合格！」とか言われて、もう一度、分類やタイトルを見直して、別の日に再試験を受けなければいけなかったんだよ。幸い、うちの課は全員が20秒以内に文書を取り出すことができたから「合格」になったんだけど、隣の課はやり直しになって、結構大変だったみたいだよ。

坂崎くん　文書の件名を聞いて、まずは第1ガイドがどこにあるか探せばいいんですよね？

吉田係長　そうそう。第1ガイドが決まれば、あとはその中の第2ガイドの名称を見て、順番にフォルダのタイトルを見ていけばいいからね。ときどき、第1ガイドが決まると、いきなりフォルダのタイトルを　片っ端から見だす人がいるんだけど、そういうやり方だとかえって時間がかかっちゃうから、ちゃんと第1ガイド、第2ガイド、フォルダの順で見ていってね。じゃあ、始めるよ！

坂崎くん　お願いします。

吉田係長

えっと、じゃあ、まず、文書の件名は……。

坂崎くん あっ、あった！　どうでした、時間？

吉田係長 すごいよ、18秒だった。おめでとう、合格だよ。

坂崎くん 抜き打ちでテストするなんてひどいですよ。でも、よかった。分類が分かりやすいから、他の人の担当文書なのに、すぐに第1ガイドがどこか分かりました。

吉田係長 それはよかった。僕たちの水平分類の成果だね。

坂崎くん 水平分類？　何でしたっけ、それ？

▼ 水平分類によって市民にも歓迎されるポジティブな文書管理を構築する

水平分類をするときのコツは、担当者以外の人が見ても、担当者がどんな業務をしていて、どんな文書を使っているのかが、分かるようにすること。

吉田係長

前にも話したけど、去年、実地指導で、簿冊からフォルダに切り替えた後、2つのことについてアドバイスがあったんだ。

1つは、係ごとに分けて管理していた保管庫を、1か所にまとめる　ってことと、もう1つが、その保管庫に、第1ガイドや第2ガイドの並び順を課の中でちゃんと話し合って並べる　ってこと。

坂崎くん

えっ、保管庫　って1か所じゃなかったんですか?

吉田係長

去年までは、係ごとに管理されていたから、それぞれの係の近くに保管庫も置かれていたんだよ。だから最初は、１か所にまとめると、かえって効率が悪くなる　って抵抗する職員もいて、なかなか調整できなかったんだ。でも、専門アドバイザーから、このくらいの事務室なら、どこに保管庫が置かれていても、必要な文書を取りに行くのに、そんなに時間は変わりませんよ　って言われて、それで、ようやく1か所にまとめることができたんだよ。

坂崎くん

そうですよね、そんなに変わらないと思いますよ、私も。

吉田係長

まあね、今ではみんなもそれを実感していると思うけど、最初は、大変だったんだよ。それと、ガイドの並べ替えにも苦労したんだ。だって、これをやると、自分の担当する文書が自席から遠くなることもあるからね。

坂崎くん

そうか、そうですね。

吉田係長

まあ、いろいろあったけど、最後の実地指導までには、ガイドの並び順をみんなで考えて、その順序に文書を並べることができたんだけどね。これを水平分類、正式には

「業務プロセス式水平分類」って呼んでいるんだよ。

坂崎くん　業務プロセス式？　それって、業務の流れと関係があるんですかね。

吉田係長　そうだろうね。だから僕たちも考えるときに、業務の流れをイメージしながら、どう並べたらいいかを考えるようにしたんだ。うちの課にどんな業務があって、それを、どんな順序に並べるとみんなが分かりやすいか　って感じでね。

坂崎くん　それって、みんなで話し合って、決まるもんなんですか？

吉田係長　そうね、そのときには、もう、階層分類は終わってて、自分が担当する業務の流れは、バッチリ頭に入っていたから、逆に、自分の仕事のほうが重要だから前に置いたほうがいいだとか、それは課の業務とは直接関係ないから後ろに置いたほうがいいんじゃないかとか、いろんな意見が出てきちゃって、むしろ、まとめるのが大変だったかな。
でも、課長がいい感じで調整してくれたおかげで、最後には、みんなが納得する形で課の業務の流れをつくることができて、このガイドの並び順が決まったんだけどね。

坂崎くん

ふ～ん、なんか難しそうですね。

吉田係長

最初はね。でも、例えば、全庁的に共通の文書があれば、そういったものを、まず最初に並べて、さらに課内でも共通する文書があれば、その次に並べていくと、ほら、少しずつ、順序が決まっていくでしょ。

たとえば、こんなふうに、

翌朝フォルダ→全庁共通→課共通→課本務→資料→様式→他課一時借り出し

坂崎くん

全庁共通って、あの議会とか予算とかですね。課共通は、えっと、時間外勤務や休暇の届とかですね。

吉田係長

そうそう。そして、大事なのがその後なんだ。課の本務業務の順序なんだけど、ここで、さっきのこっちが先とか後とかの議論になるんだよ。

とりあえず、どんな業務があるか分からないと話にならないから、みんなの説明を聞いて、それを参考に順序を考えたりしたんだけどね。
でも不思議だよ。水平分類を決めた後からは、文書の件名を聞くと、どこにその文書があるか、大体想像できるようになったんだ。専門アドバイザーには、みんなが水平分類について話し合ったことで、課内で情報共有できた証拠だ　って言われたけどね。

坂崎くん　何となくなんですけど、業務　ってそれぞれが独立していて、その順序を決めるのって、そもそも無茶な気がするんですけど。

吉田係長　最初は、僕たちもそう思っていたよ。でもさ、例えば、いろいろな業務を進める上で、よりどころとなるような規則や規程があるとすると、そういう文書　って、課の本務業務の先頭に置いてあると座りがいいよね。だって、それに基づいてみんなが、それぞれの業務をやるわけだから。それに、国や県からの通知とかでも、ルール変更とかに関わるようなものは、そこに置いておけば、間違いないしね。

坂崎くん　まあ、確かに。

吉田係長

もちろん、課によっては、いろいろな業務がありすぎて、それを業務の流れに沿って並べるなんて、とてもムリ　っていうとこも、あるかもしれないけど、でも、それも含めてその課の担当する業務であることには違いないんだから、やっぱり、こじつけてでも、並び順を考えるべきなんだよね。

坂崎くん

こじつけてでも、ですか？

吉田係長

そう、こじつけてでも。そもそも、文書　ってさ、僕たちだけのものじゃないんだから。情報公開とかで、市民の皆さんにも、僕たちがどんな文書を持っているのかを、分かってもらえるようにするべきだと思うんだ。

坂崎くん

それは分かりますけど、でも、どうやったら分かってもらえるんですかね？

吉田係長

それが、水平分類だと思うんだ。他者検索　ってさ、究極は、市民の皆さんのための検索だと思わない？　僕らが分類した結果は、ファイル基準表に登載されて、それが、将来、情報公開用の目録として、公開されたとするよね。目録　って、なんでもそうなんだけど、バラバラに並んでいたら、ただ、書いてあります　ってことだけで、使いにくくてしょうがないけど、それが、ちゃんと、何かのことわりをもって、並べられていたとしたら、初めてそれを見た人でも、なるほど！　って分かるかもしれないよね。

坂崎くん　確かに。

吉田係長　だから、僕は、この水平分類をするときの一番のコツは、普段、業務とは何の関係のない人が見ても、僕たちの課が、普段、どんな業務をしていて、そのとき、どんな文書を使っているのかが、分かるようにしておくこと、だと思っているんだ。

みんなには笑われたけど、例えば、中学生や高校生が、職場体験で役所に来たときに、僕たちは、こんな仕事をしてますよ　っていうのを、この水平分類を使って説明できたら最高だよね。そして、もし、その説明を聞いた子どもたちが、分かりました！　って言ってくれれば、もっと最高だね。

そのためには、課内会議で、みんなが納得するまで、とことん話し合って、まずは、僕たちが、他の人の担当者の文書を検索できるように、しっかりとした水平分類を仕上げることが大事なんじゃないかな。そうすれば、結果として、市民の皆さんにも分かってもらえるような分類ができると思うんだ。

ここがポイント！

水平分類の考え方

一般に水平分類を組むというと、頻繁に利用するものを先にして、利用度の低いものを後ろにしがちだ。文書分類での「水平分類」は、必ずしも文書の利用頻度順に並べるのではない。また、自分だけが理解できる主観的、個人的な理由ではなく、課の共通文書として、誰にでも共通理解できる、客観性のある理論に裏打ちされた分類をつくることが望ましい。例えば、次のような考え方があるので、参考にしてほしい。

仕事の進行順序

財政規範↓財政計画↓予算編成↓財源↓執行管理↓決算・監査↓財政事情の公表（計画↓実施↓まとめ）

施行計画↓設計↓協議↓説明会↓契約↓工事施工↓完了検査（設計↓施行↓検査）

主から従へ

道路管理→道路付属物管理（本体→付属物）

住民基本台帳→印鑑→税収納（主管業務→代行業務）

内なるものから外なるものへ

庁内プロジェクト会議→都市計画協会→高速道路協議会→国道・バイパス期成同盟

（庁内や庁外）

公立幼稚園管理→私立幼稚園補助

通例から特例

収納→未納金徴収→滞納整理

一般保育→時間外保育

常識的な順

教育委員→教職員人事→学校予算管理→施設管理（人→金→物）

乳幼児医療→老人医療（年齢小→年齢大）

▼翌朝フォルダに文書をため込まない

文書発生後5分、退庁前5分、翌朝登庁後5分で文書のフォルダ化を。翌朝フォルダは夕方チェックイン、翌朝チェックアウトの1泊のみ。

坂崎くん

ところで、その水平分類の先頭に「翌朝フォルダ」っていうのがありますよね。それは何に使うフォルダなんですか?

吉田係長

「翌朝フォルダ」っていうのは名前のとおり、翌朝まで使える期限付きのフォルダなんだ。例えば、仕事を終えて、帰宅するタイミングや、庁外へ出なければならないときに、たまたま文書を受け取ってしまって、それを収納するフォルダが用意できていないことも日常の業務ではあると思うんだけど、たとえ1晩だけでも、それを机の上に置いたり、引出しに入れたりしてはいけないんだ。

そういう時に「翌朝フォルダ」という特別なフォルダを使って、受け取った文書を、次の日の朝まで一時的に保管しておくんだ。そして、その置き場所も水平分類できめられているんだよ。すべての分類の先頭、全庁共通文書の前 ってね。
あと、文書は1晩だけしか入れられないルールになっているから、次の日出勤したら、まず初めに、その文書のフォルダを作成して、翌朝フォルダを空にしなければいけないんだよ。

坂崎くん
なるほど、空のフォルダがいつも置いてあって、何でかな？ って気になっていたので、スッキリしました。ところで、私の翌朝フォルダも用意されているんですか？

吉田係長
ないよ、自分で作らないと。でもこれは

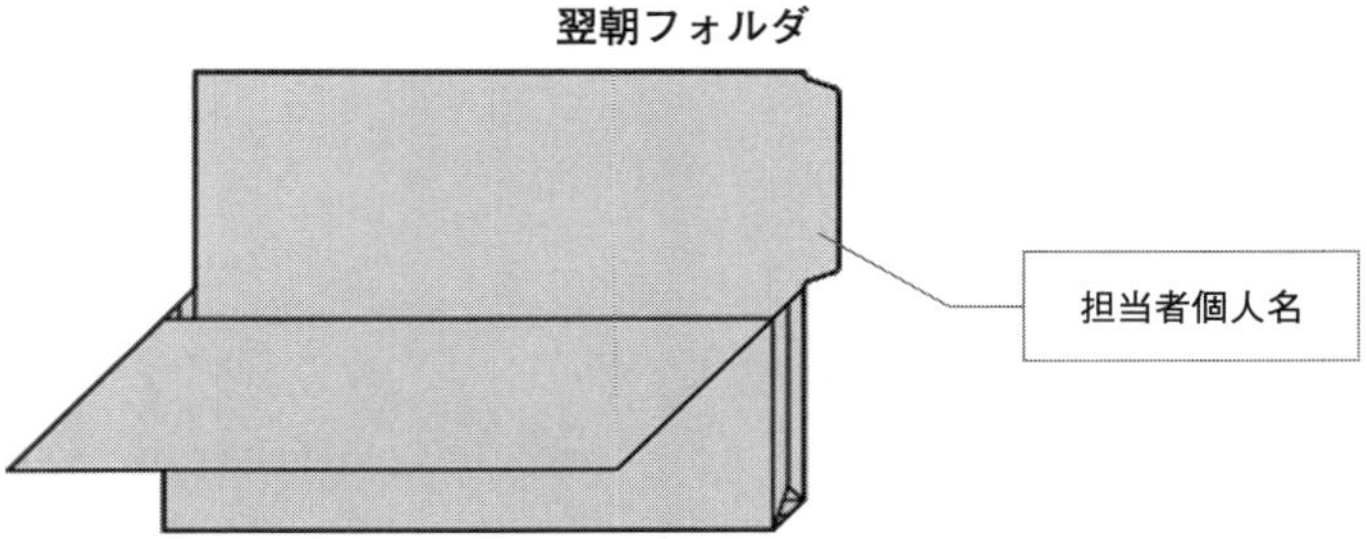

本当に緊急避難的に使うものだから、文書を受け取ったり、作成したりしたら、毎日きちんとファイル化することのほうを心掛けてね。

たまに「私は後でまとめてやります、そのほうが効率がいいので！」とか言って、「翌朝フォルダ」に文書をためている人がいるんだけど、そういう人に限って、けっきょく時間がとれなくて、「翌朝フォルダ」がパンパンになってしまうんだよ。根はまじめだから、いつもやらなければいけないって思っているみたいで、注意すると逆切れされたりしてさ、僕もけっこう大変なんだよ。じゃあ、今日はもう時間だから。お疲れ〜。

坂崎くん

お疲れ様、どうもありがとうございました　って、あれ？　係長の机の上、封筒が置いてあるな。このままじゃ滑走路にならないから、とりあえず係長の翌朝フォルダに入れておくかな。明日の朝、ちゃんと見てもらえますように！

5

ファイル基準表を活用せよ！

課長からの指示で、新人の坂崎くんにＡＫＦの導入経緯について説明をしている吉田係長。この日は、坂崎くんに、文書のライフサイクルの管理ツールでもあるファイル基準表について説明することにした。

▼管理原則、管理ルールと運用ルール

管理ルールとしての上下２期間法と運用ルールとしての年度末場所換え法は、文書のライフサイクルを維持するための必須のルール。

吉田係長

このまえ話をした、ツミアゲ式階層分類と業務プロセス式水平分類を使って保管庫にできあがった3階層の分類は、管理原則という、管理ルールと運用ルールに基づいて管理するんだ。

坂崎くん

管理原則？　前に話を聞いた、管理ルールと運用ルールのことですね？

吉田係長

文書を作成、取得してから、事務室や書庫で保管・保存をして、最終的に移管や廃棄をするまでの、いわゆる文書のライフサイクルを維持するためには、この管理原則が守られていることが絶対条件なんだよ。

坂崎くん

そんなに大事なんですか？

吉田係長

管理ルールっていうのは、上下2期間法のことだけど、これを守らないで、事務室にあまり使用しなくなった古い文書を置いたままにしておくと、事務室内の文書の量が増えてしまって、必要な文書までが見つけにくくなるよね。

坂崎くん

それはそうですね。

吉田係長

だから、運用ルールで決められた年度末場所換え法に従って、年度末に文書の棚卸をするんだ。前年度の文書を書庫に引き継いだり、現年度の文書を下段に移したり、新年度のフォルダやガイドを準備したり。そうしないと、新年度を迎えた瞬間に、事務室内の文書が3年分になってしまうからね。

坂崎くん　そうですけど、それはそれでしょうがないときもあるんじゃないんですか。専門アドバイザーには黙っておけば分からないですよ。

吉田係長　そうもいかないんだ。そもそも、事務室の保管庫は、2年分の文書を保管できるように設計されているから、新年度の文書を保管する場所が、物理的になくなってしまうんだよ。そうすると何が起こるか、分かる?

坂崎くん　適当な場所に置く　ってことですよね?

吉田係長　そう、せっかく文書の保管場所を決めて、文書の私物化を排除したのに、それが復活してしまう原因になるんだ。少しの間だけ、引継ぎまでの間だけ、とか言って、一度、自分の机の引出しに入れてしまったら、たとえ場所ができたとしても、それが常態化してしまうんだよ。

坂崎くん

確かに、ありそうな話ですね。

吉田係長　そうなると、ＡＫＦにした意味がなくなってしまうからね。この管理原則は、必ず守らないといけないんだ。

ここがポイント！　ガイドラインにおける管理原則と行政文書ファイル保存要領

(1)　管理ルールとしての上下2期間法

ガイドラインは、管理ルールに上下2期間法を採用し、その具体的な手法に関して、「第五　保存」の○○省行政文書ファイル保存要領に、次のように例示している。

・年度ごとにまとめられた行政文書ファイル等（保存期間が○年以上のもの）について、事務室においては、「①現年度の行政文書ファイル等」と「②前年度の行政文書ファイル等」とを区分して保存する。この場合、①の保存場所を職員にとってより使いやすい場所（例　ファイリングキャビネットの上段等）とするよう配意する。

(2) 運用ルールとしての年度末場所換え法

運用ルールには、①年度末場所換え法、②随時置き換え法の方法があり、ガイドラインは、年度末場所換え法を採用した。

年度末場所換え法では、上下2期間法での引継ぎや移替えを毎年度末に1回実施することになる。具体的な手法に関しては、ガイドライン同要領に次のように例示している。

・年度末においては、新年度の行政文書ファイル等の保存スペースを空けるために、行政文書ファイル等の移動を行う（例　ファイリングキャビネットの上段から下段への移動等）。ただし、「継続的に利用する行政文書ファイル等」にあっては、現年度の保存場所で保存することができる。

▼文書のライフサイクルの管理はファイル基準表で行う

ファイル基準表を使って、文書の作成、取得の段階から、事務室や書庫で保管・保存をして、最終的に移管や廃棄をするまで、全てを管理する。

吉田係長
去年までは管理原則のルールがなかったから、うちでは毎年、8月に書庫へ文書を引き継いでいたんだ。仕事も落ち着いて、議会もないし、作業するにはちょうど良かったからね。
でも、これからは心機一転。管理原則にのっとって、年度末に、現年度の分類を確定させて、ファイル基準表に記載する作業から始めることにしたんだよ。

坂崎くん
そうだったんですか。

吉田係長
ところで、このファイル基準表、いろいろな働きがあるんだけど、知ってる?

坂崎くん
保有文書の一覧表ですよね。それ以外だと、情報公開用の目録として利用する、とかですか?

吉田係長
それもあるね。このファイル基準表は、国では行政文書ファイル管理簿と呼ばれていて、その働きについては、ガイドライン「第6　行政文書ファイル管理簿」の留意事項でこんなふうに記載されているんだ。

ここがポイント！

行政文書ファイル管理簿の意義と機能

○ 「行政文書ファイル管理簿」は、法第1条に定める「国の諸活動や歴史的事実の記録である公文書等が、健全な民主主義の根幹を支える国民共有の知的資源として、主権者である国民が主体的に利用し得る」ために必要不可欠なツールであるとともに、行政機関の職員が適正かつ効率的に業務を行うための管理ツールとして調製するものである。

○ 「行政文書ファイル管理簿」の主な機能は次のとおりである。

・国民と行政機関との情報共有化ツール
・行政文書の作成・取得から移管・廃棄までの現況の管理ツール
・意思決定の判断材料である情報の検索データベース
・行政文書の管理状況の監査及び実地調査等における検証ツール
・国立公文書館等への移管予定又は廃棄予定に関するデータベース

坂崎くん

おもしろいですね。これって、国民の視点だけじゃなくて、行政の視点も入っているんですね。

吉田係長　そうなんだ。国民視点だけだとなんだか押し付けられた気分になるかもしれないけど、行政視点があることで、自分たちにも必要なものなんだ　ってことが分かるようになっているから、前向きに取り組むことができるよね。要は、これを使って、文書のライフサイクルをしっかりと管理しましょう　ってことだからね。

坂崎くん　文書のライフサイクルの管理ですか？

吉田係長　そうだよ。だって、これを使えば、文書の作成、取得の段階から、事務室や書庫で保管・保存をして、最終的に移管や廃棄をするまでを全て管理できるんだから。

坂崎くん　んっ？　でも、現年度文書はそれで管理していないんですよね。

吉田係長　それはそうだね。そもそも、文書は1年かけて増えていくものだし、現物が目の前にあって、分類を見れば、いつでも誰でもサッと取り出すことができるのに、それをファイル基準表で管理する必要はないからね。

坂崎くん　そうか、まだ、全ての文書がそろってないから年度末に仕上げるんですね。ところで、うちで使っているファイル基準表は、国の行政文書ファイル管理簿とは違うものなんですか？

吉田係長　少し記載項目が多いくらいで、基本的には同じだよ。これが、今年の3月に作成したファイル基準表。全部で22項目あるよ。

坂崎くん　え～、こんなにたくさんあるんですか？　これって作るのが大変そうですね。

吉田係長　いや、そうでもないんだよ。ほら、フォルダにはフォルダラベルが貼ってあるでしょ。あのフォルダラベルは、ファイル基準表のラベルの印刷機能を使って、このファイル基準表に入力されたフォルダ名から印刷しているんだよ。

だから、フォルダを新しく作成したら、フォルダタイトルを決めて、まず、このファ

ファイル基準表の様式

第1ガイド名	第2ガイド名	色	継続	年度／年	BSフォルダ名	内容・取扱いの説明	移替	媒体の種別	保存期間	保存期間満了日
文書作成	公用文の書き方・常用漢字	緑	継		公文書における西暦表記の状況調べ			紙	–	
文書作成	公用文の書き方・常用漢字	緑	継		「新常用漢字表（仮称）」に関する試案			紙	–	
文書作成	公用文の書き方・常用漢字	緑	継		「敬語の指針」（平成19年2月2日）／文化審議会答申			紙・電子	–	
文書作成	公用文の書き方・常用漢字	緑	継		「現代社会における敬意表現」／国語審議会答申			紙	–	
文書作成	公用文の書き方・常用漢字	緑	継		公用文の作成に関するアンケート／文化庁			紙・電子	–	
文書作成	ことば・文章の書き方	白	継		「外来語」言い換え提案			紙	–	
文書作成	ことば・文章の書き方	白	継		カタカナ語の使用制限			紙	–	
文書作成	ことば・文章の書き方	白	継		言葉全般／ことば・文章の書き方			紙	–	

(1)　年度：ファイル基準表は、年度ごとにつくるので、対象年度を記載します。
(2)　課名：課名を記載します。
(3)　第１ガイド名欄：第１ガイドの名称を記載します。
(4)　第２ガイド名欄：第２ガイドの名称を記載します。
(5)　色欄：第２ガイドの色を記載または自動で色を割り当てます。
　　自動での「フォルダ色割り当て」を実行後は手動で変更してください。
(6)　継続欄：移替えをしないフォルダは、「継」と記載し。そうでない時は何も記載しません。
(7)　年度欄：文書の作成取得日の属する年度を記載します。
(8)　フォルダ名欄：フォルダの名称を記載します。
(9)　内容・取扱いの説明欄：フォルダの内容を示したいとき、又はフォルダの特別な取扱いをする時に記載します。キャビネット以外に保管している文書は、フォルダ欄にフォルダ名を記入し、内容・取扱説明欄にその旨を記載します。つまり、所在カードを使って整理した文書も、そのフォルダ名をフォルダ欄に書くことで、分類体系の中に入れることになります。
(10)　移替欄：次の記号によって記載します。
　　×：移替えをせず捨てる。S：書庫へ。一：移替えをせず、そのまま。
　　なお、下段に移し替えるフォルダは空欄、何も書かない。
(11)　媒体の種別欄：保存媒体の種別（紙、電子等）を記載します。
(12)　保存期間欄：文書の保存期間をフォルダ単位で記載します。
(13)　保存期間満了日欄：設定された保存期間の満了する日を記載します。
(14)　個人情報の有無欄：各個人情報の有無を記載します。
　　１：個人情報が含まれている場合。　空欄：個人情報が含まれていない場合。
(15)　歴史資料欄：アーカイブズに該当するか否かを記載します。
　　１：アーカイブズに該当する場合。　空欄：アーカイブズに該当しない場合。
(16)　引継番号欄：各保管単位で付けた仮の箱番号を記載します。
(17)　整理番号欄：文書主管課で付けた保存期間別の全庁的な正式の連続番号を記載します。書庫にある保存文書を検索する場合には、ここの欄に書かれた整理番号を使用します。
(18)　保存場所欄：書庫の名称等を記載します。
(19)　書架No. 欄：書架番号等を記載します。
(20)　列欄：列番号等を記載します。
(21)　段欄：段数を記載します。通常は下から１段目、２段目と数えます
(22)　備考欄：保存期間を延長する場合は、備考欄に当初の保存期間満了日及び延長期間を記載するとともに、保存期間欄を通算の保存期間に、保存期間満了日欄を新たな保存期間満了日に更新します。

イル基準表に追加する。そうすると、フォルダラベルの印刷ができるから、それをフォルダに貼る。毎回これを繰り返していくと、年度末には、ファイル基準表にフォルダ名がすべて入力されていることになるから、あとは、未入力の項目を登録して、登録されている情報が現物のフォルダと一致しているかの確認をするだけなんだよ。

坂崎くん　へえ〜、でもそれって、年度末に、ピタッと合うもんなんですか？

吉田係長　おっと、鋭いね。そうなんだよ。やはり一致しないことがあるんだ。でも原因はだいたい分かっていて、1つは、フォルダを新しく作成したときに、手書きして、ファイル基準表に登録していなかったりすることで、もう1つが、ファイル基準表に登録して、ラベルも貼ってあるんだけど、正しい置き場所に戻していない　ってことかな。

坂崎くん　なるほど、ちゃんとフォルダをファイル基準表に登録して、そこから印刷したフォルダラベルを貼って、使ったフォルダを元の場所に戻せば、基本的には一致するんですね。でも、このファイル基準表はどうやって作成しているんですか？

吉田係長

今は表計算ソフトを使って作成しているんだ。他の自治体ではシステム化したり、データベースソフトを使って作成したりしているところもあるみたいだけどね。ちなみに、年度末には、ファイル基準表を作成するだけじゃなくて、運用ルールにのっとって、「引継ぎ・移替え」の作業も行うんだけど、注意しなければいけないのが、現年度文書を移動させる前に、まず、このファイル基準表を確定させる　ってことなんだ。

坂崎くん
えっ、順序が決まっているんですか?

▼ファイル基準表の記載は担当者自身が行う

ファイル基準表の記載を人任せにしてしまうと、文書管理そのものの意識が低くなり、自分の仕事でなくなってしまう。

吉田係長

だって、先に文書を移動させたり、廃棄したりしたら、正確な文書の情報を記録できなくなっちゃうじゃない。だから、現物でフォルダタイトルの漏れの有無や、分類の確認をしたら、まず初めにファイル基準表を作成して、その年度の課の保管文書の一覧表として確定するんだよ。

坂崎くん

な、なるほど。確かに。

吉田係長

それと、ファイル基準表は、誰か1人が作成するとなると時間もかかるし、大変だから、課長に時間を調整してもらって、各業務の担当者が入力するようにしているんだ。そのほうが断然早いし、もし間違いがあっても気づきやすいし、そもそも自分自身の今年1年の業務の棚卸し作業だからね。自分でやらないと意味がないよね。

坂崎くん

担当者が全部やるんですか？　それって、他の人とかにお願いしたらまずいんですか？

吉田係長

それはだめだよ。だって、何かある度にいちいち僕らを呼び出していたら、効率が悪くなるじゃない。それに、分類は職員の義務なんだから、その分類を確定させる作業を他人に任せてはいけないよ。

坂崎くん そうか。そうですね。すみません。ただ入力すればいいってことじゃないんですもんね。

吉田係長 それに、人任せにしてしまうと、文書管理そのものへの意識も低くなってしまうからね。今はまだＡＫＦを導入した直後だからそうでもないけど、何年も他の人にお願いし続けていたら、そのうちにそれは自分の仕事ではなくなってしまうよね、きっと。ＡＫＦを維持管理する　っていう観点からも、毎年度末に、担当者自身がファイル基準表を作成することには、ちゃんと意味があるんだよ。

坂崎くん 人に任せたら無関心になる、か。そうかもしれませんね。

吉田係長 そうだよ。じゃあ、ファイル基準表ができたら、次に何をするんだったっけ？

▼書庫は総務課が集中管理する

文書の保管、保存の体制は、課による事務室での分散保管、総務課（文書主管課）による書庫での集中保存とする。

坂崎くん ファイル基準表ができたらですか？　下段にある前年度文書を書庫へ引き継ぐんでしたよね。確か、「引継ぎ」。

吉田係長 そうだね。ただ文書を書庫へ引き継ぐだけなんだけど、うちは文書主管課だから、よその課の文書を受け付けて、書庫のどの棚に置くかを指示したりもするんだよ。

坂崎くん えっ、各課でやってくれないんですか？

吉田係長 各課に任せたら、書庫をうちで管理できなくなっちゃうからね。

坂崎くん　書庫はうちが管理しているんですか?

吉田係長　そうだよ。公文書管理法やガイドラインでも「作成又は取得から一定期間が経過した行政文書ファイル等の集中管理の推進」について、その必要性が記載されているんだから。

坂崎くん　受付　って、どんなことするんですか?

吉田係長　去年はね、書庫の前に長机(折りたたみ式のテーブル)を3つくらい並べて受付を作って、指定した時間にファイル基準表2部と、フォルダを入れた文書保存箱を持って来てもらうようにしたんだ。

僕らは、そこで、各課の作成したファイル基準表のフォルダ名と、箱に入っているフォルダ名の確認をして、中身に間違いがなければ、整理番号を伝えて、それを文書保存箱に記載してもらったんだよ。

あとは、各課の担当に、その整理番号の指定された場所に文書保存箱を持って行ってもらって終了かな。

坂崎くん　それって、けっこう時間かかるんじゃないんですか？　それに、現物のフォルダ名の確認はどちらがやるんですか？

吉田係長　そのときは、各課の担当に2人1組になってもらって現物とファイル基準表の確認をしてもらったよ。でも、もう1つのファイル基準表を使って、こちらでも同時に確認して、間違いがなければ整理番号を伝えてお互いに記入したんだ。もちろん、各課には、あとでその整理番号を入力したファイル基準表を作ってもらって、うちにも1部提出してもらったけどね。

坂崎くん　なんか気が遠くなる作業ですね。今年、すべての課が対象になったら何日もかかるんじゃないんですか？

吉田係長　そうだね、去年は、1課平均で1時間程度かかっていたから、数日必要になるかもね。それもスムーズに言っての話だけどね。

坂崎くん

スムーズにいかなかったんですか?

吉田係長

1つの課が、ファイル基準表と現物のフォルダの名称が合っていなくて、確認にすごく時間がかかったんだよ。最後は、担当者も呼んで確認をすることになったんだけど、本人はフォルダの名称が違っていても、同じもの　って分かるから、そのままにしておいた、とか言ってたね。

坂崎くん

それはひどいですね。

吉田係長

だから次回からは、事前に課内でちゃんとチェックしてから持ってくるように言わないといけないと思っている。

文書保存箱のQRコードの例

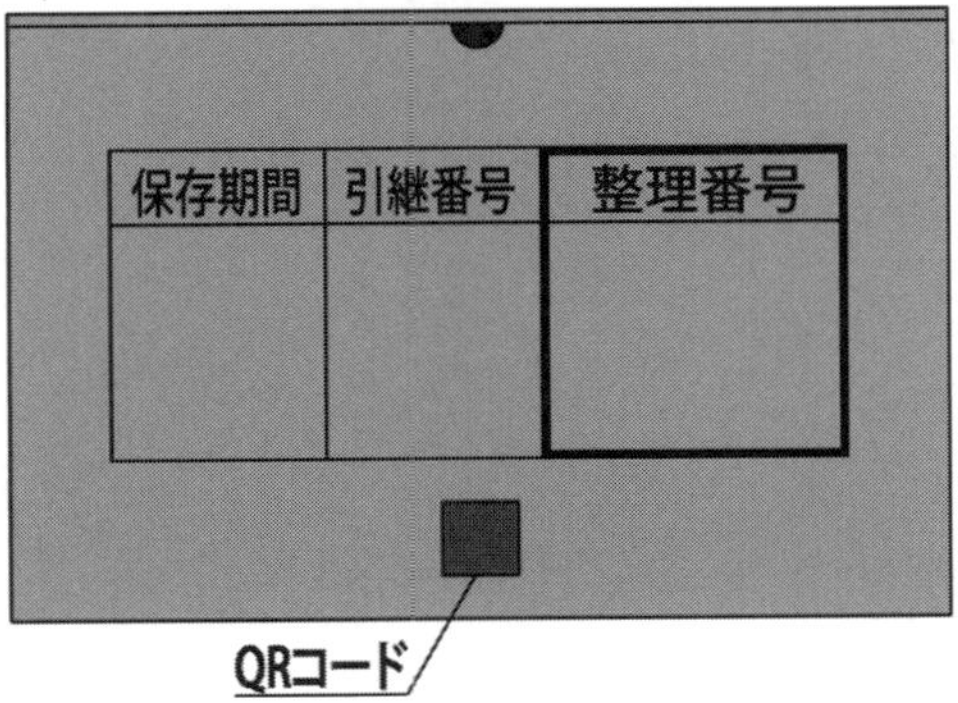

QRコードは市販の宛名ラベル用紙等に印字し、貼付する方法もある。

それと、専門アドバイザーから聞いたんだけど、よその自治体では、フォルダラベルや文書保存箱にバーコードやＱＲコードを付けて、確認作業を省力化しているところもあるみたいだから、今年の様子をみて、うちでも検討しようと思っているよ。

坂崎くん そんないい方法があるなら早くやればいいのに。

吉田係長 情報部門にデータベースソフトが得意なのがいるからお願いしているんだけど、今は時間がとれないみたいなんだ。また今度、お願いに行ってみるけどね。

坂崎くん 係長はできないんですか？

吉田係長 僕には無理だね。えっと、そんな感じで引継ぎをやって、まずは保管庫の下の段を空にする。そこに現年度文書を確認しながら移していく　ってわけだ。廃棄文書をまとめる作業も、このタイミングだね。ただし、実際に廃棄するのは４月１日になってからだけどね。

坂崎くん

それは「移替え」っていうんでしたよね。

吉田係長　お、だいぶマスターしてきたね。じゃあ、その次はどうすればいい？

坂崎くん　えっと、たしか、新年度文書のためのガイドとフォルダを用意する、でしたよね。

吉田係長　当たり。ファイル基準表を新年度用に更新して、可能な範囲で、前もってガイドとフォルダを作成しておくと、新年度になって新たに作成したり、受け取ったりした文書は、その分類のそのフォルダに入れるだけで済むからね。

▼ファイル基準表は現況を記載する

1度目は年度末の時点で保有している文書の現況を確定する際。2度目は翌年度末、集中管理に伴い保存場所の変更を行ったときに記載を更新して完成させる。

坂崎くん

ところで、去年は、ＡＫＦにしてから、初めてファイル基準表を作成したんですよね。そこで作成するのは現年度分だから、そうすると、前年度のファイル基準表はいつ作成したんですか？　そのときに現年度分と一緒に作成したんですか？

吉田係長

そうか、説明していなかったね。去年、簿冊からフォルダに切り替えるとき、専門アドバイザーが事務室に来て、いろいろと指導があったという話はしたよね。うちの課は２回目の実地指導のときに、専門アドバイザーからフォルダにラベルを貼る許可が出たんだ。ラベルはファイル基準表のデータを基にしているからね、そのときに作成したんだよ。

坂崎くん

えっ、ラベルを貼るのに許可がいるんですか？

吉田係長

もちろん、ＡＫＦの導入段階での話だけどね。専門アドバイザーの実地指導は全部で３回あったんだけど、１回目の実地指導までに、前年度の文書を使ってツミアゲ式階層分類を作ったんだ。前年度の文書は、１年分の文書が揃っているから分類の練習にちょ

うどいい　ってことみたい。そして2回目の実地指導までに、業務プロセス式水平分類を作るんだけど、それがきちんとできていないと、フォルダにラベルを貼ることを許可してくれないんだ。せっかく貼っても次の指導で、作り直しになるかもしれないからね。だから、課によっては、ラベルなしで、フォルダの見出しに鉛筆書きした状態のまま、3回目の実地指導を受けているところもあったようだね。そういう課は、3回目に実施する達成度確認で「合格」した後にファイル基準表を作成して、ラベルを貼っていたよ。

坂崎くん　そうか、だから今、前年度と前々年度の2年分のファイル基準表が揃っているんですね。

吉田係長　それと、ファイル基準表は、年度末に1度作成したら、それで終わりではないんだ。翌年度末に、もう1回追記して完成するんだよ。

坂崎くん　どういうことですか?

吉田係長　移替えの作業で、下の段に移すときに基本的な情報はすべて入力してるんだけど、翌年の引継ぎで、書庫に持っていくときに、どの文書保存箱に入れて、書庫のどこに置いたか　っていう情報を追記するんだ。

事務室内で保管するときには同じ部屋にあるから必要ないけど、書庫だと、別の場所になるし、書庫は広いからアドレスをちゃんと管理しておかないと、書庫で文書が迷子になるからね。それをさっきの引継ぎの作業でやってファイル基準表を完成させるんだ。だから、ほら、2つのファイル基準表を比べてみると、前々年度のファイル基準表には、「引継番号」も「整理番号」も入力されているでしょ。

坂崎くん

なるほど。そうか、書庫での管理もこのファイル基準表を使っているんですね。

吉田係長

そうなんだよ、でも、書庫の話はまた今度にしようね。長くなりそうだから。

6

書庫の検索性を確保せよ！

文書の管理方法について勉強中の坂崎くん。同じ課の泉先輩に頼まれて書庫へ文書を取りに行くことに。書庫は庁舎の地下にあって、そんなに広いという印象は持っていなかった。

そこで、すぐに見つかるだろうと文書の作成された年と、ファイル名称だけをメモして書庫に入ったのだが、文書はすべて文書保存箱（保存箱）に入れられており、箱には「保存期間」、「引継番号」、「整理番号」の記載しかなかった。

保存箱の表示の例

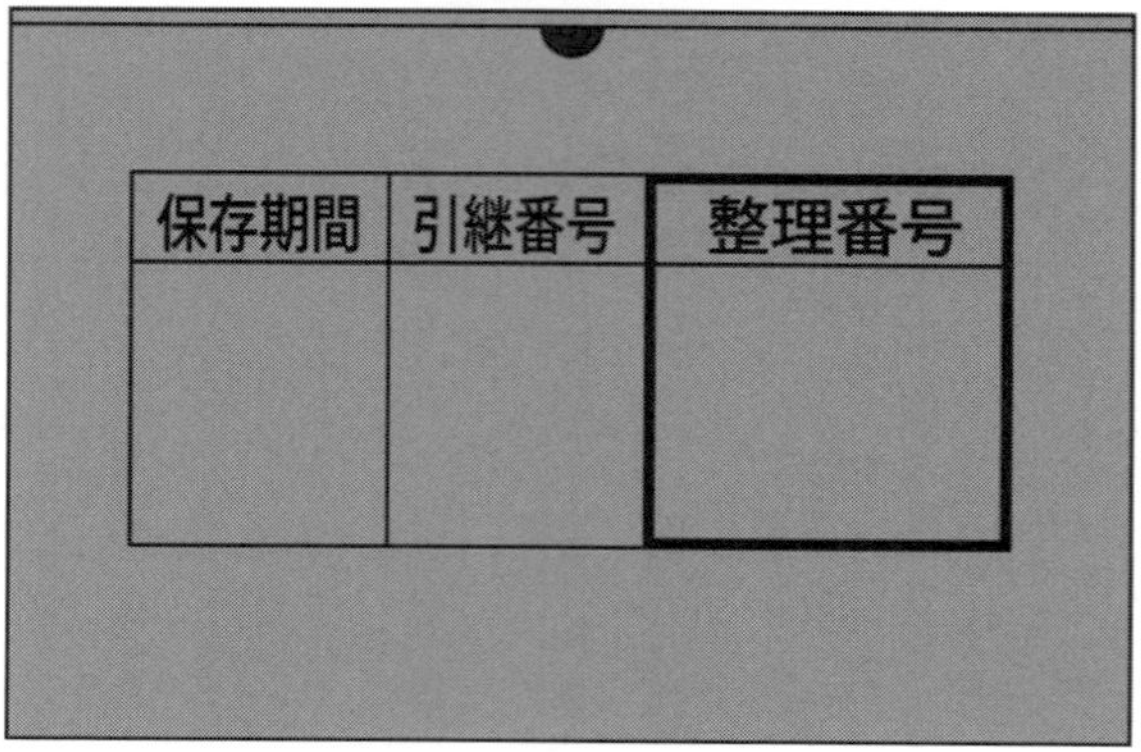

▼書庫での保存文書の検索のしかた

書庫での保存文書は整理番号で管理されているため、書庫に入る前に「書庫検索用目録」で、整理番号を調べておく。

坂崎くん

あれ？　保存箱にはファイルの一覧表は貼ってないんだ。作成年度も分からないし、困ったな？　これじゃ分からないぞ。でも、早く持って行かないと泉先輩にまた怒られるし、どうするかな？

ここがポイント！

保存箱の記載項目

保存箱には、必ずしも、同じ課の文書だけが入っているとは限らないので、課名も表示しない。むしろ表示しない方が、機密保持の点からも好ましい。また、職員にとっても、大量の文書を文書主管課に引き継ぐ際に、保存箱への記載項目が少なければそれだけ作業の負担が軽くて済む。こうした記載事項を絞り込む考えは、当初民間企業が考案したものだが、今では広く自治体で採用されている。

吉田係長
おっ、坂崎くん、こんなところで何してるんだい？

坂崎くん
あっ、係長！　ちょうどいいところに。
実は、泉先輩に書庫から文書を持ってくるように頼まれたんですけど、どこにあるか分からなくて……。

吉田係長
整理番号は何？

坂崎くん
整理番号ですか？　何ですか、それ？

吉田係長

坂崎くん　えっ、調べてこなかったの？　それじゃ、明日になっても見つけられないかもね。

吉田係長　そんな～。

坂崎くん　泉さんは、書庫での文書の検索の仕方を教えてくれなかったの？

吉田係長　はい、とにかく急いでるから早く取ってきて、と言われただけなので。

坂崎くん　そうか、それなら少し急がないとね。怒らせると怖いから。ちなみに、書庫の文書を検索するときは、まず、業務用パソコンのポータルサイトのバナーにある「書庫検索用目録」で、整理番号を調べてからここに来るようにするんだ。でないと、ここに来ても保存箱には何も書いていないから、1つひとつ開けて確認しないといけなくなるからね。

吉田係長　そうなんですか。泉先輩、何も教えてくれなかったんで、とにかく走って来ちゃいました。

隣の部屋にパソコンがあるから、そこで調べてみようか。ファイルの名称は分かってるよね。

坂崎くん　はい、「マイナンバー関係文書綴」です。

吉田係長　じゃあ、最初に「マイナンバー」で検索して、と。あれ、昔の簿冊か、ずいぶんヒットしたな、坂崎くん、それ、いつ作成されたか分かる?

坂崎くん　えっと、平成23年度です。

吉田係長　平成23年度か、そうすると、あった。これか。整理箱番号は「F08302」だから、Fの棚の8列目、下から3段目の左から2番目の保存箱の中にあると思うよ。

坂崎くん　えっ、そうですか? ちょっと待っててください。えっと、この棚の、8列目で、3段目のこの箱で、中に、あっ、ありました!

吉田係長
ほら、簡単だろ？　要領さえ分かれば、だけどね。

▼書庫内の保存箱の並べ方、フリーロケーション

整理番号を振られた保存箱は、整理番号と同じ番号の棚で、最後の廃棄まで移動することなく保存される。

坂崎くん
泉先輩も人が悪いな、検索方法も教えてくれればよかったのに。
それにしても、この「整理番号」は場所の情報とリンクしているんですね。

吉田係長
そうだよ。ここの棚にはすべて番号が付けられていて、その位置情報がそのまま「整理番号」になっているんだ。
例えば、今の「Ｆ０８０３０２」は、「Ｆ」がレーンの記号で、次の「０８」がＦの

レーンの中の列を表しているんだ。これだと、8列目ということになるね。そして、次の「03」が下からの棚の段数で、最後の「02」が棚の左から何番目の箱かを表しているんだ。

坂崎くん

なんか、ややこしい感じですね。

吉田係長

昔は、文書を簿冊のまま保存期間ごとにエリアを分けて並べていたんだけど、毎年、保存期間が満了した文書を廃棄すると隙間ができるから、空いたところを詰めるために、並べ直していたんだ。それがね、すごく大変だったんだよ。

だから、去年、専門アドバイザーに何かいい方がないか聞いてみたら、棚に番号を付けて、それをそのまま、保存箱の番号として管理する方法を教えてくれたんだ。ファイル基準表では、これを「整理番号」って呼んでいるけどね。そして、もし、保存期間が満了した文書を廃棄して場所が空いたら、そこに新しい箱を入れるようにしたらいい　ってアドバイスしてくれたんだよ。

坂崎くん

新しい箱　って、何でも置いていいんですか?

吉田係長　何でもいいんだって。専門アドバイザーがそう言っていた。

坂崎くん　本当ですか？

吉田係長　棚番号をそのまま整理番号にすると、位置情報以外、何の意味もなくなっちゃうけど、だからこそ何を置いてもいい　ってことらしい。

坂崎くん　そうですね。保存期間以外、何の情報もないですからね。

吉田係長　でも、けっきょくファイル基準表を「書庫検索用目録」として使えば、必要な情報はすべてそこにあるから、検索には困らないし、そうやって管理しているうちに、だんだんと気にならなくなったんだ。

それに、この方法だと、保存期間が満了した保存箱を取り出した後は、空いた場所に次の新しい箱を入れるだけだから、箱を並べ替える必要がないし。すごく楽になったよ。

フリーロケーション方式　っていうらしいよ、この整理の方法。

ここがポイント！

フリーロケーション方式配架法

この方法を支えているのは、「棚番号＝整理番号」という番号で、一般的にはこの番号は、文書主管課が集中管理している。整理番号を振られた保存箱は、その番号の記載された棚に、最後の廃棄まで移動することなく置かれて保存される。常に、空いている棚に箱を置くことになるので、例えば30年保存の箱の隣に5年保存の箱が置かれることもある。

坂崎くん
そうすると、この書庫の保存箱の並び順には意味とかないんですか？

吉田係長
ないよ、バラバラ、だから「整理番号」が分からないと、明日になっても見つからないって言ったんだよ。でも、書庫検索用目録で検索すればすぐに見つかるから、運用上は全く問題ないけどね。

坂崎くん

なるほど、ここに来る前に検索するっていうのは、そういうことなんですね。

フリーロケーション方式の棚のイメージ

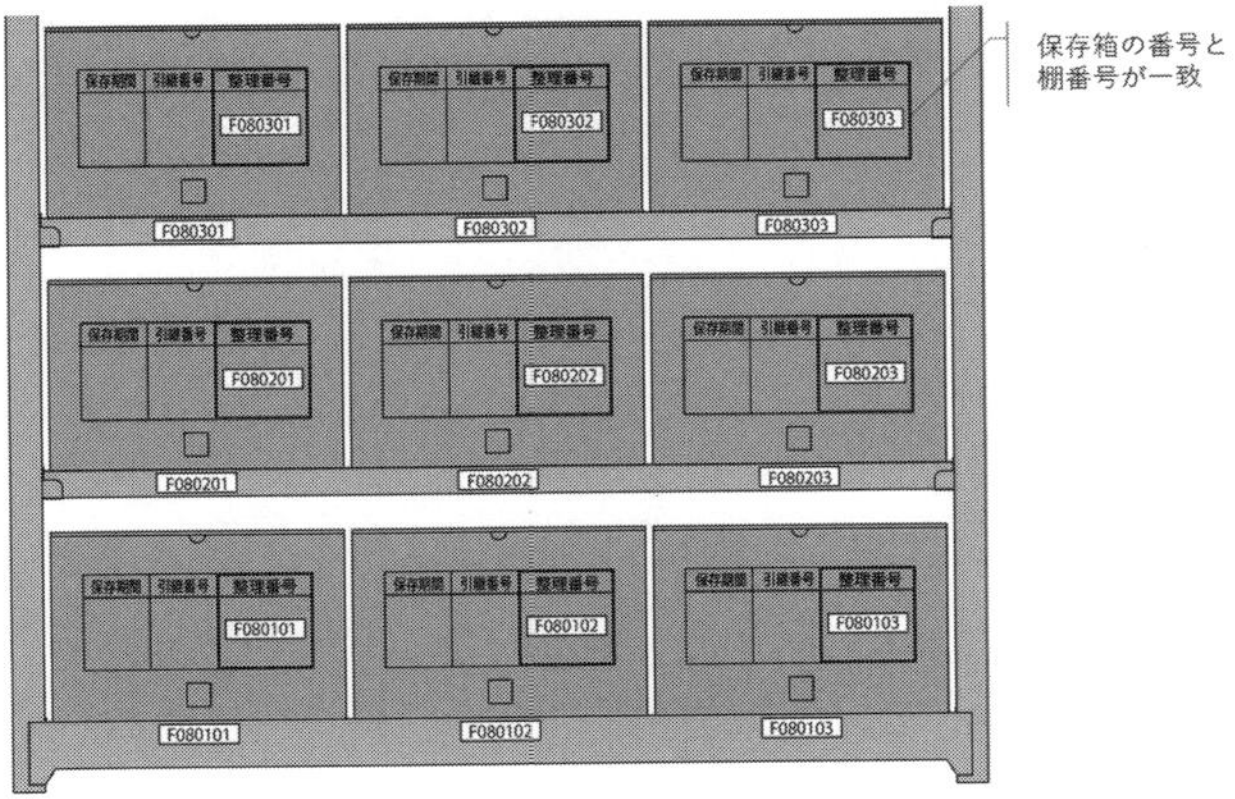

▼保存箱は、フタを通路側に向けて置く

保存箱のフタを通路側に向けておくと、箱を棚から降ろさなくても、フタをあけて、簡単に保存文書を取り出すことができる。

吉田係長　それと、今、文書を取ってきたとき、他に何か気がつかなかった？

坂崎くん　えっ、特には。

吉田係長　そうか、分からなかったか。保存箱から文書を取り出すときに、箱を下ろさなかったでしょ。実は、そこにも、ひと工夫してあるんだよ。

坂崎くん　そう言えばそうですね、無意識で取り出してしまったので気づきませんでした。

吉田係長

もともと書庫の文書は、今みたいに保存箱には入れないで、そのまま棚に直置きしていたから。簿冊のタイトルも見えるし、探しやすいと思っていたんだ。

坂崎くん　そうですね。それだったら目視でも探せるかもしれませんしね。

吉田係長　でもね、専門アドバイザーから、それだと、簿冊の文書そのものが劣化する原因になるし、散逸もしやすい　ってことと、個人情報保護の観点から、文書の情報が誰の目にも触れるような形で保存されているのは望ましくない　ってアドバイスがあったんだ。

坂崎くん　確かに。簿冊のタイトルが見えたら、ついつい中を見たくなるかもしれないですからね。

吉田係長　だから保存箱を買って、箱に入れることにしたんだけど、それだと、中身が分からなくなるから　って、最初は箱の中の文書の一覧を作って、箱の表に貼っていたんだ。そうしたら、それを見た専門アドバイザーが、これじゃ意味ないだろ　って。

坂崎くん

それは、そうですよね。そのまま置いてあるのと一緒ですからね。

吉田係長　それで、一覧表は取り外すことになって、今みたいな書庫検索用目録で検索する方式にしたんだけど、今度は、また別の問題が発生してね。

坂崎くん　別の問題ですか?

吉田係長　保存箱に入れてしまうと、文書を取り出すのが大変だって。箱が重いから、落としたりして、怪我でもしたらどうするんだ　って言われたんだ。

坂崎くん　そうですね。ちょっと重いかもしれないですね。

吉田係長　だから、保存箱に入れるのは反対だって、言われてさ。それで考えたのが今の方法なんだ。

坂崎くん　保存箱のフタを手前に向けて置く方法ですか?

吉田係長　そう、一瞬、天才だと思ったね。

ここがポイント！ 保存箱の向き

保存箱の向きは、保存期間と整理番号の表示された面を前面（通路側）にして見えるようにして置く。その際、前面が箱のフタになっていて、箱をいちいち棚から取り出さなくても、フタが開けられ、文書を取り出せるようにしておくと便利だ。

坂崎くん　確かに、これだと、いちいち下ろさない

棚に保存箱を配架した例
（フタを手前に開けるとフォルダのタイトルが見える）

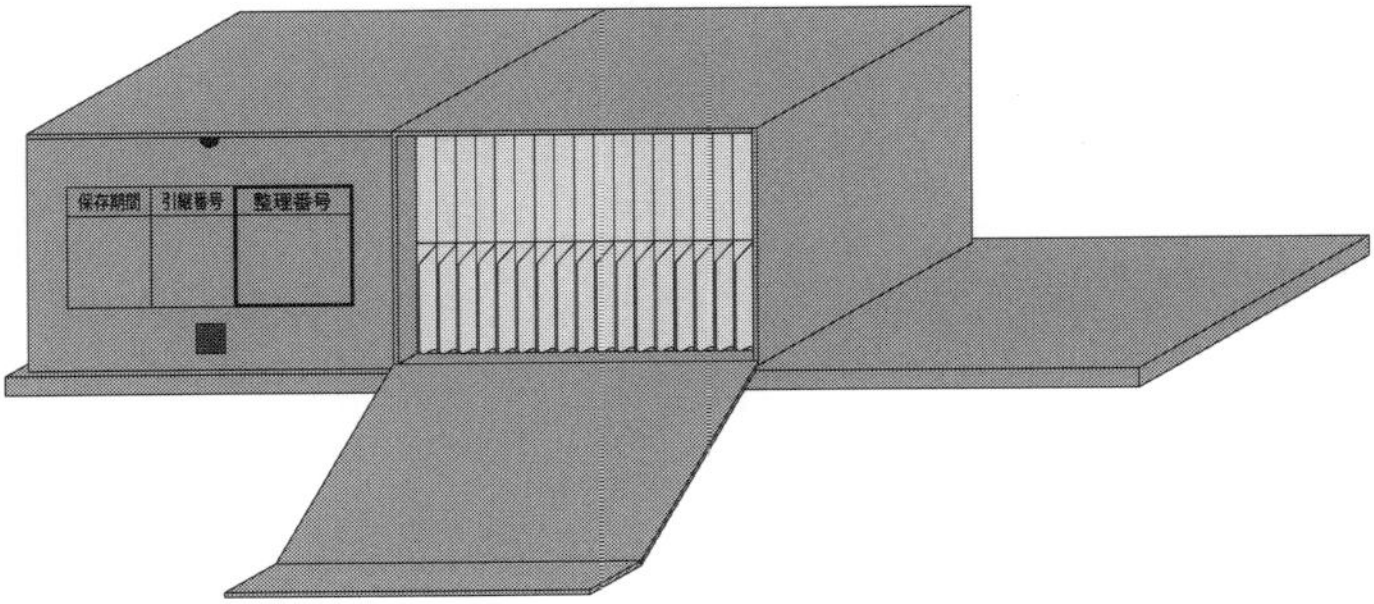

でも取り出すことができるから便利ですね。係長、すごいじゃないですか！

吉田係長
そう？　それほどのことでもないけどね。

▼保存箱はあえて特注するという選択肢もある

初回は型代が必要になるが、毎年、大量に消費する場合、特注品のほうが市販の書保存箱より割安になることもある。

坂崎くん
それにしても、この保存箱、棚にぴったりですね。よくこんなのがありましたね。

吉田係長
保存箱はね、特注品なんだよ。

坂崎くん
作ったんですか？　それだとカスタマイズ代、けっこう高くなっちゃうんじゃないんですか？

吉田係長　専門アドバイザーから、特注品の方が市販の保存箱より割安になることもある　って、教えてもらったんで、近くの、段ボール箱を扱っている業者さんに相談してみたんだ。そうしたら本当に安くできることが分かって。それで棚やフォルダを採寸して、作ってもらったんだよ。

坂崎くん　意外ですね。個別に作った方が高くなりそうなイメージなんですけどね。

吉田係長　最初は型代が必要になるけど、毎年、大量に消費するからね。

▼保存箱には作成年度と保存期間が同じ文書を収納する

保存箱に作成年度と保存期間が同じ文書を入れておくと、同じタイミングで延長するか否かの確認をすることができる。

坂崎くん

ところで、この保存箱、文書を廃棄するときはどうするんですか？

吉田係長

もちろんリサイクルするよ。廃棄するのは保存箱の中の文書だけだよ。もちろん、フォルダも再利用するんだ。ラベルだけ貼りかえれば、まだまだ使えるからね。

坂崎くん

ちなみに、なんですけど、保存期間が満了するとき　って、保存箱の中の文書は全部同じタイミングなんですか？

吉田係長

基本的にはそうだね。そうなるように保存箱に入れてもらっているから。もちろん、延長とかになると話は別だけどね。

坂崎くん

そういえば、書庫への引継ぎの話は聞きましたけど、文書をどうやって保存箱に入れるのかとか、廃棄の方法とか　っていうのはまだ教えてもらってないですね。

吉田係長

そうだっけ？　じゃあ、その前に、この書庫をどうやって整理したかを知っておいてもらった方がいいかもね。

坂崎くん　書庫の整理ですか？

吉田係長　さっき、もともと文書は保存箱に入れずに置いていた　って話をしたでしょ。実は、それを箱に入れたりして整理したのは去年のことなんだ。

坂崎くん　えっ、去年までは保存箱に入っていなかったんですか、これ？

吉田係長　そうなんだよ。保存箱に入れる　ったって、ただ入れればいいもんでもないから、専門アドバイザーからアドバイスをもらって、ここだけは、去年、全課一斉に実施したんだ。

坂崎くん　全課一斉？　大人数が動くから大変そうですね。それって、どういうふうに進めたんですか？

吉田係長

まずね、簿冊の背表紙にタイトルや作成年度、それに保存期間がちゃんと記入されているかを、みんなでチェックするところから始めたんだ。

坂崎くん　タイトル？　そんなの書いてあるんじゃないんですか？　普通。

吉田係長　それが、そうでもなかったんだよ。タイトルが書かれていないものもけっこうあったよ。でも、一番多かったのは保存期間が書かれていないものだったね。

坂崎くん　保存期間ですか。

吉田係長　そうなんだ、だから、廃棄の年度が分からなくて、そのままになっていたんだ。

坂崎くん　げっ、それはやばいですね。下手をすれば、市の個人情報保護条例とかに引っかかったりするんじゃないんですか？

吉田係長　厳しいね〜。だから、今回は、書庫にあるすべての文書を対象にして、整理作業を行ったんだ。そうしたら、未記入のものがゴロゴロ出てきた　ってわけさ。

坂崎くん　それで、その後はどうしたんですか？

吉田係長　作成年度と保存期間が分かれば、廃棄年月日が計算できるよね。だから、廃棄対象になっている文書を徹底的に抽出して、全部書庫から出したんだ。

坂崎くん　書庫から出した？　廃棄はしなかったんですか？

吉田係長　すぐにはね。だって、その中に歴史資料として永久保存の対象になる文書があったらまずいからね。だから、今、確認作業を進めているんだよ。

坂崎くん　確認作業？　もしかして、今もどっかに置いてあるんですか？　それ。

吉田係長　確認前のものが一部残っているね。たしか、今は使っていない小学校の教室に置いているはずなんだ。もちろん鍵はちゃんとかけてあるよ。

坂崎くん　それって、大丈夫なんですか？

吉田係長　厳密にいうと大丈夫ではないとは思うんだけど、でも、大切な文書を、確認もしないで廃棄してしまうよりはいいと思ってるよ。それに、夏までには、評価選別　っていう、その確認作業も終わる予定になっているから。

坂崎くん　評価選別？　また、新しい言葉がでてきましたね。

吉田係長　簡単に言えば、その文書が、歴史資料として永久保存すべきものかどうかを判定する作業なんだけど、それは、また別の機会に話をしようね。

坂崎くん　じゃあそれで、廃棄対象になった文書を全部どけて、残った文書を保存箱に入れて並べた　ってことですか？

吉田係長　そうなんだ。そして、そのときにやった方法が、今、文書を書庫へ引き継ぐときのルールにもなっているんだ。すごく単純なんだけど。保存箱の中には、作成年度と保存期間が同じものを入れるようにしているんだよ。

坂崎くん　作成年度と保存期間が同じ　ってことは、同じタイミングで廃棄対象になる　ってことですよね？

吉田係長　そう。だから、年度末の作業のときには、保存箱ごと取り出して、空いた場所に新しい箱を入れることができるんだ。

ただ、どうしても昭和時代の古い文書とかは、同じ年度の文書だけでまとめると数が少なくて、箱がいっぱいにならないこともあったから、そういうときだけは、例外的に、前後の年度の文書と、いっしょに箱に入れたものも一部にはあるけどね。書庫に無駄なスペースができないようにするための苦肉の策だよ。

坂崎くん　じゃあ、もし、これからも保存箱がいっぱいにならなかったら、作成年度や保存期間がバラバラでも一緒にしちゃうんですか？

吉田係長

いや、保存期間が異なるものは、原則として、一緒にはしないようにしているよ。それに、さっきのは、あくまでも例外的措置だから。来年の引継ぎからはもうやらないね。原則にのっとって、同じ作成年度と保存期間のものをまとめるだけだよ。

坂崎くん　でも、もし空きができたらどうするんですか？　無駄なスペースができちゃいますよ？

吉田係長　そのときはね、別の課に同じような状態のものがないかチェックをして、もしあれば、それを一緒に入れてしまうんだよ。そうすると、もし中途半端な状態の保存箱が残ったとしても、各保存期間ごとに1、2箱くらいで済むはずだからね。

坂崎くん　えっ、別の課の文書を一緒にしちゃうんですか？　それって大丈夫なんですか？

吉田係長　もちろん個人情報の含まれている文書とか、機密性の高い文書を無理やり一緒にしたりはしないよ。それはそれでちゃんと鍵のかかるような保管庫に入れるとかして別に管理しないと、管理がなってない　って、市民の皆さんに怒られてしまうからね。

坂崎くん　それはそうですけどね。ふ～ん。それでも大丈夫なのか。

吉田係長　ところで、もう30分くらい経つけど、泉先輩、待ちくたびれてどっかから角が出てるんじゃない？

坂崎くん　ああっ！やばい、やばい。係長、ありがとうございました～。

7

ファイルサーバを管理せよ！

4月に採用され、文書の管理方法について勉強中の坂崎くん。この日は、吉田係長から、電子文書の管理方法について教えてもらう予定だったが、係長は、朝から課長との会議で離席している。そこで、パソコン会議用の新しい打合せスペースで待ちながら、自分のパソコンの画面を専用のモニタに映して、課内の電子文書がどのように管理されているのかを確認してみることにした。

パソコン会議用打合せスペース

▼ファイルサーバの中って、どうなってる？

自課のフォルダの階層には年度のフォルダが3つ用意されている。しかし、その下のフォルダの構成は全く統一されていない。

坂崎くん

確か、課内の電子文書は、庁内の共有ファイルサーバで管理している　って言ってたな。

坂崎くんは、パソコンの画面上に用意されている「庁内共有」フォルダをダブルクリックして、自分の所属している「課名」のフォルダを開いてみた。セキュリティの関係から、他課のフォルダは開けないのだが、例えば、複数の課が関係するようなプロジェクトについては、課名のフォルダとは別にプロジェクトの専用フォルダが用意されていて、メンバーや関係者は課を超えて開くことができるようになっている。ただ、坂崎くんは、どのプロジェクトにも所属していないため、今、開ける

のは「課名」のフォルダだけだった。「課名」のフォルダの中には、年度のフォルダがあった。具体的には「平成30年度」と「平成29年度」、そして「平成28年度以前」の3つのフォルダが用意されている。そこで、「平成30年度」のフォルダを開いてみると、今度は、いくつものカテゴリーに分かれたフォルダが並んでいた。どうやら、カテゴリー別のフォルダの中にも、さらにいくつものフォルダがつくられているようだ。

坂崎くん

けっこう階層が深いな。それにしても何で年度のフォルダは3つしかないんだろ

ファイルサーバのフォルダ階層「平成30年度」4月時点

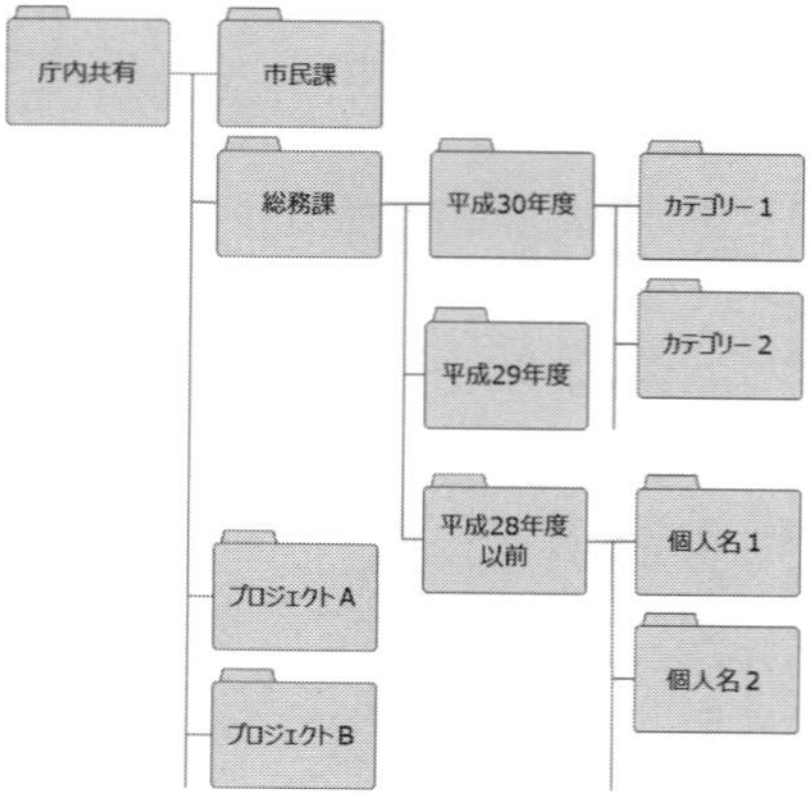

う？

そこで、「平成28年度以前」のフォルダを開いてみた。すると「平成30年度」で見たようなカテゴリー別のフォルダは少なく、どちらかというと、個人名や業務名、年度など、統一感のないフォルダがたくさん並んでいた。

坂崎くん　あれ？　さっきのと全然違うな。おかしいな～　どうなってるんだろう。

そう考えていると、ようやく課長との会議を終えた吉田係長が席に戻ってきた。

吉田係長　いや～　お待たせ、お待たせ。あれ？　何か探しているの？

坂崎くん　違いますよ。係長がずっと会議だったんで、ファイルサーバの中を見てたんですよ。そうしたら、階層は深いし、フォルダの名前の付け方はバラバラだし、何でこんなつくりになってるのか、考えていたんです。

吉田係長　ああ、それね。課長とも、ちょうどそのフォルダの話をしていたんだ。これからどういうふうに電子文書を管理していくか　ってね。

一応、若手のホープとして坂崎くんを検討メンバーに推薦しておいたから、あとで課長に呼ばれると思うよ。

坂崎くん　えっ、私がやるんですか？　無理ですよ。まだ入ったばかりだし、自分の仕事を覚えるので精一杯だと思うんですけど。

吉田係長　心配ご無用！　何も知らないうちの方が、しがらみにとらわれることもないし、いいんじゃないかな？

坂崎くん　本当ですか。ところで、ファイルサーバの階層は、どうしてこういうつくりになっているんですか？

▼一昔前の電子文書の管理の方法は、カオスだった

職場にパソコンが導入された当初は、電子文書の保存ルールなどが決まっておらず、管理が個人任せでバラバラだった。

吉田係長

庁内でファイルサーバが使われるようになったのは、平成12年頃からなんだ。それまでもパソコンは使われてはいたんだけど、作成した電子文書は、個人個人がフロッピーディスクやMOとか、あるいはパソコン本体とかに保存していて、本人しか電子文書の保存場所が分からない状態だったんだ。

坂崎くん

フロッピーディスク？　MO？

ここがポイント！

少し前の外部記憶媒体

フロッピーディスク

記憶方式に磁性体を使った書換え可能な記憶媒体。一般的なデータ保存容量は１ＭＢ程度であった。

ＭＯ（光磁気ディスク）

記憶方式に磁気と光学技術を併用した書換え可能な記憶媒体。フロッピーディスクよりも大容量で、データ保存容量が128ＭＢ、230ＭＢのものが一般的であった。

吉田係長

そうだよね。坂崎くんの世代だと見たことないかもね。今でいうと、ＵＳＢメモリみたいなものかな。データ保存用の記憶媒体で、当時はそれを１人で10枚とか20枚とか持っていたんだ。僕がいた部署は、大体15人くらいだったから、フロッピーディスクだけでも確実に100枚以上はあったと思うね。

坂崎くん

そんなにですか。紙文書の管理も大変ですけど、そうなるとフロッピーディスクとかの管理も大変ですね。

吉田係長

そうなんだよ。フロッピーディスクはパソコンに入れないと、中に何が保存されているか分からないし、みんな個人の引出しで管理していたから、本人でないと電子文書が探せなくて、本当に大変な時代だったよ。それでも、パソコンを使えば手で書くよりもきれいに文書が仕上がるから、字の汚い僕には必需品だったけどね。

坂崎くん

字がきれいかどうかは関係ないですよね、きっと。

吉田係長

その後も、フロッピーディスクの数がどんどん増えて、個人でも管理しきれなくなってきたんで、これは何とかせねば　っていうことになってね。いろいろと検討した結果、庁内にファイルサーバを導入することになったんだよ。

坂崎くん

そんな前につくられたんですか、これ。

吉田係長

でも、はじめの頃はみんな慣れなくて、フロッピーディスクを使い続ける人がいたり、パソコンのマイドキュメントとか、デスクトップに電子文書を保存する人がいたりして、ファイルサーバの中は空っぽ、ということも多かったんだよ。

それに、ファイルサーバを使っている人も、フォルダの作り方については、情報部門から何も説明がなかったから、これは自分のフォルダです！　って、個人名のフォルダを作り始めて、そこに電子文書を保存する人が増えてしまったんだ。

ファイルサーバはバックアップが毎日取られているから、パソコン本体にデータを保存するよりも安全だけど、けっきょく、個人名のフォルダの中がどうなっているかは、個人にしか分からないから、電子文書を個人的に管理する状況は、フロッピーディスクを使っていたときとあまり変わらなかったんだ。

そのうちに、写真データや動画データまで出てきて、イベントを抱えている部署が、ギガ単位（1GBは1，000MB）でデータを持つようになると、今度はファイルサーバの容量が足りなくなってきてさ。今じゃ、ファイルサーバの管理の在り方　っていう課題まで加わってしまったんだよ。

坂崎くん

大変ですね。

吉田係長

それに紙文書は保存期間が決まっているでしょ。でも電子文書は保存期間が設定されていないから、紙文書のように廃棄ができないんだ。だから、今でもファイルサーバのどこかに20年前に僕が作った電子文書が残ってると思うよ。

坂崎くん

20年前のですか？　化石ですね。今でも使えるんですか、それ？

吉田係長

さあ、どうかな。

▼ファイルサーバにファイル基準表と同じ3段階の階層を作ってみよう

紙文書の場合、業務に関係のあるもの同士が1つの〝フォルダ〟に入っている。ファイルサーバも同じ要領で分類を作って管理すれば検索やすくなる。

坂崎くん

だからファイルサーバに「個人名」のフォルダがいっぱいあったんですね。

それで、どうするんですか？　何か対策は考えているんですか？

吉田係長

去年、ＡＫＦを導入したときに、専門アドバイザーに聞いてみたんだ。電子文書も何かいい管理の方法はありませんか？　ってね。そうしたら、紙文書の管理がきちんとできるようになれば、電子文書の管理もできるようになるから、とだけ言われてさ。

坂崎くん

紙文書の管理で？

吉田係長

そうなんだ。僕も分からなかったんだけど、最後の実地指導で、達成度確認が終わってホッとしていたら、専門アドバイザーが僕のところに来て、こう言ったんだ。

（回想）専門アドバイザー

この前の話ですけど、どうすればいいか分かりましたか？

（回想）吉田係長

えっ、あれは質問だったんですか？

（回想）専門アドバイザー　なんだ、考えていなかったの？　今回の実地指導を通じて、紙文書の分類を作りましたよね。これは、つまり業務の分類ですね。皆さんの業務が3段階の階層に分かれていて、一番下の階層に文書が入れられている、これを電子文書でも同じように考えられませんか？

業務に関係のあるもの同士が1つの〝フォルダ〟に入っているわけだから、ファイルサーバも同じ要領で分類を作って管理すれば検索しやすくなりませんか？

吉田係長　だって。

坂崎くん　検索だったらキーワードでできますよ。別に分類しなくても。

吉田係長　そうだけど、仕事しているときに使ってるかな、キーワード検索？「庁内共有」のフォルダをクリックして開いたら、フォルダの名前を見ながら、下の階層へ下がっていくんじゃない？　その方が早いしね。

坂崎くん

確かに、キーワード検索してませんね。

吉田係長　だから、そのフォルダの階層が、紙文書で作った分類階層と同じ要領で作成されていて、しかもそれが、紙文書の分類と同じ階層構造になっていれば、紙も電子も、同じルートで検索できる　ってことになるよね。

坂崎くん　ふ～ん。でも紙文書ではあるけど、電子文書ではなかったり、その逆もありますよね。そういう場合はどうするんですか?

吉田係長　えっ、若いのに頭が固いね……。それだったら、新しくフォルダを作ればいいじゃない。別に紙文書と電子文書のフォルダの階層が全く一緒でなければいけないこともないし、第一無理だよね　そんなこと。

坂崎くん　そっか。

吉田係長　だから、紙も電子も両方に存在するものは同じ分類にして、片方でしか発生しない分類は、それぞれで管理すればいいんだと思うよ。使いながらね。

あとは、紙だろうが電子だろうが、基本的に文書はきちんと管理して、ファイル基準表に記載すればいいんだよ。

ファイル基準表をよく見ると、項目名に「媒体の種別」というのがあって、そこに紙文書だけなら「紙」、紙文書も電子文書もあれば「紙・電子」、電子文書だけなら「電子」と書けるようになっているんだ。これだと、このファイル基準表をみれば、うちの課が管理している紙文書も電子文書もすべて分かるからね。

ここがポイント！

ガイドラインにおける電子文書の保存要領

ガイドラインは、共有フォルダの整理方法に関して、「第5　保存」の〇〇省行政文書ファイル保存要領に、次のように例示している。

・共有フォルダを保存先として活用する際は、共有フォルダについて、行政文書ファイル管理簿上の分類に従った階層構造にする等、共有フォルダの構成を行政文書ファイル等として管理しやすい構造とする。

【共有フォルダの整理方法の例】

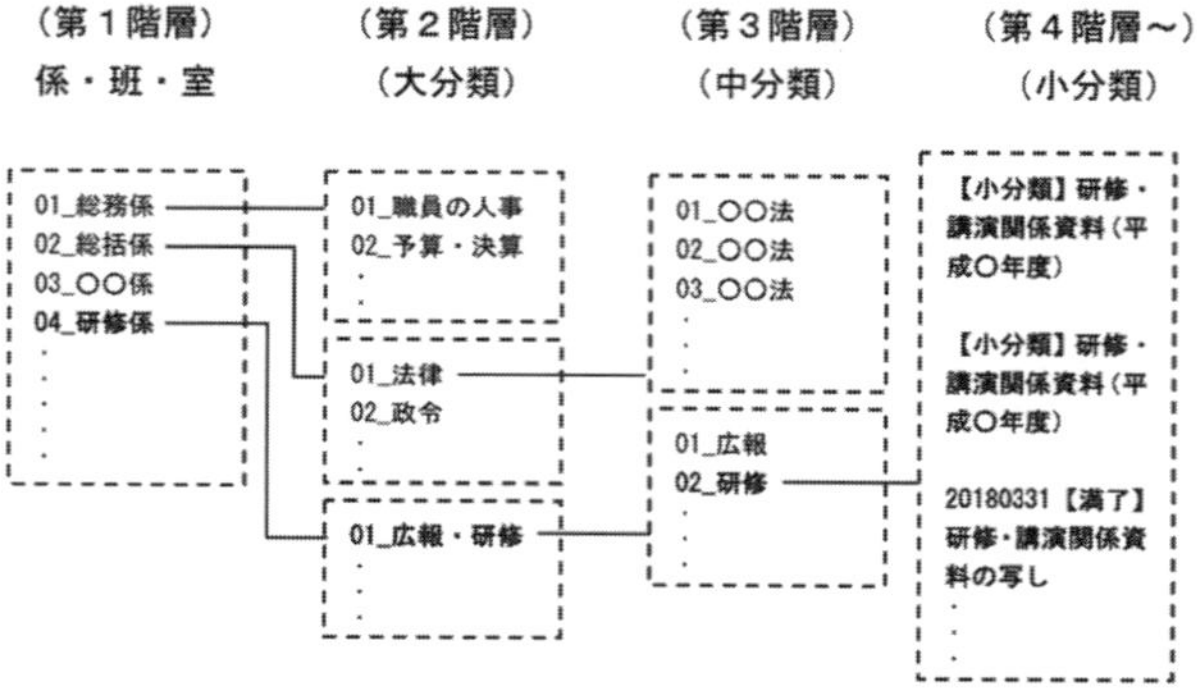

まだまだあるファイルサーバの課題

・フォルダ階層の深度はどこまでとするのか
・年度を超えて使用するような電子文書はどのように管理するのか
・電子文書の保存期間をどのように考えるべきか

坂崎くん
すごいですね。今はそういう管理になってるんですか？

吉田係長
いやいや、近い将来そうしたいね、という話。まだ検証途中なんだ。今は、ファイル基準表には紙文書しか載せてないよ。検証が終わって、方針が決まったら、電子文書も載せる予定だけど、まだまだ課題が多くて、もう少し時間がかかると思うよ。

坂崎くん
そうなんですか。すべてが解決したわけじゃないんですね。ちなみに、どんな課題があるんですか？　せっかくなので、私も考えてみます。

吉田係長

おっ、いいね。じゃあ何かいいアイデアが思いついたら教えてね。次のプロジェクト会議で検討するからさ。今検討している課題はね……、

・フォルダ階層の深度はどこまでとするのか

・年度を超えて使用するような電子文書はどのように管理するのか

・電子文書の保存期間をどのように考えるべきか

今のところ、ざっとこんな感じかな。

坂崎くん

これだと、紙文書のルールと被るものもありますね。保存期間は、紙文書と同じにできないんですか?

吉田係長

会議でもそういう意見は出てたよ。でも、よく考えてみて。紙文書はフォルダごとに保存期間が決まっているよね。電子文書も同じようにフォルダごとに保存期間を設定したとして、保存期間が満了した時に、フォルダを廃棄することはできると思う?

坂崎くん

やっぱり厳しいですかね。

吉田係長　まあ、やろうと思えばできるかもしれないけど、そもそも今のファイルサーバの仕組みでは、フォルダ単位で保存期間を設定することはできないから、年度末に、担当者がエクスプローラーとかでフォルダを1つひとつ確認しながら削除しないといけないね。

坂崎くん　そうか。どのフォルダが何年保存か分からないと、廃棄できるものなのかどうか、すぐに判断できないですからね。

吉田係長　あと、階層のつくり方なんだけど、紙文書の分類と同じ3階層といっても、すべてがそれで収まるかというとそうでもないんだ。セキュリティの都合上、組織の概念は必要だし、紙文書と同じように単年度管理をしようとすると、さらに年度の概念の必要になるからね。

ここがポイント！

フォルダ階層の深度はどこまでとするのか

理想的なフォルダ階層の深度は、紙文書の分類が3段階なので、3階層ということになる。

しかし、電子文書の場合、紙文書とは異なり、例えば、課ごとに電子文書を管理するためには、管理上、課名などの組織名のフォルダ階層を設ける必要がある。同様に、年度別管理を実現しようとすると、年度のフォルダ階層も置く必要が出てくる。これ以外にも必要になるフォルダ階層があるかもしれない。

しかし、何のルールもなく階層を増やしてしまったのでは意味がない。検索性を下げないためにも、フォルダ階層を作成する場合には、5階層から6階層くらいまでを目途にルール化し、むやみにフォルダを作らないようにするべきだろう。

課名や年度はどこに置くのがベターか？

年度は、課名の下に。さらにその下に紙文書と同じ3階層の分類をもってくると、いろいろと都合がよい。

坂崎くん

ちなみに、課名や年度はどこに置くんですか？

吉田係長

これもいろいろな考え方があって難しいんだけど、今は、年度は、課名の下がいいかなって思ってる。さらにその下に紙文書と同じ3階層の分類をもってくると、いろいろと都合がよさそうなんだ。

ここがポイント！

課名や年度をどこに置くのかが、実は重要

管理上作成する課名や年度のフォルダは、概念上の階層となるため、いわゆる3階層の分類よりも上位に置くのがよい。その際、電子文書の保存期間を管理するため年度は課名の階層の直下、3階層の分類の上とする方法がある。

フォルダへのアクセス権等を設定する観点からも、課名の配下に年度や、3階層の分類が設置されている方が、管理しやすいからだ。紙文書の場合、文書の保管単位は課とするのが一般的である。個人情報などの含まれる例外的なものを除き、電子文書の場合も課内で情報共有をして、担当者以外でも検索ができるようにしておく。

なお、年度の概念を課名よりも上位とする考え方もあるが、この場合、年度切替などの対応はファイルサーバ管理者などが一括して行うことになる。

▼電子版、継続文書の管理のしかた

継続文書のフォルダは、新年度の階層にコピーして、新年度以降も継続して使えるようにする。しかし、そのフォルダには、新年度の電子文書は保存しない。

吉田係長

そのとき、考えないといけないのが、様式類やひな形として使っている電子文書の扱いや、紙文書と同じように、業務が何年も継続しているような継続文書の電子版みたいな電子文書の取扱いなんだ。

坂崎くん

継続文書ですか？　例えば、紙文書みたいにフォルダ内は単年度にして、複数の年度のフォルダを一緒に並べるとか、できないですかね。

吉田係長

そうだね。今検証しているのは、継続文書のフォルダを新しい年度の階層にそのままコピーしたらどうか　ってことなんだ。この考え方は年度の概念をどこに置くか、ということとリンクしているんだけど、仮にファイルサーバ上でも年度がきっちりと分けられれば、継続文書のフォルダだけを、新しい年度のフォルダにコピーして、新年度以降も継続して使えるようにできるんじゃないか って。

それに、継続文書のフォルダの位置が、年度の概念の下になるから、現年度以下のフォルダで検索すれば、継続文書の同じ電子文書が2つ以上ヒットすることはなくなるからね。

ここがポイント！

年度を超えて使用するような電子文書はどのように管理するのか

年度を超えて現年度で使用するような文書を紙文書では継続文書と呼んでいるが、電子文書にも、様式類やひな形など同様の文書が多く存在する。このような電子文書については、フォルダ単位で新年度の新しいフォルダ階層にコピーするという方法がある。

こうすることで、必要な電子文書は、常に最新の年度のフォルダ階層に存在することになり、紙文書と同様、現年度扱いとして管理することが可能となる。このとき、フォルダ名称の後にカッコ書きで、例えば、「○○○（平成29年度）」のように年度情報などと追記し、参照のみ許可の設定にしておく。

この方法では、ある業務が継続して3年間続くような場合、1年目に作成したフォルダは、継続文書として、2年目、3年目へとコピーされ、それぞれの年度に、同一のフォルダが存在することになる。コピーするというと、不要な電子文書が増えてしまう、という印象があるかもしれない。しかし、継続文書のフォルダは、年度を超えてコピーされることがポイントとなる。通常、進行中の電子文書の検索は、当該年度のフォルダ階層以下で行うから、必要があってフォルダをコピーする場合でも、同じ年度の中ではコピーは行わないようにする。

どうしても、業務上、コピーが必要な場合には、元となるフォルダにショートカットの機能を使って、リンクを貼るようにする。こうすることで、同一年度内に同じフォルダが複数存在することが回避できる。

再び、先ほどの継続文書のフォルダのコピーについてだが、年度の始めに前年度のフォルダ階層からコピーをしても、現年度のフォルダ階層の中では1つの電子文書として存在することになる。そのため、検索をしても、1つのフォルダしかヒットしない。

坂崎くん　そうすると継続文書は、現年度のフォルダと同じ階層になるんですね。

吉田係長　そうなるね。だから、順序としては、

課名　↓　年度　↓　紙文書の第1ガイド　↓　紙文書の第2ガイド　↓　紙文書のフォルダ

の順になって、この紙文書のフォルダと同じ階層に継続文書のフォルダもあるという感じかな。

坂崎くん　あっ！　さっき見ていたうちの課の平成30年度の階層、そういう順序に並んでいました。

吉田係長　うちは電子文書管理のモデル課になっているから、去年から紙文書の分類を参考にしてファイルサーバに同じ分類階層をつくって、紙文書と電子文書の一元管理の実証実験をしているんだ。これがうまくいったら全庁導入の予定だよ。だから責任も重大。

▼電子文書の保存期間をどう管理すべきか？

すべてを紙文書として印刷し、それを原本とすることができれば、電子文書はその補助的な位置づけとなり、いつでも削除することが可能となる。

坂崎くん

最初に話の出た、保存期間はどうするんですか？　ずっと電子文書を取っておくわけにはいかないですよね。もし、そのままにしてしまうと、継続文書のフォルダみたいなのがたまってしまうから、どこかで削除しないと。

吉田係長

そうだね。一応、5年過ぎたら年度単位でまとめて削除してもいいかな　って考えているんだ。でも、個人情報の取扱いの問題や紙文書の保存期間との整合性　っていう課題もあるから、難しくて。それに、紙文書にしていない電子文書を削除してしまうのも問題があるから、これをやるには、電子文書は必ず紙に印刷して、そっちを正として、電子文書はその補助的な位置づけにしないといけないかもね。

ここがポイント！

電子文書の保存期間はどのように考えるべきか

新年度を迎え、フォルダ階層が新しくなった後に、前年度のフォルダ階層を参照し、再利用した電子文書は、新たに作成した電子文書と同様、新しく名称を付けて、現年度のフォルダ階層に保存する。

このような運用を繰り返すことにより、毎年度、同じ業務で使用するような電子文書は、常に最新の状態で現年度のフォルダ階層に移され、保存されていくことになる。

そのため、極端な例を挙げると、すべてを紙文書として印刷さえしておけば、年度末に、前年度のフォルダ階層を完全に消去したとしても、業務上必要となる電子文書は、現年度のフォルダ階層に最新の状態で保存されているため、問題は生じないとする考え方もある。

もちろん、参照する電子文書は前年度のみとは限らないため、保存期間を一律とせず、業務の特性に応じた保存期間をフォルダ単位で設定するという方法もある。これは紙文書と同様の管理となるが、そのような管理は、電子システムなどを利用しないで実現することは極めて困難だ。そこで、電子文書の場合には、年度単位でフォルダ階層を１つのデータ群として保存期間を設定して、保存期間満了後にまとめて削除する方が現実的かもしれない。

一方で、保存期間が満了した電子文書を、光ディスクなどの別媒体にコピーをして、引き続き保存するという方法も考えられる。この方法だと、ファイルサーバ等におけるデータ保存容量の制限がなくなるため、理論上、すべての電子文書を永久に保存することも可能になる。しかし、問題は情報公開の対応や個人情報などの含まれている電子文書の取扱いだ。

特に、個人情報の含まれた電子文書を取り扱う場合、条例違反とならないよう細心の注意を払う必要がある。

さらに、ＤＶＤやブルーレイディスクなどの光ディスクの場合、ディスク寿命は長く、後方互換性も高いとされるが、将来の規格等の変更によって再生ができなくなることに備え、定期的なデータ移行（マイグレーション）を行うことも重要になる。

坂崎くん

そうですよね。紙文書は廃棄したけど、電子文書はありました～　っていうのが最近もニュースになってましたからね。でも、だからといって、5年経ったら丸ごと削除なんて、大丈夫なんですか？

吉田係長

分からないな。まだ、そこまで詰めてはいないけど、さっき話したように、継続文書のフォルダは年度を超えてコピーされているし、参照データとして活用する前年度以前の電子文書は、過去4年分残されているから、よほどのことがない限り、困ることはないと思うんだけどね。

▼電子文書自体にもある固有の課題

電子文書を保存するとき、意識せずに保存してしまうと、デフォルトで「文書1.doc」や「Book1.xls」などのタイトルが付けられてしまう。

吉田係長

あとは、ファイルサーバ以外の課題として、電子文書の場合、いくつもコピーして履歴管理することもあるから、電子固有の課題として、そういう電子文書をどう管理するかということも考えておかないといけないね。

坂崎くん

履歴管理　って何ですか？

吉田係長

例えば、何かの企画書を作ったとするよね。それを会議で検討すると修正が入ることがあって、修正するんだけど、後になって、前の方がよかったな、とか言われて元に戻さなければいけないこともたまにあるんだよ。そんなとき、修正したものを上書き保存してしまうと元に戻せなくなってしまうから、念のため、元の企画書の電子文書をコピーして、別の名前を付けて保存しておくんだ。そうしたら、いつでも簡単に元に戻せるからね。

でも、単純にコピーをしてしまうと、後で、どの電子文書を使えばいいのか分からなくなってしまうから、電子文書のタイトルに日付を追記するとかして、差別化する必要があるんだよ。

坂崎くん

それを履歴管理　っていうんですか？　紙文書と違って、電子文書は保存するときも気を遣うんですね。

吉田係長

そう言えば、今、タイトルの話をして思い出したんだけど、昔、自分の作った電子文書をキーワード検索で探したときに、あるはずの電子文書がヒットしなかったことがあるんだよ。おかしいな、と思って、その後もキーワードを変えて何回か検索したんだけど、やっぱり見つからなくて。けっきょくもう一度、最初から作り直したんだ。

そうしたら、あとで、たまたま開いた電子文書が、そのとき探していたものだったんだ。それでね、タイトルをみて笑ったよ。「文書1.doc」だって。これは見つからないわけだって。

紙文書で分類をしたときも、フォルダやガイドにタイトルを付けるでしょ。そのときルールがいろいろとあったよね。電子文書も同じなんだよ。タイトルがちゃんと付けられていないと、探せないんだ。あと、紙文書と違うのが、電子文書を保存するとき、何も考えずに保存してしまうと、デフォルトで「文書1.doc」とか「Book1.xls」とか、タイトルが勝手に付いてしまうんだ。これって自分が付けるわけじゃないから、気をつけないと後で分からなくなっちゃうんだよね。

それでね、この前、たまたま同期のパソコンを見てみたら、

Book1.xlsx
Book1 - コピー.xlsx
Book1 - コピー - コピー.xlsx
Book1 - コピー - コピー - コピー.xlsx
Book1 - コピー - コピー - コピー (2).xlsx

っていうタイトルの電子文書がデスクトップに並んでいたから、これ何の電子文書か分かるの?って聞いたら、「分かんねぇ」だってさ。
だから、電子文書のタイトルを付けるときには、電子固有のルールが必要になるってことも考えておかないといけないいんだ。

坂崎くん
ふ〜ん。ところで、今の話は係長以外もみんな知ってるんですか?

吉田係長
試行版としての手引きはできているよ。モデル課には配っているから。資料は後で渡すから見ておいて。それと来週までに疑問点があればまとめておいてくれる?　頼んだよ。

坂崎くん

は、はいっ！

8

アーカイブズは職員自ら評価選別せよ！

課長からの指示で、新人の坂崎くんにＡＫＦの導入経緯について説明をしている吉田係長。この日は、昼休みに教育委員会で立ち話をしていた。すると、ちょうどそこに昼食から戻ってきた坂崎くんが通りかかり、教育委員会のカウンターに置かれている市役所の歴史をまとめた市史を見つけ、その1冊を手に取った。

▼アーカイブズの基になる資料って何？

アーカイブズとして評価選別された公文書は、保存期間満了後も、整理や保存をして、公文書館や文書館で住民に公開されている。

吉田係長　坂崎くん、市の歴史に興味があるの？

坂崎くん　あ、いえ。

吉田係長

これね、今、平成18年頃までの記録を中心に編さんしていて、来年の春頃には第6巻が発行される予定なんだ。

坂崎くん そうなんですか？　係長、詳しいですね。

吉田係長 だって僕、市史編さんの手伝いもしているから。

坂崎くん そうだったんですか？　いろいろやってますね。

吉田係長 おもしろいよ。

坂崎くん じゃあこれ、係長も書いているんですか？

吉田係長 いやいや、僕は書いてないよ。どちらかというと専門員や学芸員の方が書いたものを読んで、内容を確認する役割かな。文書を書くのは苦手だし、第一、字が汚いからね。

坂崎くん

字は関係ないんじゃないですか？　ということは、係長は市の歴史について、相当詳しい　ってことですよね？

吉田係長　そういうわけでもないんだ。いろいろと資料を参考にしながら確認しているだけなんだよ。どのようにして現在のまちがつくられてきたのか、とかね。

坂崎くん　資料ですか？　そんなのあるんですか？

吉田係長　あるよ。坂崎くんがつくった文書だって、もしかしたらそうなるかもしれないよ。

坂崎くん　えっ？

吉田係長　だって、坂崎くんの業務も市民に関係のあるものだから。

坂崎くん　そうなんですか？　それって、そもそも、どんな資料を使って書かれているんですか？

吉田係長
いろいろあるけど、行政文書なんかも参考にしているよ？　昔のものだけどね。

坂崎くん
行政文書って、あの文書ですか？

吉田係長
そう、今、みんなが業務で使っているやつね。

坂崎くん
ええっ、そんなの資料になるんですか？

吉田係長
なるよ、だって、市の方針は、業務として決められて、その業務情報を記録したものが行政文書だからね。だから、これまで市がやってきたことは、全部文書として残されていなかったら嘘でしょ。

坂崎くん
確かにそうかもしれませんけど、でも文書って保存期間が満了したら廃棄しますよね。そうしたら、古い文書なんて残ってないいんじゃないんですか？

吉田係長

アーカイブズの話、してなかったっけ？

坂崎くん アーカイブズですか？　聞きましたっけ？

吉田係長 ファイル基準表の記載項目を覚えている？　あの中の項目に、「歴史資料」があったでしょ？

坂崎くん あったような、なかったような……。

吉田係長 あったの。一般的には、歴史資料として永久保存すべき文書のことを、歴史公文書とか、アーカイブズとか　って呼んでるんだけど、うちでも、歴史資料として永久保存した方がいいと思う文書には、ファイル基準表の「歴史資料」欄に「○」を記載してもらうようにしているんだよ。

そうすると、その文書は、保存期間が満了しても、廃棄されないで、教育委員会にある市史編さん室に文書が送られてくるから。

坂崎くん

えっ、廃棄なのに、ここに送られてくるんですか？　それじゃあ、廃棄じゃないですよね　って、あれ？　前もこんな話しましたっけ？

吉田係長

思い出した？　でも、廃棄は廃棄なんだよ、業務で使う文書としてはね。先進的な自治体では、廃棄しても、アーカイブズとして評価選別された文書は、保存期間満了後も、僕らの使っている文書とは別に、ちゃんと整理や保存をして、公文書館や文書館　っていわれる施設で住民に公開したりしているんだ。

ただ、うちにはそういうのがないから、今は、市史編さん室が文書を引き取って、市史を編さんするときとかに活用しているんだよ。

▼ そもそも評価選別は誰が行うべきか

担当者が、保存期間満了後に文書を移管するか、それとも廃棄するかのいずれかを決めることは、まさにアーカイブズの評価選別にほかならない。

坂崎くん　でも、その、アーカイブズかどうか　って、誰が決めてるんですか？

吉田係長　誰って？　みんなだよ。みんな。

坂崎くん　みんなって、私も含まれているんですか？

吉田係長　そうだよ。坂崎くんも来年決めるんだよ、自分の担当した文書が、アーカイブズかどうかって。

ここがポイント！

誰が評価選別を行うのか

公文書管理法によって、行政機関の職員は、文書を作成または取得した時点で自ら分類し、保存期間を設定し、その満了日を文書に記載することが義務づけられた。

文書管理者（課長または室長など）は、所属する職員が作成・整理した文書及び文書ファイルによって、行政文書ファイル管理簿（ファイル基準表）を調製する。そして毎年1回（通常は年度末）、管理する文書ファイルの現況が行政文書ファイル管理簿に記載されていることを確認する。

文書管理者は当該組織の管理者なので、実務ではその原案には文書を作成し、保存期間を設定した職員の判断が反映されることになる。保存期間満了文書を公文書館または類似の施設への移管か、それとも廃棄かのいずれかに決めることは、まさにアーカイブズの評価選別にほかならない。総括文書管理者や文書管理者は行政機関の職員だから、誰が原案を作成しても、公文書館のアーキビストでなく行政機関の職員がアーカイブズの評価選別を行うことになる。

そもそも、アーカイブズには、①出所原則（出所の異なる文書を混合して整理してはいけない）、②原秩序尊重の原則（出所の秩序を尊重して残す）、③原型保存の原則（史料の原型、文書の折り方、閉じ方、包み方などの物理的原型を保持する）の3つの原則がある。すなわち、文書が作成・保存された組織とそこで文書が利用された経緯を崩さないということである。これらの原則にのっとって、アーカイブズの評価選別を行うのであれば、アーキビストではなく、職員が自ら分類し、評価選別を行わなければならないはずである。

やはり、アーカイブズの評価選別は、公文書管理法及びガイドラインに照らしても、当該組織の中にあり、実際に業務を遂行している職員が主体的に行うべきだ。

評価選別の新たな指標、内と外って何だ？

新たな評価指標は、将来、市民に必要とされる文書か？　ということと、市にとって必要になりそうな文書か？　の2つ。

坂崎くん　ええ！　そんなの無理ですよ。

吉田係長　そんなことないよ。だって、坂崎くんの業務は、坂崎くんが一番詳しいでしょ？　だから、その文書がアーカイブズかどうかも、坂崎くんが一番よく分かるんじゃないの？

坂崎くん　そうなんですか？　でもそれって、どうやって決めればいいんですか？　なんか参考になるような基準とかあるんですか？

吉田係長　基準？　なくもないかな。というかありはするな？

坂崎くん　どっちですか？　もう〜。

ここがポイント！

ガイドラインにおける保存期間満了時の措置の設定基準

ガイドラインでは、「別表第2　保存期間満了時の措置の設定基準」において移管するかどうかの判断基準を、次のようにしている。

【Ⅰ】国の機関及び独立行政法人等の組織及び機能並びに政策の検討過程、決定、実施

及び実績に関する重要な情報が記録された文書
【Ⅱ】国民の権利及び義務に関する重要な情報が記録された文書
【Ⅲ】国民を取り巻く社会環境、自然環境等に関する重要な情報が記録された文書
【Ⅳ】国の歴史、文化、学術、事件等に関する重要な情報が記録された文書

吉田係長 一応、ガイドラインには基準があるんだけど、うちは、それではなくて、別の指標を使って判定しようと思っているんだ。

坂崎くん 別の指標？　何ですか、それ？

吉田係長 2つあるんだけど。1つは「外なる指標」で、もう1つが「内なる指標」。

ここがポイント！

評価選別するための2つの指標

(1)　外なる指標の高低

外なる指標とは、アーカイブズとして保存された文書を、将来住民が活用する可能性や社会や環境への影響度を評価する指標で、将来、住民に必要とされそうな文書であるかどうか、ということを判定するものだ。

視点として、住民全体の「権利義務」「利益」「安心安全」、また、それらを証明するための「基礎資料」、あるいはそれらの文書が「将来における有効な利用」を見込まれるか否か、などの点が重視される。

(2)　内なる指標の高低

内なる指標とは文書にどの程度の意思決定が反映されているか、また、そのことが文書に表現されているかどうかを評価する指標で、意思決定の過程で自治体の意向がどの程度反映されているか、ということを判定するものである。

視点として、事業の必要性に自治体の政策的な意思決定を要しているか、あるいは事業の必要性が間接的なものであるか、などの点が重視される。

吉田係長　もともとは、沖縄県で考案されたものらしいんだけど、今年は、この2つの指標を使って、歴史資料として永久保存すべきかどうかを判定して、あると思えば、ファイル基準表の「歴史資料」欄に「○」を記載するんだ。

坂崎くん　逆に難しくないですか、それ？　感覚になっちゃいますけど？

吉田係長　いいんじゃないのかな、それでも。要は、将来、市民に必要とされる文書か？　ってことと、市にとって必要となりそうな文書か？　の2つだけだから。どちらか一方に当てはまれば、「○」にすればいいと思うよ。
それに、最終的には、専門委員が、もう一度確認して、仮にファイル基準表に「○」が記載されていなくても、必要があれば担当者に相談もするしさ。

坂崎くん　なんだ、もう一度確認はしてくれるんですね。よかった。

吉田係長　でも、昔はそれ、できなかったんだよ。だって、ファイル基準表のような文書の一覧表がなかったから。だから、物理的な廃棄をする前に、すべての文書を現物でチェックをしていたんだ。

坂崎くん　えっ、全部チェックしてたんですか？　1つひとつ？

吉田係長　そうだよ。それに、困ったことに同じ業務の文書でも保存期間が違うことがあるでしょ。そうすると保存期間が満了した順番で、バラバラに送られてくるから、その業務の全体像が分からないんだよね。だから、余計に時間もかかるし、とても大変だったと思うよ。

でも今は、ファイル基準表があるから、それを見れば、分類から業務の全体像が分かるし、事前に、どんな業務の、どの文書が、いつ、どの順番で保存期間が満了するかも分かるようになったからね。それに、担当者がこれはアーカイブズです　って、印まで付けてくれるし、全然違うと思うよ。

▼ファイル基準表を使って評価選別をしてみよう

ファイル基準表を使った評価選別の方法の1つ、自分がこれは残しておきたい、と思う文書を、フォルダ単位で選んで残す。

坂崎くん　アーカイブズかどうかは、フォルダごとに「○」を付けるようになってますけど、これってフォルダの単位で考えればいいんですか？

吉田係長　そうだね。今はそうしているよ。

坂崎くん　でも、どうやって考えればいいんですか？　上から順番に見ていけばいいんですか？

吉田係長　ファイル基準表を使った評価選別の方法には、いろいろあるけど、この前試した方法は最初に自分がこれは残しておきたい、と思う文書を、フォルダ単位で選ぶ　っていう方法なんだ。これだったら、分類と同じツミアゲ式の方法になるから、坂崎くんのような新人でも分かりやすいんじゃない?

坂崎くん

どんなふうにやるんですか、それ?

吉田係長

最初に、自分の担当した業務のファイル基準表を見て、これはいい仕事をした、あるいは、これは失敗した　っていう文書やフォルダを選んで、該当するフォルダに「○」をつけるんだ。

次に、前後のフォルダも確認して、最初に選んだフォルダの内容を補完するのに、必要そうな文書やフォルダが他にないかを確認して、必要があればそれも「○」をつけておく。もしかすると、第2ガイドや第1ガイドの単位で、残しておいた方がいいこともあるかもしれないからね。

坂崎くん

それで、どのくらいの文書をアーカイブズとして選べばいいんですか?

吉田係長

ある自治体での実証研究の実績では、この方法で7~8%が選ばれたらしいよ。けっこうな数字だよね。国だと、ここ数年は0.3％とか0.4％とかみたいだから、桁が違うもんね。

坂崎くん　でも、それだったら、自分が残しておきたい　っていうキーワードとかをあらかじめ登録するとかして、自動で評価選別できるようになったら、もっと楽になりますね。

吉田係長　そういうのもあるみたいだよ。この前、専門アドバイザーに聞いたんだけど、キーワードを使って、ファイル基準表から自動でアーカイブズを検出するシステムがあるらしいんだ。そのシステムには、ある自治体のアーカイブズを基に抽出したキーワードが登録されていて、システムを使ってファイル基準表を検索すると、登録されたキーワードを含むフォルダがヒットして、それがハイライトされる仕組みになっているらしいんだよ。その方法でも、7～8％が選ばれたみたいだから、きっと、この7～8％　っていうのが、ある程度の目安になるんだろうね。

坂崎くん　じゃあ、うちもそれを使って、やりましょうよ、評価選別。

吉田係長

今、検討しているから、しばらく待ってね。それと、今年、試しにやってみたいのが、第1ガイドから順番に見ていって、文書を残すか残さないかを判定する方法なんだ。

坂崎くん　えっ、それじゃあ、まったく逆じゃないですか。

業務全体から評価選別するってどういうこと?

ファイル基準表を使った評価選別のもう1つの方法、第1ガイドなどの業務全体から、その下の第2ガイド、フォルダを見て判定をする。

吉田係長　逆なんだけど、試行的なものだから、今年の結果を見て、どうするか決めようと思っているんだけどね。

坂崎くん　何でそんなややっこしいことをしようと思ったんですか?

吉田係長　あえて言えば、フォルダとかの個を見るんじゃなくて、業務全体を見て判定をする方法がおもしろいな　って思ったからかな。

坂崎くん　業務全体を見る　って、どんなふうにやるんですか？

吉田係長　例えば、今、自分が担当している業務の文書が、ある第1ガイドでまとまっているとするよね。そうしたら、はじめにその第1ガイドの業務が、さっきの外なる指標と内なる指標に該当するかどうかを考えるんだ。

該当すると思ったら、今度は、その、第1ガイド以下の分類を、つまり第2ガイドやフォルダを見て、そこから、廃棄できる文書がないかどうかを考えるようにするんだ。コツは、その業務について後で人に説明するときに、必要なさそうなものを選ぶっていうか、そんな感じで。もし、そういう文書があれば、それは除外して、最後に、残ったフォルダにだけ、ファイル基準表の「歴史資料」欄に「○」をつける　ってことだよ。

逆に、最初に第1ガイドの業務が、どちらの指標にも当てはまらない場合なんだけど、そのときは、そこで終わり。歴史資料として永久保存する文書はその分類にはなかった、ということになるね。

坂崎くん　口で言うのは簡単ですけど、結構、難しそうだし、迷うと思いますよ、それ。

吉田係長　もちろん、担当者であっても判断に迷うことはあるだろうね。でも、そういうときは無理しないで、アーカイブズ、としておけばいいんだ。だって、一度廃棄してしまったら元には戻せないけど、残っていれば、後で、いつでも廃棄できるからね。

坂崎くん　なるほどね。

吉田係長　それと、さっきの方法もそうなんだけど、一度、ファイル基準表を使って、評価選別をやっておくと、次の年からは、そのファイル基準表自体を判定基準として使えるようにもなるからね。そうすれば判定のブレも少なくなるだろうし、きっと楽にもなるはずだよ。

坂崎くん　ファイル基準表が判定基準になるんですか？

吉田係長

だって、僕らの業務って、毎年、同じような感じで回っているでしょ。だから、一度、この方法で評価選別をして、その結果を記載しておけば、次は、それに従って判定するだけで済むと思うんだよね。

坂崎くん

でも、1年経ったら、ファイル基準表を見ただけだと、去年、どうしてこういう判定をしたのかなんて、思い出せなくて、けっきょく判定を変えてしまったり、担当者が代わって、違う判定をしたりして、矛盾を起こしたりするんじゃないんですか？

吉田係長

もちろん判定が異なることは、担当者が代われば起こり得るだろうね。でも、前の担当者がどういう考え方で判定したかは、やっぱり知りたいよね。だから、今年からは、ファイル基準表に「○」を入れるだけじゃなくて、もう1つ、追加で資料を作ってもらうようにお願いしようと思っているんだ。

評価選別した理由も残しておこう

自分の担当する業務の評価選別を行ったら、後から検証ができるように、事務事業ごとに判定結果をまとめ、判定理由を記載しておくことが望ましい。

坂崎くん　追加の資料ですか？

吉田係長　担当者が、どう考えて判定したか　っていう判定理由を、残してもらうようにしたいんだ。それがあれば、担当者が代わっても、前任者がどういうふうに考えたか、分かるようになるからね。もちろん、自分が判定する際の参考にもなるだろうし。

坂崎くん　なるほど、別に判定理由を残しておくんですね。

吉田係長　それと、それにはおまけがあって、この記録が残っていると、将来的に公文書館ができたときにも役立つと思うんだ。なぜ、そのとき、担当者がそういう判定をしたかの理由が分かる　って大きいと思うよ。

ここがポイント！

評価選別の結果は、別に記録しておく

自分の担当する業務の評価選別を行ったら、後から検証ができるように、評価選別結果を事務事業ごとに作成し、そこに判定理由を記載しておくと、次年度以降、同事業の文書を評価選別する際の指標として使うことができる。

新たな資料の作成や管理が、担当者にとって負担になることは否定できないが、「ファイル基準表」への記載内容が、毎年度変わる可能性があることを踏まえると、こうした資料の作成は必要不可欠であり、特に、廃棄の判断をする場合の理由を第三者にも分かるようにしておくことで、将来にわたって検証の可能性を担保することができる。

なお、「評価選別シート（仮称）」の記載事項として、最低でも、以下の項目については残しておくことが望ましい。

・事務事業名（原則として第1ガイド名）
・事務事業の概要（200字以内）
・選別区分（移管、一部移管、廃棄）
・判定理由

坂崎くん
まあ、そうなんでしょうけどね。ピンときませんね。やっぱり一度やってみないと。

吉田係長
そうか、じゃあ、今年の3月に送られてきた文書があそこにたくさん置いてあるから、今から一緒に専門委員の手伝いをしてみるか？

坂崎くん
えっ、勘弁してくださ～い。

9

最適的なファイル用具を選別せよ！

4月に採用され、文書の管理方法について勉強中の坂崎くん。これまでの吉田係長の話では、単なる文書の削減だけでは、リバウンドするため、AKFを導入してその波及効果として文書の削減を図る、ということだった。ところが、坂崎くんは、BSフォルダを使えば、誰でも簡単に文書を50%削減できる！　ということを発見？　したらしい。

▼坂崎くんの大発見
文書を捨てなくても文書を減らせる？

パイプ式などの簿冊には、中に文書を押さえる金具が付いている。実は、そこが、デットスペースになっている。

坂崎くん　係長、ちょっと思いついたことがあるんですけど、今、話をしてもいいですか？

吉田係長　何？　突然。

坂崎くん　ＡＫＦの導入　って、もともとは文書削減の話がスタートだったじゃないですか。もし仮に、文書を50％削減するだけなら、ＢＳフォルダを使えば、誰でも簡単に文書を削減できる　ってことを発見したんです！

吉田係長　どういうこと？

坂崎くん　つまり、文書を、今まで使っていた簿冊から、ＢＳフォルダに、ただ入れ替えるだけで、文書を1枚も捨てなくても、文書を保管するスペースを50％削減することができちゃう　ってことなんです。すごくないですか、これ？

吉田係長　ただ入れ替えるだけで？

坂崎くん　信じられないですよね。フフっ。

吉田係長　そりゃ、そうだよ。だって、使っているファイル用具を替えるだけで50％削減できるなんて、そもそもおかしくない？　だいたいそれじゃあ、なんかの通販ＣＭと同じだよね。飲むだけで痩せるダイエット！　って感じの。

坂崎くん　通販？　ひどいじゃないですか。ちゃんと根拠だってあるんですよ。

吉田係長　根拠？

坂崎くん　例えば、ここにパイプ式のファイルがありますよね、これって、中に文書を押さえる金具があるじゃないですか、実は、そこって、デッドスペースになってるんですよ。例えば、この簿冊（次頁、簿冊3）だと、ファイルの背幅は55ミリありますけど、「とじ厚」っていう、実際にとじ込める文書の幅は40ミリなので、これだと、背幅の73％くらいの文書しか収納されていない　ってことになるんです。

吉田係長　じゃあ、その簿冊だと、無駄なスペースが27％もある　ってこと？

坂崎くん　そうなんです。ほら、ここに他のタイプの簿冊でも比較した一覧表（次頁）を用意し

簿冊の収納率と、ＢＳフォルダに入れ替えることによる削減率

（単位：㎜、％）

簿冊					ＢＳフォルダ*3
種別	背幅	とじ厚	収納枚数	収納率*1	削減率*2
簿冊１	35	20	200	57%	30%
簿冊２	45	30	300	67%	20%
簿冊３	55	40	400	73%	14%
簿冊４	65	50	500	77%	7%
簿冊５	75	60	600	80%	4%
簿冊６	85	70	700	82%	2%
簿冊７	95	80	800	84%	0%
簿冊８	105	90	900	86%	-3%
簿冊９	115	100	1000	87%	-4%
簿冊10	64	33	330	52%	37%
簿冊11	86	53	530	62%	26%
簿冊12	108	73	730	68%	19%
簿冊13	69	40	400	58%	31%
簿冊14	89	60	600	67%	19%
簿冊15	108	80	800	74%	12%
簿冊16	45	30	300	67%	20%
簿冊17	65	50	500	77%	7%
簿冊18	95	80	800	84%	0%
簿冊19	34	20	200	59%	28%
簿冊20	45	30	300	67%	20%
簿冊21	30	17	170	57%	28%
簿冊22	45	22	220	49%	41%
簿冊23	56	33	330	59%	28%
平均	70	50	505	69%	17%

*1　「収納率」＝「とじ厚」÷「背幅」

*2　「削減率」＝簿冊の背幅とＢＳフォルダに入れ替えたときの厚さを比較するため
「簿冊のとじ厚＋ＢＳフォルダの厚み」÷「簿冊の背幅」により算出。

*3　ＢＳフォルダの厚みは、以下により試算した。
ＢＳフォルダの本体厚み＋相当する第２ガイドおよび第１ガイドの厚みを1.5㎜、１冊当たりの収納枚数を80枚（８㎜）とし、小数点以下は繰り上げた。

たので見てください。これって、簿冊の文書を、1枚も捨てないで、そのままBSフォルダに入れ替えたときに、どのくらいの幅を削減できるか、計算したものなんです。

吉田係長　どれどれ、右端の削減率　ってやつだね？　平均が17％になってるね。

坂崎くん　削減率は、それぞれの簿冊の背幅と、その簿冊の文書をBSフォルダに入れ替えたときの厚さと比較したものなんですけど、これだと、単純に簿冊からBSフォルダに入れ替えるだけでも、平均で17％くらいの削減効果があることになるんです。

吉田係長　でも、それって、BSフォルダの厚みはちゃんと計算されているの？

坂崎くん　BSフォルダは、フォルダ本体に、必要とされる第2ガイドと第1ガイドの厚みを加えて、1冊当たりの厚みを1.5ミリで計算しています。

それに、簿冊の種類もいろいろとあったので、収納率の高いものや、見開きでも文書を確認できるもの、使い勝手のよさそうなものとかをいろいろと選んでみました。そうしたら、今回の調査で、簿冊によって、ずいぶん差があることも分かったんです。

吉田係長　そうだね。けっこう違うもんなんだね。で、これ、いったいどれくらいのファイルを調べたの？

坂崎くん　この表では23種類ですけど、実際には、78種類を調べました。大手メーカのカタログから2穴のものを徹底的に選んでみたんですけど、収納率の平均69％と削減率の平均17％は一緒でした。

吉田係長　78種類?!　すごい執念だ。

坂崎くん　でも、これで納得してもらえたんじゃないんですか。ファイル用具を替えるだけで削減ができる　って。BSフォルダには金具が付いていないから、その分、収納率　っていう点で簿冊と比べるとアドバンテージがある　ってことなんです。

▼ BSフォルダを使うと保管庫の棚をもう1枚追加して収納率をアップできる

BSフォルダの高さは225ミリなので保管庫に棚をもう1枚追加できる。2段から3段にすると保管庫の収納率は150%アップする。

吉田係長 そうだね、すごいのかもしれないけど、でも、これだとたった17%の削減にしかなってないいんじゃゃない？

坂崎くん さすがですね、係長。確かに、これだと17%ですよね。でも、この話にはまだ続きがあるんです。

吉田係長 続き？

坂崎くん BSフォルダの形なんですけど、A4の用紙を横にして入れるようになってますよね。

実は、ここがポイントなんです。

吉田係長　どうして？

坂崎くん　だって、あそこの保管庫に入っている簿冊、どういうふうに収納されてますか？

吉田係長　どういうふうに　って、普通に収納されてるよ。違うところは、Ａ４の縦　ってことくらいかな。

坂崎くん　そこそこ。縦なんですよ。そこがポイントなんです。一般的な簿冊だと、高さが307ミリあるから、880ミリの高さしかない旧ＪＩＳの保管庫には、２段しか簿冊を収納できないんです。

吉田係長　知ってるよ。

坂崎くん　でも、ＢＳフォルダは高さが、225ミリだから、旧ＪＩＳの保管庫でも、棚をもう１枚追加して、3段にして使うことができるんです。

吉田係長　そうだね、もう1枚追加できるよね。ってか、実際、やってるけどね。

坂崎くん　そうすると、どうなると思います？

吉田係長　1台の保管庫に収納できる文書が増えるね。

坂崎くん　そうですよね。普通に計算すれば、保管庫の棚を追加して2段から3段にするってことは、保管庫の収納率が150％アップすることになるから、逆に言えば、33％が削減されるってことと一緒じゃないですか？

吉田係長　う〜ん、待て待て、保管庫が3台あったとすると、2段だったものが、3段になって、2台で収まるから、う〜ん、1台減るのか。そうだな。確かに3分の1減るね。じゃあ、さっきの簿冊をBSフォルダに入れ替えて17％削減と、保管庫が2段から3段になって33％削減するのを足すから50％削減ってこと？

坂崎くん
いや、正確に言うとちょっと違うんです。

吉田係長
違うの？

削減とは、究極的には文書の占める床面積を減らすこと

簿冊からBSフォルダに文書を入れ替えるとfm（文書量）はそのままに、保管庫の台数を半分にして、㎡（文書の占める床面積）を削減できる。

坂崎くん
じゃあ、もう少しわかりやすくするために、このパネル（次頁）を使って説明します。

吉田係長
えっ、パネル？

坂崎くん

ファイル用具の違いによる文書の床の占有面積の比較

・１課当たり12fm、１人当たり1.2fmとして計算
・旧JIS規格の３号保管庫（S-S３、880㎜W×415㎜D×880㎜H）を使用

【簿冊の場合】
・２段での収納となる
・簿冊の収納率平均＝６９％

・12fmを収納するために必要な棚の数　⇒　２３棚
・２段での収納なので，１２台の保管庫が必要となる

簿冊の場合：12台

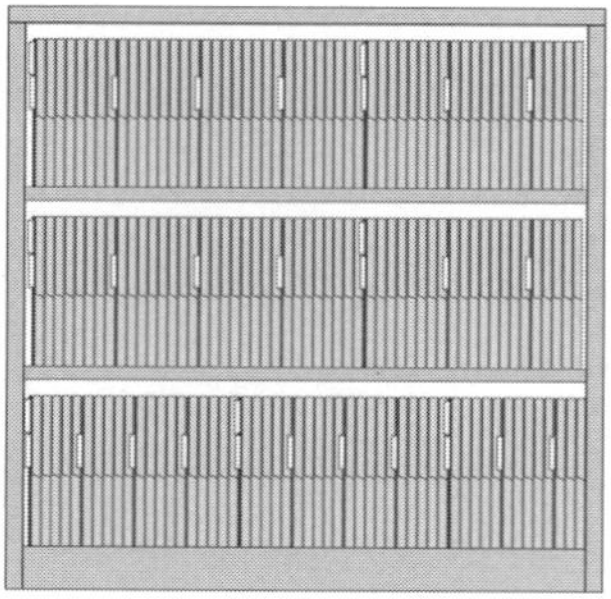

【ＢＳフォルダの場合】
・３段での収納となる
・ＢＳフォルダの収納率平均＝８４％
（本体の厚さ：1.5ｍｍ，80枚収納として計算）

・12fmを収納するために必要な棚の数　⇒　１８棚
・３段での収納なので，６台の保管庫が必要となる

ＢＳフォルダの場合：６台

12台が６台になる ➡ ５０％削減

今、話をしていること　って、文書を保管するためのスペース、つまり、文書の床の占有面積の話なんですけど、ちょっと分かりにくいですよね。

なので、文書を簿冊からBSフォルダにそのまま入れ替えたときに、文書を保管するためのスペースがどのくらい変わるのかが一目で分かるように、パネルにしてみたんです。

吉田係長　いつの間にこんなの作ったの？　それに、なんかこれ、テレビとかで使ってるのに似てるね。

坂崎くん　とりあえず、見てください。これは、うちの課を例に、職員数が10人で、保管する文書を12ｆｍとして、それぞれの条件に合わせて計算してみたものなんです。

そうすると、さっきの簿冊の収納率平均を使って計算すると、12ｆｍ分の文書を旧ＪＩＳの2段でしか使えない保管庫にすべて収納するためには、最低でも12台必要になるんですけど、同じ12ｆｍ分の文書をBSフォルダを使って収納すると、簿冊の無駄なスペースがなくなって、さらに棚を追加して3段にできるから、たった6台で済む計算になるんです。

吉田係長
どうやって計算してるの？　それ。

坂崎くん
説明するのがちょっと難しいんですけど、さっきの23種類の簿冊の収納率の平均69％を使って、それぞれの簿冊で12ｆｍを収納するのに保管庫の棚が何棚必要になるのかを計算してみたんです。そうしたら、約23棚になったので、２段の保管庫だと12台必要になりますよね。同じようにＢＳフォルダでも計算すると、それが18棚になって、それを３段の保管庫に収納すると６台になるんです。

吉田係長
棚の幅　ってどのくらいで計算しているんだっけ？　880ミリじゃないよね？

坂崎くん
棚の幅は830ミリで計算しています。旧ＪＩＳ規格の保管庫の内寸なので。

吉田係長
で、それって、けっきょくどういうことなの？

坂崎くん
えっ？　だから〜　文書を、簿冊からＢＳフォルダに入れ替えるだけで、文書を１枚も捨てなくても、保管庫の台数が半分になって、文書の床の占有面積を50％削減することができちゃう　ってことっす。これって、文書を50％削減するのと同じことになりませんか？

吉田係長　そうか、じゃあ、坂崎くんがずっと話していたのは、文書自体を50％削減する　ってことじゃなくて、保管庫の数を半分にして、保管庫の面積分として50％減らす　ってことだったのね。

坂崎くん　だから最初から言っていたじゃないですか、文書は1枚も捨てない　って。私が気づいた50％削減って、保管庫の面積、つまり、文書の床の占有面積のことなんですよ。

吉田係長　へえ〜、そう考えるとBSフォルダ　ってすごいね。

坂崎くん　やっと伝わりました？　よかった。でも、もし、これが、同じフォルダでも、上に見出しが付いた個別フォルダだと、少し高さがあるから、旧JISの保管庫だと、やっぱり2段でしか使えなくて、しかも、それだと使いにくいから　って、ラテラル式のキャビネットに変えちゃったりすると、今度は、引出しを取り出すスペースも手前に必要になって、その分、余計に空けておかないといけなくなりますよね。つまり、文書の床の占有面積が増えてしまうんです。

吉田係長

なるどね。

坂崎くん

もっと言うと、保管庫をＡ４対応型の新しいタイプ（一例　900㎜W×450㎜D×1,050㎜H）にすると、もっと収納効率を上げることができるんですよ。

吉田係長

もっと　って？

坂崎くん

この保管庫は、少し高さがあって、

４段にしてＢＳフォルダを収納したＡ４対応型の保管庫
（900㎜W×450㎜D×1,050㎜H）

1、050ミリあるので、BSフォルダだと、棚を4段にして使えちゃうんです。

吉田係長
そうすると、どうなるの?

坂崎くん
単純計算だと、旧JISの保管庫6台だったものが、新しい保管庫だと5台で済むことになるので、さらにもう1台、保管庫を減らすことができるです。

吉田係長
へえ〜、もう1台減らせるんだ。つまり、最初12台だったけど、それを5台にできるってことだね。

坂崎くん
正確には、新しい保管庫だと棚の幅が少し広がって17段になるので、5台目は、1

12fmを収納するために必要な保管庫台数の比較

保管庫のサイズ			ﾌｧｲﾙ用具	段数	12fmの収納に必要な	
幅	奥	高			棚　数	保管庫台数
880mm	415mm	880mm	簿冊	2段	23棚	12台
880mm	415mm	880mm	BSﾌｫﾙﾀﾞ	3段	18棚	6台
900mm	450mm	1,050mm	BSﾌｫﾙﾀﾞ	4段	17棚	5台

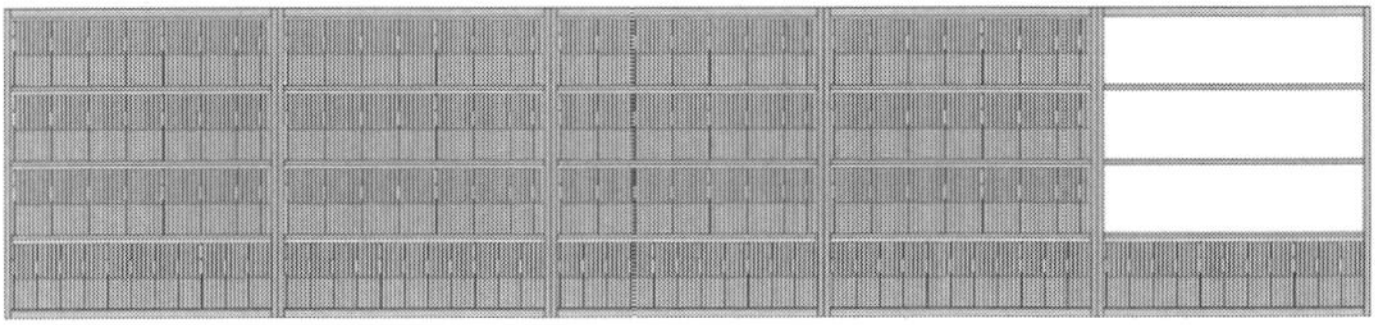

段しか使わないんですけど、でも、1段でも1台は1台なので。

吉田係長 ふ〜ん、ちょっと惜しい感じがするね。もうちょっとで12台だったものが4台になったかもしれないのにね。

坂崎くん でも、これって、文書の総量（fm）が変わっていないところがポイントなんです。つまり、文書は1枚も捨ててない　ってことです。

吉田係長 そうだね。簿冊の文書をBSフォルダに入れ替えて、保管庫を新しいものにしているだけだからね。

坂崎くん だから、この方法をうまく使えば、AKFの導入に抵抗する職員がいても、BSフォルダさえ使ってくれれば、文書は50％削減できる　っていう根拠になるから、係長の悩みも解決できるんじゃないかな　って思ったんです。

吉田係長 そうか。僕のために考えてくれたのか。ありがとう！　よく短期間でここまでたどり着いたね。いや〜　立派、立派！

坂崎くん　えっ、どういう意味ですか？

吉田係長　実はさ〜　僕もやっぱり一番心配だったのが職員の抵抗だったんだ。ＡＫＦを導入すべき　って分かっていても、職員の抵抗は潜在的に深いものがあるからね。だから、もし、ＡＫＦを導入して、文書の削減ができなかったらどうしよう　って考えてしまって、なかなか決断できずにいたんだ。

坂崎くん　も、もしかして……。

吉田係長　そう、種明かしするとね、ちょうど1年前、僕なりにいろいろと考えてみたんだよ。そのとき、坂崎くんと同じように、簿冊には背幅ととじ厚の差分があることに気がついて、だったらそれを、そのままBSフォルダに入れ替えたらどうなるんだろう　って計算してみたら、なんと文書を1枚も捨てなくても、50％削減できる　ってことが分かってね。小躍りしたのを覚えているよ。これで鬼に金棒だ　って思ったんだ。だって、もし抵抗する職員がいても、その人への特効薬を手にしたわけだからね。ＢＳフォルダ　っていう。これを使えば、文書を50％削減できるわけだから。
だから自信を持って、ＢＳフォルダと保管庫を使った、ＡＫＦの導入に踏み切ることができたんだよ。

坂崎くん　え～、係長、知ってたんですか～　ってことは確信犯だったんですね。

吉田係長　おいおい、確信犯とはひどいね。でもこれに気づいていなかったら、ＡＫＦの導入はしてなかったかもしれないね。やっぱり失敗は怖いから。

坂崎くん　そうか、そうですよね。やっぱり、係長はすごいですね。さすがです。

吉田係長　そうか、じゃあ、今度はＢＳフォルダの話でもしちゃおうかな。

▼職員の「使いやすさ」を第1に設計されたBSフォルダ

BSフォルダには紙漉きの方向やラッパーなど、使用する職員のための工夫が随所に見られる。さらに実地指導では専門アドバイザーが使い方も伝授してくれる。

坂崎くん　じゃあ、せっかくなので教えてほしいんですけど、BSフォルダのBS　ってどういう意味なんですか？

吉田係長　BS？　このフォルダ　って取り出すときは、横向きのまま手前にずらして引き抜くんだけど、そうするとフォルダの折り目がある底の部分を手前に滑らせることになるよね。底を滑らせる（bottom sliding）、だから、BSっていうんだって。でも実際には、AKF用に開発されたフォルダだから「AKF－BSフォルダ」が正式名称らしいけどね。

坂崎くん

ふ〜ん、底を滑らせるフォルダだからＢＳフォルダか。これって昔からあったんですか？

吉田係長

似たものはあったらしいけど、日本ではあまり普及しなかったみたいだね。このラッパーが付いたフォルダに、第１ガイドと第２ガイドがセットになって、ガイドライン３階層分類に対応しているものは、最近になって専門アドバイザーの所属するＮＰＯ法人が、ガイドライン策定に関わった国の職員にアドバイスしてもらいながら創案し、意匠登録もしたらしいよ。

坂崎くん

えっ、専門アドバイザーが創ったんですか？

BSフォルダ

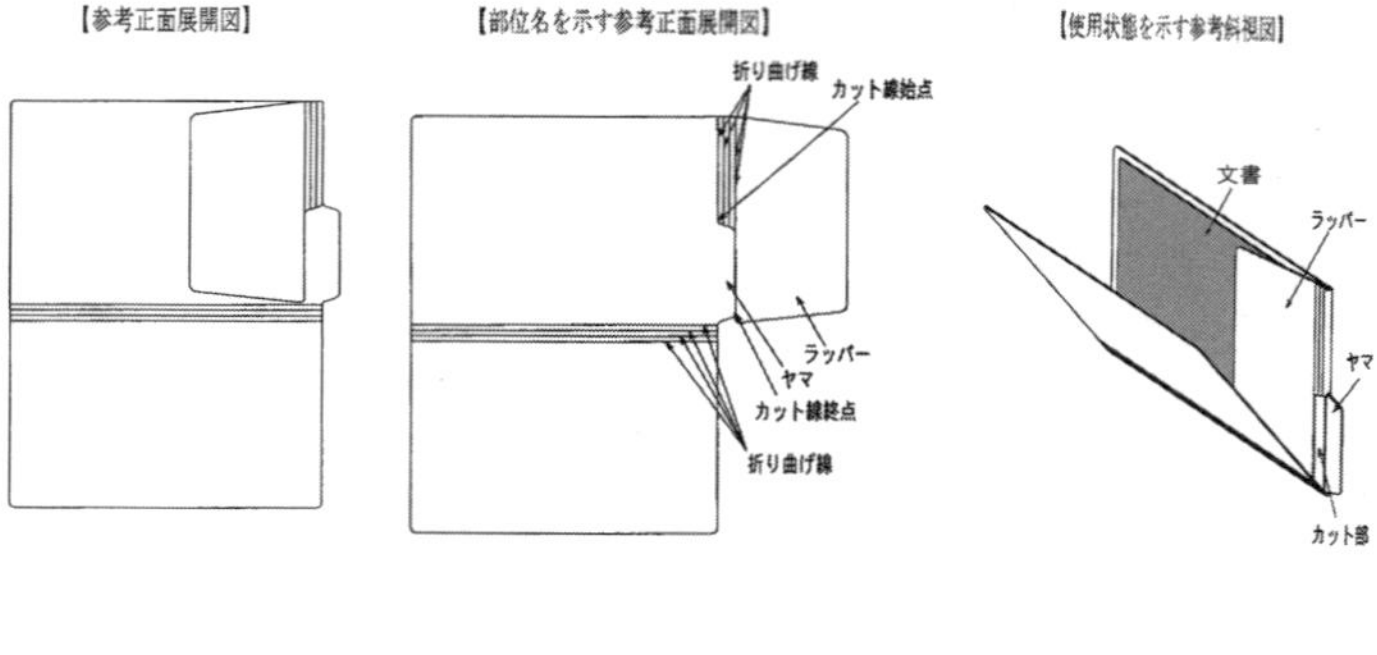

吉田係長　平成25年に、日本記者クラブで、初代公文書管理担当大臣だった上川陽子衆議院議員や、公文書管理法を所管する内閣府の大臣官房公文書管理課長が講師をしたＮＰＯ法人主催の行政文書管理セミナーがあって、そこで初めて、保管庫を再活用するＢＳフォルダが紹介されたみたいだから。

坂崎くん　へえ〜、わりと最近のことなんですね。

吉田係長　もともと専門アドバイザーは、個別フォルダを使ってＡＫＦを指導していたみたいなんだけど、その方式だと、どうしてもキャビネットが必要になるでしょ。ＡＫＦを導入しようとしても経費の予算化が難し

ＢＳフォルダの扱い方

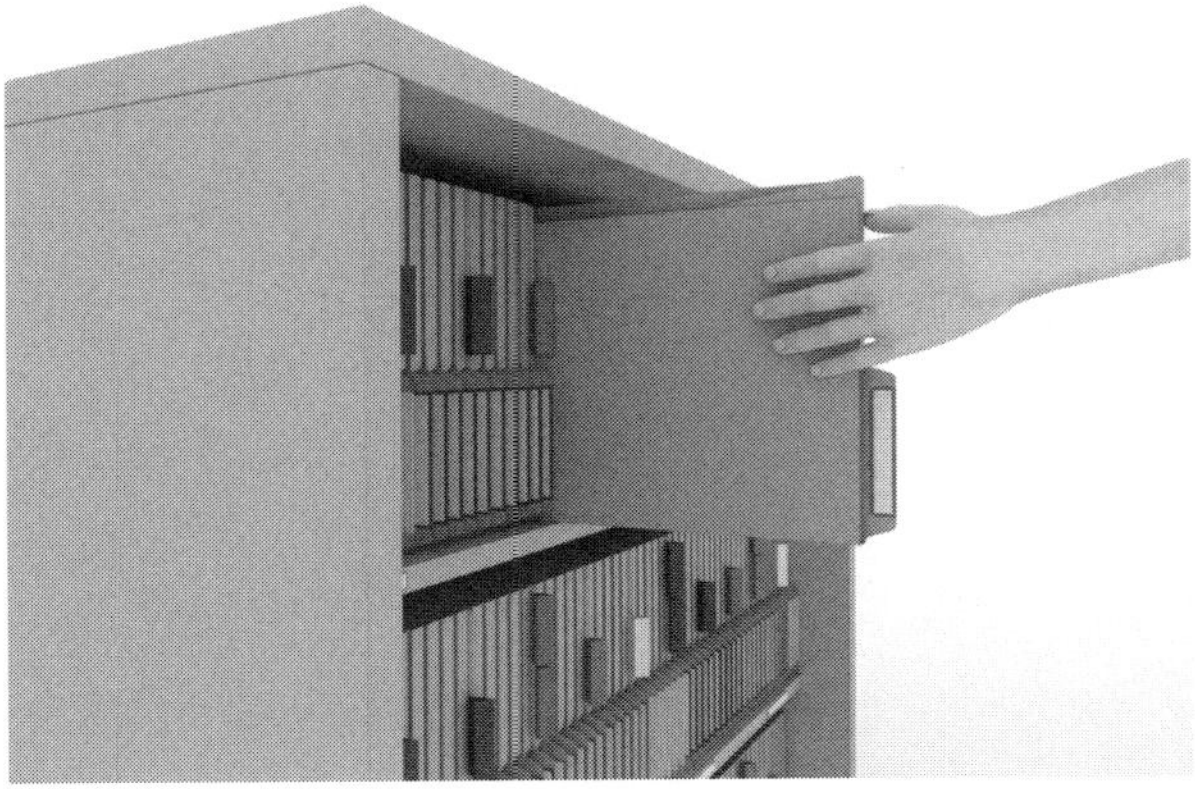

いから、何とかならないか　っていう相談が、けっこうあったみたいなんだよ。
それと、平成23年4月の公文書管理法施行以降も、国でフォルダ式整理法の導入が進まないのは、この経費が原因の1つになっているんじゃないか　ってことも考えていたみたい。それだったらいっそのこと、キャビネットを使わないフォルダを創ったらどうか　ってことになって、それで出来たのがこのBSフォルダらしいんだ。

坂崎くん　なんかすごい話ですね。それって、世紀の大発明じゃないですか。

吉田係長　本当そうだね。公文書管理法が発明の母となって、キャビネットを使わないBSフォルダが創案されたわけだからね。

坂崎くん　BSフォルダって、公文書管理法が生みの母なのか…。

吉田係長　でも、基本的な使い方は個別フォルダと同じだから、これを使って、保管庫に、大中小の3段階の階層分類を作るんだよ。左から第1ガイド、第2ガイド、BSフォルダの順序にね。

ＢＳフォルダとガイド（第１ガイド、第２ガイド）

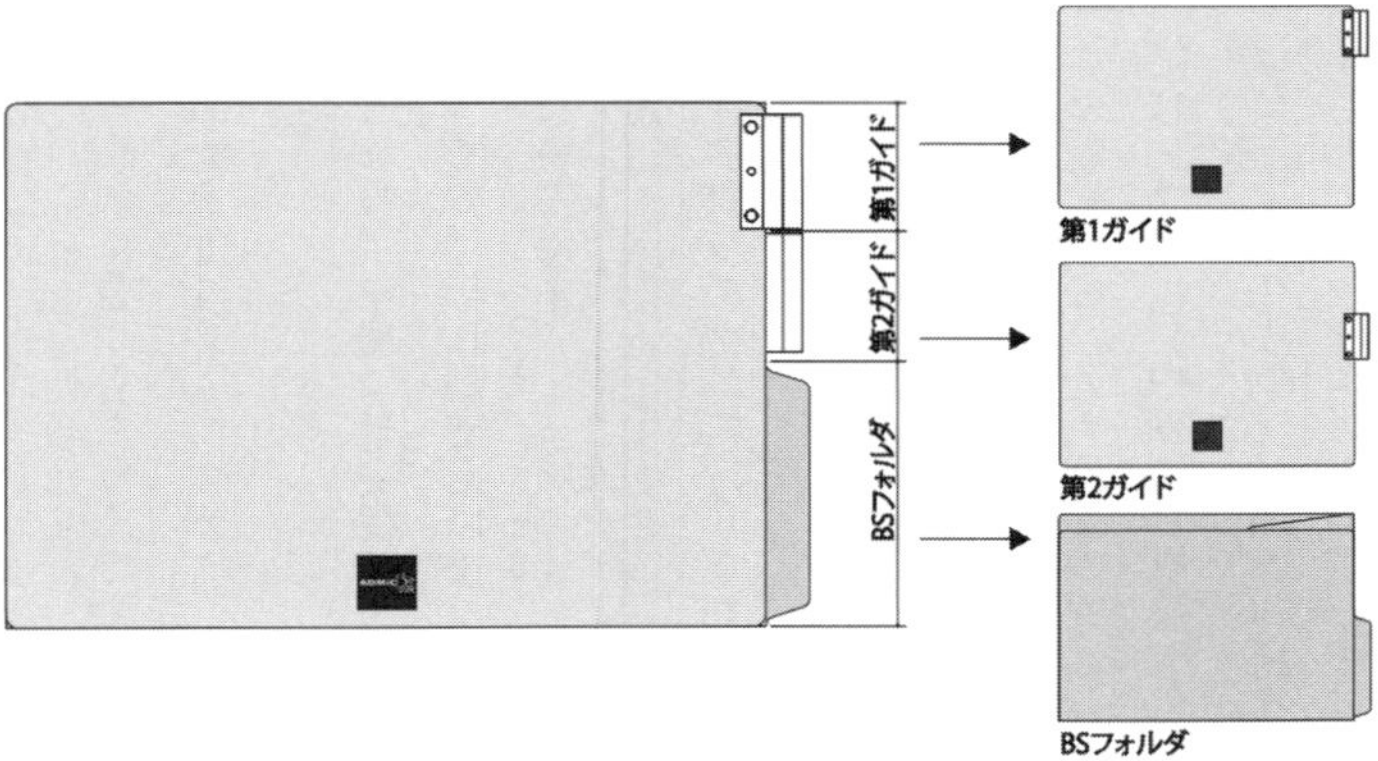

ＢＳフォルダでつくる３段階の階層分類

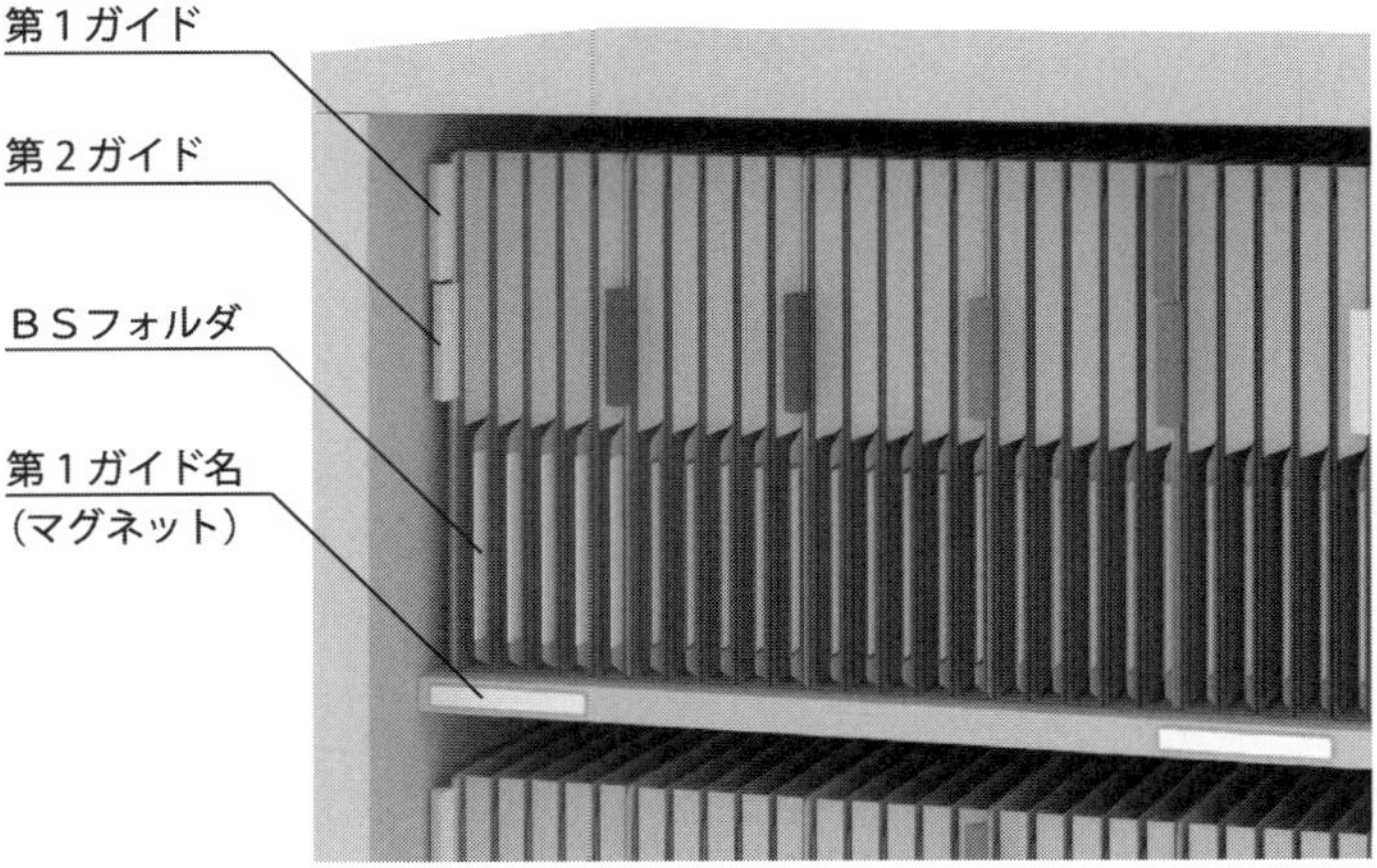

坂崎くん　きれいに並ぶもんなんですね。これって、倒れたりしないいんですか？

吉田係長　これね、左端にU字型のブックエンドが入ってて、それが支えになっているから倒れないいんだよ。

坂崎くん　U字型のブックエンドですか？

吉田係長　最初、ＢＳフォルダやガイドは、このブックエンドのU字の部分に入れていって、いっぱいになったら、ブックエンドの左側にＢＳフォルダやガイドを並べて、保管庫の左側に押しつけるようにするんだ。そうすると、ブックエンドの重みで、ＢＳフォ

移動用仕切り板

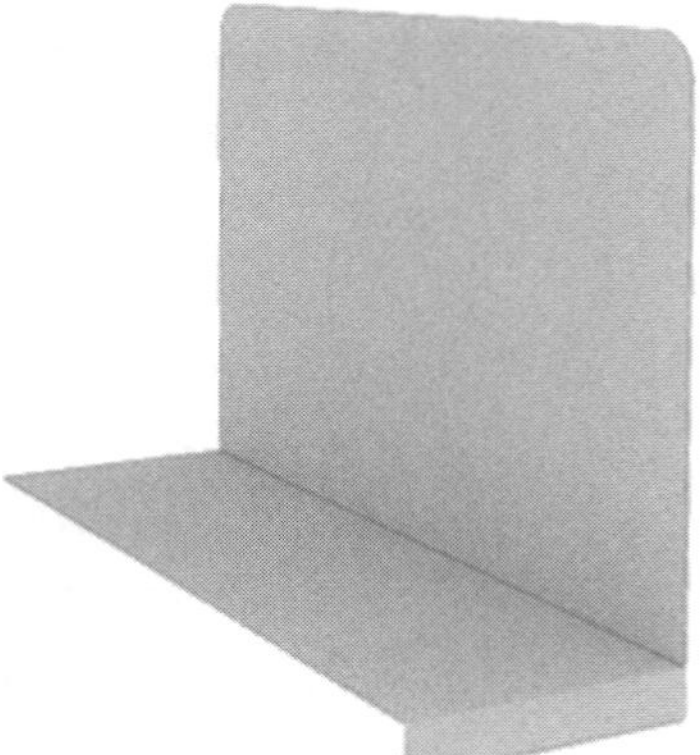

ルダやガイドが倒れてこなくなるからさ。

坂崎くん　なるほど～。

吉田係長　あと、最近、ＢＳフォルダがきれいに並ぶように、ブックエンドの下端を棚に絡ませて移動する移動式仕切り板も開発してるって聴いているよ。

坂崎くん　へぇ～、いろいろ考えてるんですね。

吉田係長　そりゃそうだよ。だって、専門アドバイザーが、僕らの使いやすさを追求して、随所に工夫を凝らしてくれているんだから。

坂崎くん　えっ、じゃあ、他にもあるんですか？

ＢＳフォルダの切り抜き方向

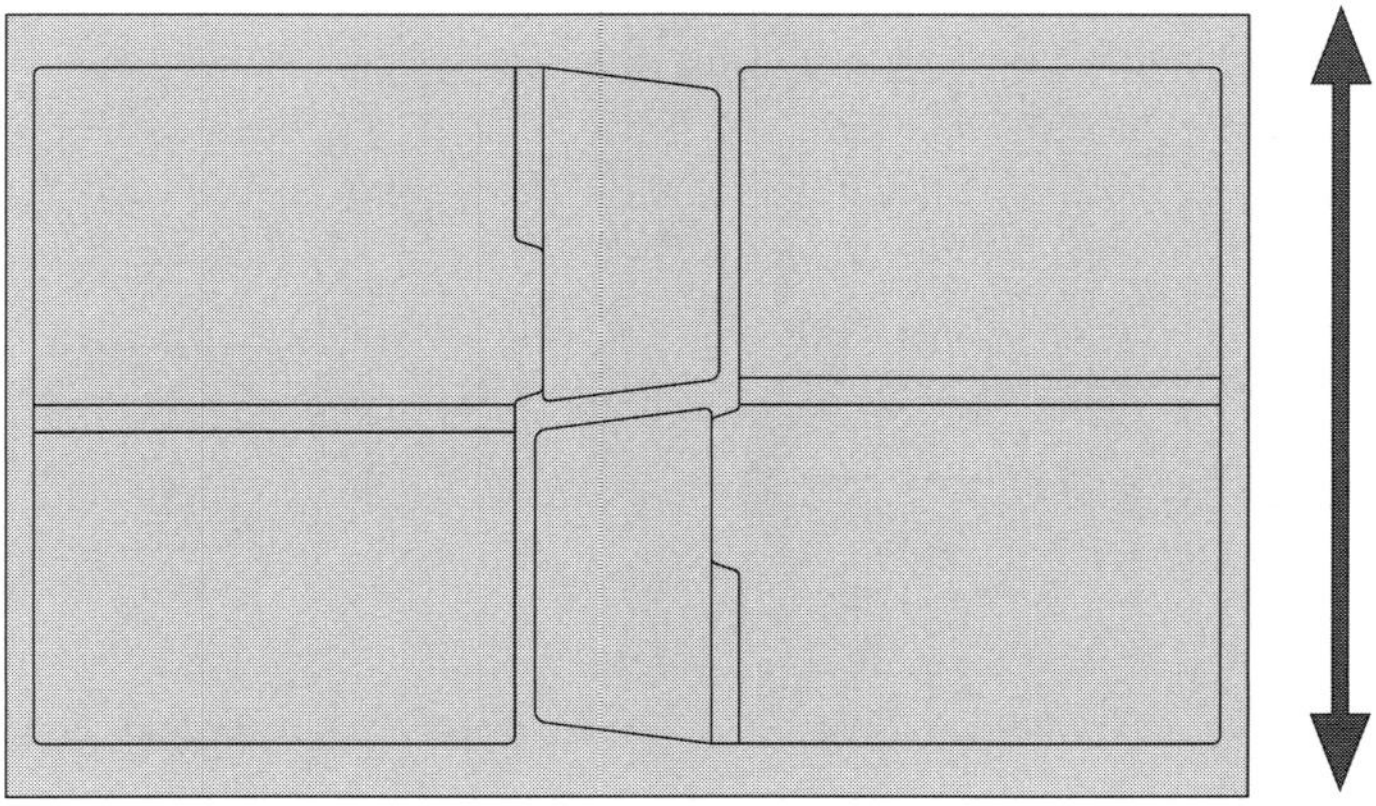

その、工夫　って。

吉田係長
あるよ、例えば、紙の繊維には縦と横があって、縦の方が強いらしいんだ。ＢＳフォルダは、縦繊維が縦になるように切り抜いてるんだって。

坂崎くん
へえ～。

吉田係長
あと、このＢＳフォルダにはラッパーが付いているから、棚から取り出した後、フォルダを縦にして開いても、中の文書が落ちないようになっているんだ。
自治体によっては、このラッパー部分にちょっとしたメモを書いたり、フォルダの文書の閲覧日や閲覧回数を書いたりして、

ＢＳフォルダのラッパー

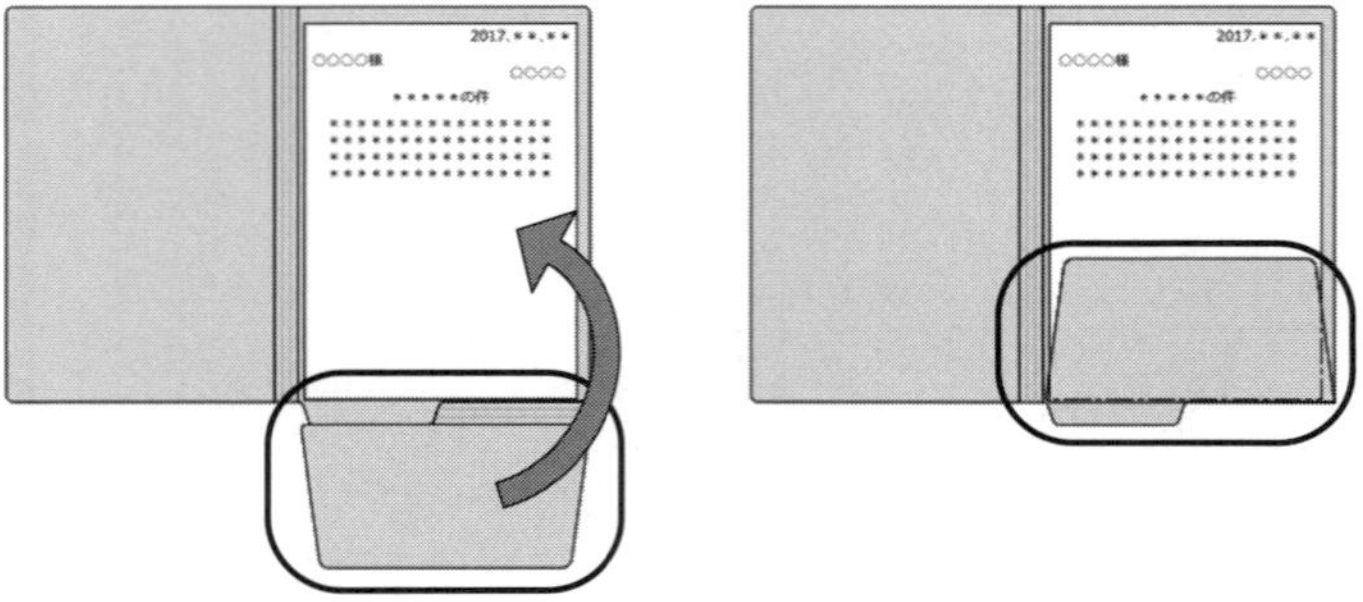

ラッパー部分

折り曲げるとフォルダを縦にしても文書が下に落ちない

業務の進捗管理とかにも使っているみたいだよ。

坂崎くん　本当だ。落ちませんね。上に見出しのある個別フォルダと比べて、なんか安心感がありますね。

吉田係長　それに、ラッパーを折り曲げて置くと、薄い簿冊が並んでいるようにも見えるから、簿冊に馴れ親しんだ人も、このＢＳフォルダには抵抗感が少ないようだね。

坂崎くん　そうなんですか？　でも、今までずっと簿冊を使ってきた人には、文書をとじないってことに不安や抵抗感があるんじゃないんですか？

正面から見ると簿冊が並んだようにも見える

吉田係長　とじる文化は根強いからね。実際のところ、最初は、文書をバラバラにして挟むだけ　っていうことには不安があるよね。僕もそうだったから。

坂崎くん　ですよね～。

吉田係長　だからかなぁ、専門アドバイザーは、文書の枚数が少ないときは、ホチキス、ガチャック、ダブルクリップとかを推奨していたね。

ただ、ダブルクリップは挟む枚数が少ない小サイズとか極小サイズのものに限定していたけどね。それに、ホチキスで止めるときは、片面コピーなら左肩30度に打てば、

文書の止め方

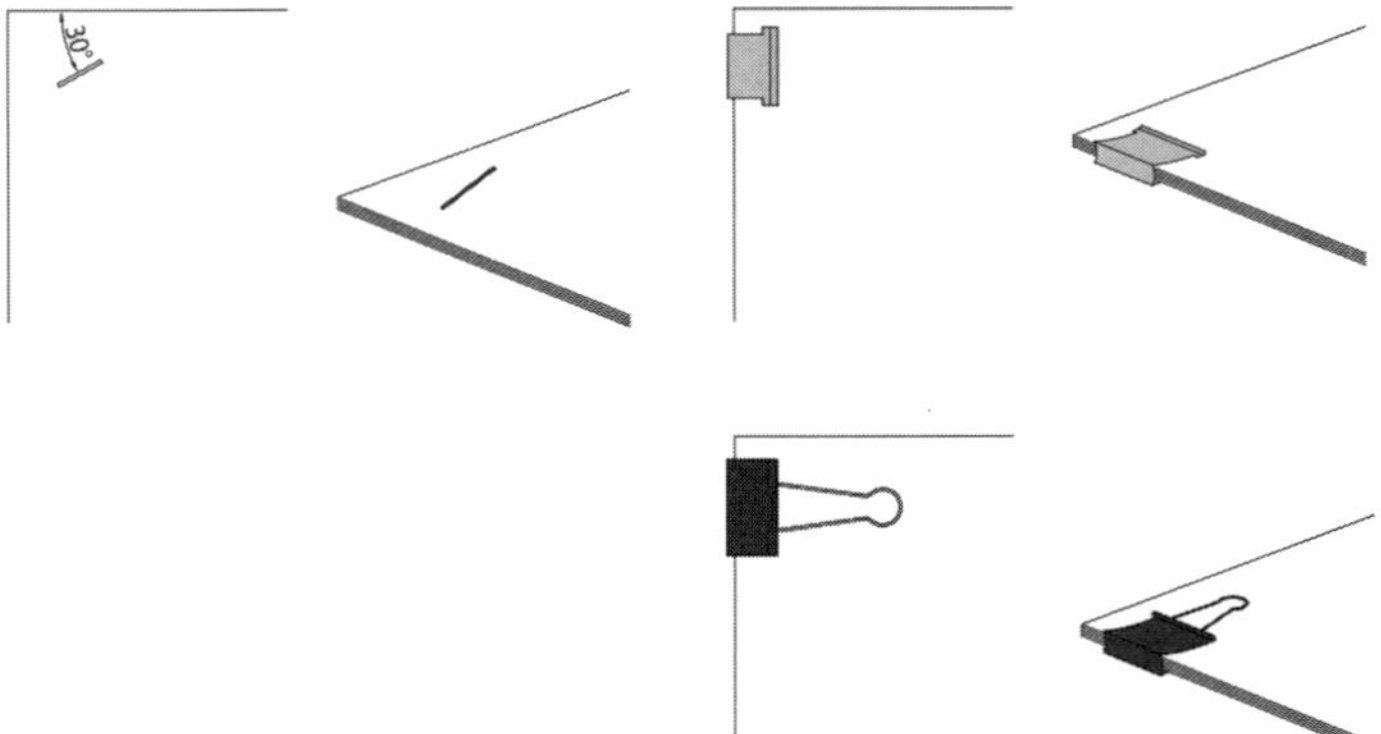

めくったとき次のページの文書が読みやすいとか、いろいろとアドバイスもしていたよ。

坂崎くん
へえ～。そんな細かいところまで指導してくれるんですね。すごいなあ。

吉田係長
それと、このBSフォルダの見出し、少し大きいの分かる？

坂崎くん
大きいんですか？　これ？

吉田係長
このBSフォルダは、見出しの幅が、18ミリあって、普通の個別フォルダと比べると20%くらい広くなっていて、棚に並べた時にフォルダタイトルが見えやすいように

フォルダラベルの記載事項の例

・小分類名
・中分類名
・作成取得年度
・継続文書（例示）
・保存期間（例示）

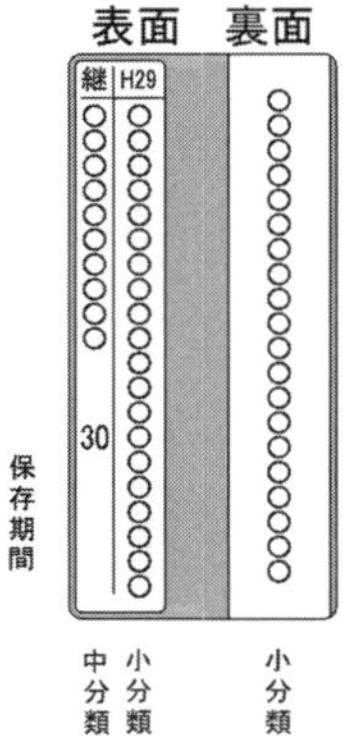

設計されているんだ。
あと、フォルダのタイトルは、表面だけでなく裏面にも印字されているから、保管庫の前で、右からでも左からでも、同時に複数の人が検索できるんだよ。
これはキャビネットで使う個別フォルダではできないから、ＢＳフォルダのアドバンテージだよね。

坂崎くん
ふ〜ん。なるほど。

吉田係長
まだあるよ。このＢＳフォルダとセットで使うのは、キャビネットじゃなくて保管庫なんだけど、今使っているこの保管庫、扉が付いていないでしょ。これって、フォルダを取り出すのがとっても楽なんだ。

ワン・モーションで、サッとＢＳフォルダを取り出せるオープンな保管庫

坂崎くん　どういうことですか？

吉田係長　ほら、保管庫の前に立って、ＢＳフォルダを取り出すとき、いちいち扉を開ける必要がないから、ワン・モーションで、サッとＢＳフォルダを取り出すことができる　ってわけ。本当、よく考えられているよね。

坂崎くん　でも、これって、すごいオープンになってますけど、セキュリティとかの問題は大丈夫なんですか？

吉田係長　それなら、課外秘文書や法令等で施錠管理が義務付けられた文書は、右にあるシャッター扉付き保管庫に入れるようにしているから大丈夫だと思うよ。それに、帰宅時には事務室の扉の鍵も掛けているしね。

坂崎くん　ちなみにＢＳフォルダ　って、職員が使いやすいよう工夫されているし、技術的にもすごく特別な感じがするんですけど、値段は高くないんですか？

吉田係長　そこは僕も気になってさ、簿冊と比較してみたんだ。そうしたら、定価で、文書80枚当たりの用具費が、簿冊の平均では約190円なんだけど、ＢＳフォルダだと120円だったから、どちらかと言えば、割安になっているんだよ。

坂崎くん　本当ですか？　特別なのに割安？　でも、ＢＳフォルダ　って街の文具屋さんで見たことないんですけど、どこで売ってるんですか？

吉田係長　今は専門アドバイザーに指導を委託しているから、専門アドバイザーの所属しているＮＰＯ法人から直接買って、ついでに使い方も教えてもらっているんだ。もちろん、ＢＳフォルダ　って指定すれば、文具屋さんを通して購入することもできるみたいだから、将来的にはそうなると思うけどね。

坂崎くん　なるほど。だんだん係長がＢＳフォルダの伝道師さんに見えてきました。

吉田係長　伝道師ねぇ、でも本当は、話したいことが、まだまだあるんだ。例えば、さっきの文書の床の占有面積の削減の話に戻るんだけど、あれ、ボックスファイルだとどうなるか計算してみた？

坂崎くん　そこまではやってないですね。

吉田係長　ボックスファイルは背幅と収納幅を使って簿冊と同じように計算するんだけど、ＢＳフォルダに切り替えるだけで、文書の床の占有面積の割合を40％削減できるんだよ。

坂崎くん　40％？　また微妙な数字ですね。それってボックスの中にどのくらい個別フォルダが入っている計算なんですか？

吉田係長　フルに10冊入れた状態で計算してるよ。でも、ボックスがフォルダでいっぱいになることってそんなにないと思ったから、実際にボックスを使っている自治体に聞いてみたんだ。そうしたらボックス一つにフォルダは平均で7～8冊だったんだよ。だから、単純にボックスから取り出して並べるだけでも、文書量を20％から30％程度削減できるみたいで、実はボックスでも文書の床の占有面積の割合を50％以上削減することが期待できそうなんだ。事実、話を聞いた自治体の総務課では、フォルダをボックスから出したら5段あった棚が3段になったとか、写真のように一棚の文書量が86センチから63センチに、また71センチから26センチになったって言ってたからね。

坂崎くん
じゃあ　やっぱり50％の削減はできるんですね。でもそれって、どのくらいの自治体に聞いたんですか？

吉田係長
今回は3か所。人口が5万から20万の自治体だから、バランスの取れた調査はできていると思うけどね。

ボックス収納時

BSフォルダへの切り替え後

エンディング

ガイドラインは文書管理改善のための教科書

おそらくこの本を手にされた皆さまの最大の関心事は、どうやったら文書を削減できるのか、ということに尽きるだろう。本書の最後で種明かしをしているが、簿冊からBSフォルダに文書を入れ替えるだけで、文書の占有面積＝保管庫の台数を半分にできる。

しかしこのことは、改善に抵抗する職員には話さない。文書係長のポケットに入れて、あとは、安心して、在るべき文書管理の姿を目指せばよいのだ。

BSフォルダを用いたAKFは、近年、多くの自治体で採用され始めた。簿冊やボックスファイルなどの保管に使用している保管庫をそのまま利用することができ、経費の大幅削減も期待できることから、今後はこうした動きがさらに加速するものと予想される。

なお、文書管理に関するルールや具体的な改善手順については、AKFがモデルとなったガイドラインに見ることができる。

ガイドラインには、自治体での実践研究の成果が色濃く反映されており、文書管理の具体的な実務指針として活用すれば、より多くの成果を上げることが期待できるからだ。

以下に、資料として実務指針として示されたガイドラインの全文を掲載する。文書管理改善のための教科書として、活用してほしい。

一目でわかる自治体の文書管理
—行政文書管理ガイドラインの実践—

平成30年8月20日　初版発行

編著者　廣田傳一郎

著　者　江川　毅

発行者　田中英弥

発行所　第一法規株式会社
〒107－8560　東京都港区南青山2－11－17
ホームページ　http://www.daiichihoki.co.jp/

行政文書管理　ISBN978－4－474－06465－2　C0031 (9)

著者紹介

廣田　傳一郎（ひろた　でんいちろう）

行政文書管理アカデミー　学長
ＮＰＯ法人行政文書管理改善機構　理事長

成蹊大学政治経済学部卒。茨城キリスト教大学短期大学部助教授・教授、駿河台大学大学院現代情報文化研究科客員教授を経て現職。専攻分野は行政文書管理論。この間、自治大学校講師、上海大学客員教授、総務省文書管理適正化検討会座長、東京都・埼玉県・栃木県情報公開懇話会委員、ISO/TC46/SC11（文書管理委員会）日本委員を務める傍ら、国の機関及び自治体の文書管理改善に関わる。

［著書］『経営学選書23　経営記録管理（増補改訂版）』（創成社、1994）、『自治体のための文書管理ガイドライン～情報公開対応の文書管理の在り方～』（第一法規、2001）、『実践　新公文書管理～ＡＫＦの理論と実務～』（ぎょうせい、2010）ほか。

［論文］“Study on Awareness of Records Management in Japan”、*Records Management Journal*、vol３－２、1991.「公文用紙的Ａ４型化与文件管理改善」（『档案学通訊』、1994）、「米国連邦政府における記録情報管理の成立」（『水戸論叢』、1983）、「国の行政機関における文書管理改善方策の展開」（『日本都市情報学会誌』、1998）ほか。

江川　毅（えがわ　たけし）

ＮＰＯ法人行政文書管理改善機構　研究開発部長
専門アドバイザー
駿河台大学文化情報学研究所特別研究員

駿河台大学大学院現代情報文化研究科修士課程修了。私立大学事務職員、沖縄県公文書館（沖縄県文化振興会）嘱託職員などを経て、現在は自治体の文書管理改善に関わる支援を行っている。
［著書］『情報公開の実務』（第一法規、共著、編集代表、宇賀克也、2016）
［論文］「ストップ、電子文書管理システム導入～公文書管理法施行直後の今、伝えたいこと～」（総務省後援公文書管理懸賞論文１等受賞、2011）、「『ファイル基準表』による歴史公文書の評価選別の可能性－沖縄県公文書館の『評価選別シート』との比較検証を中心に－」（駿河台大学大学院修士論文、2013）、「文書を捨てないで５割削減～文書管理容器用具の再評価～」（第一法規、『自治実務セミナー』vol.674号、2018）ほか。

事項索引

あ行

か行

ま 行

や 行

ら 行

わ 行

参考文献

1）川口輝武、『書類整理の知識』、日本事務能率協会、1950
2）Bassett E. D. and Agnew P. L.: Business Filing, 2 nd ed., South-Western Publishing Co., 1955.
3）Kahn, G. and Yerian, T.: Progressive Filing, 6th ed. McGraw-Hill Book Co., 1955.
4）三沢仁、『ファイリングシステム』３訂版、日本経営協会総合研究所、1964
5）三沢仁、『五訂ファイリングシステム』、日本経営協会総合研究所、1987
6）廣田傳一郎、『自治体のための文書管理ガイドライン－情報公開対応の文書管理の在り方－』、第一法規、2001
7）増島俊之、『行政改革の視点と展開』、ぎょうせい、2004
8）森重辰海、「行財政改革の“宝の山”文書管理の改善」、公職研、月刊『地方自治職員研修』８月号、2008
9）富永一也、「公文書評価選別と整理のための作業仮説：シリーズ最強論へのステップ」、京都大学大学文書館、『京都大学大学文書館研究紀要』第６号、2008
10）宇賀克也、『逐条解説　公文書等の管理に関する法律』、第一法規、2009
11）廣田傳一郎、『Ｑ＆Ａ　実践　新公文書管理－ＡＫＦの理論と実務』、ぎょうせい、2010
12）廣田傳一郎、「本務が楽になる公文書管理」、朝陽会、『時の法令』1879号、2011
13）廣田傳一郎、原田三朗、「公文書管理の改革をどのように進めるか」、朝陽会、『時の法令』1909号、2012
14）江川毅、「『ファイル基準表』による歴史公文書の評価選別の可能性－沖縄県公文書館の『評価選別シート』との比較検証を中心に－」、駿河台大学大学院修士論文、2013
15）坂口貴弘、『アーカイブズと文書管理－米国型記録管理システムの形成と日本－』、勉誠出版、2016

資料

行政文書の管理に関するガイドライン

平成23年４月１日内閣総理大臣決定
〔最終改正〕平成29年12月26日

○○省行政文書管理規則

目次

公文書等の管理に関する法律（平成21年法律第66号。以下「法」という。）第１条に規定されているとおり、国の諸活動や歴史的事実の記録である公文書等は、健全な民主主義の根幹を支える国民共有の知的資源として、主権者である国民が主体的に利用し得るものであり、このような公文書等の管理を適切に行うことにより、行政が適正かつ効率的に運営されるようにするとともに、国の有するその諸活動を現在及び将来の国民に説明する責務が全うされるようにする必要がある。

このような法の目的を踏まえ、法第10条第１項の規定に基づく行政文書の管理に関する定め（以下「規則」という。）は設けられる必要がある。

本ガイドラインにおいては、第１（総則）から第11（補則）までの各セグメントの冒頭で規則の規定例を示すとともに、留意事項として当該規定の趣旨・意義や職員が文書管理を行う際の実務上の留意点について、記している。

規則の制定に当たっては、本ガイドラインを踏まえるとともに、各行政機関の業務内容や取り扱う文書の性格は多岐にわたっていることから、当該行政機関における文書管理の実効性を確保するため、各行政機関それぞれの業務内容や取り扱う文書の性格、組織体制等を考慮する必要がある。

また、規則の運用に当たっては、職員一人ひとりが、本ガイドラインの内容を十分に理解し、その趣旨を踏まえた適切な運用が図られるよう、各々の組織体制やオフィスのファイリング用具、事務机、ファイリングキャビネット、書棚、書

庫の状況等も踏まえ、創意工夫することが必要である。

第１　総則

１　目的

この訓令は、公文書等の管理に関する法律（平成21年法律第66号。以下「法」という。）第10条第１項の規定に基づき、○○省における行政文書の管理について必要な事項を定めることを目的とする。

２　定義

この訓令における用語の定義は、次のとおりとする。

(1)「行政文書」とは、○○省の職員が職務上作成し、又は取得した文書（図画及び電磁的記録（電子的方式、磁気的方式その他人の知覚によっては認識することができない方式で作られた記録をいう。）を含む。以下同じ。）であって、○○省の職員が組織的に用いるものとして、○○省が保有しているものをいう。ただし、法第２条第４項各号に掲げるものを除く。

(2)「行政文書ファイル等」とは、○○省における能率的な事務又は事業の処理及び行政文書の適切な保存に資するよう、相互に密接な関連を有する行政文書（保存期間を同じくすることが適当であるものに限る。）を一の集合物にまとめたもの（以下「行政文書ファイル」という。）及び単独で管理している行政文書をいう。

(3)「行政文書ファイル管理簿」とは、○○省における行政文書ファイル等の管理を適切に行うために、行政文書ファイル等の分類、名称、保存期間、保存期間の満了する日、保存期間が満了したときの措置及び保存場所その他の必要な事項を記載した帳簿をいう。

(4)「文書管理システム」とは、総務省が文書管理業務の業務・システム最適化計画（平成19年４月13日各府省情報化統括責任者（CIO）連絡会議決定）に基づき整備した政府全体で利用可能な一元的な文書管理システムをいう。

≪留意事項≫

○　目的規定において、本訓令が、法第10条第１項に基づく「行政文書の管理に関する定め」であることを明らかにしている。

○　定義規定において、法の定義規定等に従い、本訓令で用いる用語の定義を行う。

○　どのような文書が「組織的に用いるもの」として行政文書に該当するかについては、文書の作成又は取得の状況、当該文書の利用の状況、その保存又は廃棄の状況などを総合的に考慮して実質的に判断する必要がある。

○「文書管理システム」については、第１－２－(4)の業務・システム最適化計画に基づき、各行政機関において、遅くとも平成24年度までに導入する必要がある。なお、同システム導入までは、最適化前のシステムを利用することがで

きる。

○　なお、一般的に情報システムは利用者からの改善要望等を踏まえ、不断の見直しを図る必要があり、文書管理システムについても、法の具体的運用状況等を踏まえた適切な見直しを行い、その結果をシステム更新時における改修等に反映させるものとする。

第２　管理体制

１　総括文書管理者

(1)　○○省に総括文書管理者１名を置く。

(2)　総括文書管理者は、官房長をもって充てる。

(3)　総括文書管理者は、次に掲げる事務を行うものとする。

①　行政文書ファイル管理簿及び移管・廃棄簿の調製

②　行政文書の管理に関する内閣府との調整及び必要な改善措置の実施

③　行政文書の管理に関する研修の実施

④　組織の新設・改正・廃止に伴う必要な措置

⑤　行政文書ファイル保存要領その他この訓令の施行に関し必要な細則の整備

⑥　その他行政文書の管理に関する事務の総括

２　副総括文書管理者

(1)　○○省に副総括文書管理者１名を置く。

(2)　副総括文書管理者は、○○課長をもって充てる。

(3)　副総括文書管理者は、１－(3)－①～⑥に掲げる事務について総括文書管理者を補佐するものとする。

３　文書管理者

(1)　総括文書管理者は、所掌事務に関する文書管理の実施責任者として、文書管理者を指名する。

(2)　文書管理者は、その管理する行政文書について、次に掲げる事務を行うものとする。

①　保存

②　保存期間が満了したときの措置の設定

③　行政文書ファイル管理簿への記載

④　移管又は廃棄（移管・廃棄簿への記載を含む。）等

⑤　管理状況の点検等

⑥　行政文書の作成（第３）、標準文書保存期間基準（以下「保存期間表」という。）の作成（第４－３－(1)）等による行政文書の整理その他行政文書の管理に関する職員の指導等

４　文書管理担当者

(1)　文書管理者は、その事務を補佐する者として、文書管理担当者を指名する。

(2) 文書管理者は、文書管理担当者を指名後、速やかに総括文書管理者にその氏名又は役職等を報告しなければならない。

5 監査責任者

(1) ○○省に監査責任者1名を置く。

(2) 監査責任者は、○○課長をもって充てる。

(3) 監査責任者は、行政文書の管理の状況について監査を行うものとする。

6 職員の責務

職員は、法の趣旨にのっとり、関連する法令及び訓令等並びに総括文書管理者及び文書管理者の指示に従い、行政文書を適正に管理しなければならない。

≪留意事項≫

＜管理体制の意義＞

文書管理は、行政機関内の各々の組織の所掌事務の一環として行われるため、事務体制と同様の体制により行われることが基本であるが、規則に基づく各々の事務に係る管理体制を明確にすることにより、適正な文書管理を確保しようとするものである。

＜総括文書管理者＞

○ 「総括文書管理者」は、法第2条で定める行政機関単位で設置する。

○ 「総括文書管理者」は、行政機関の長を補佐し、当該行政機関全体を総括する立場で文書管理に当たる者として適当と判断される者（官房長等）を充てる。

○ 「総括文書管理者」は、当該行政機関の文書管理を総括する立場から、行政文書ファイル管理簿及び移管・廃棄簿の調製、行政文書の管理に関する内閣府との調整及び必要な改善措置の実施、行政文書の管理に関する研修の実施、組織の新設・改正・廃止に伴う必要な措置、行政文書ファイル保存要領その他この訓令の施行に関し必要となる細則の整備等を行う。

＜副総括文書管理者＞

○ 「副総括文書管理者」は、当該行政機関全体の文書管理を総括する総括文書管理者を補佐する。

○ 「副総括文書管理者」には、当該行政機関における文書管理の専門部署の課長を充てることを原則とする。

○ 当該行政機関全体の適正な文書管理を確保する観点から、「総括文書管理者」及び「副総括文書管理者」の実務的な補佐体制（例：総括文書管理担当者）を置くことも考えられる。

＜文書管理者＞

○ 行政文書の管理に関する責任の所在を明確にし、適正な文書管理を確保するため、文書管理の実施責任者として、「文書管理者」を位置付ける。具体的には、各課長（参事官、室長を含む。）を「文書管理者」とすることを原則とするが、組織の規模、業務内容、行政機関の保有する個人情報の保護に関する法

律（平成15年法律第58号）第６条に基づく個人情報保護に関する管理体制や「政府機関の情報セキュリティ対策の強化に関する基本方針」（平成17年９月15日情報セキュリティ政策会議決定）に基づく情報セキュリティ対策に関する体制、執務室の状況等を踏まえ、文書管理者に求められる任務を適切に果たし得る職員を総括文書管理者が指名する。

○　総括文書管理者は、組織の新設・改正・廃止等に応じて、適正な文書管理を確保する観点から、文書管理者の指名について見直す。

○　なお、総括文書管理者が文書管理者の指名を行うに当たっては、各部局長の意見を聴くこともできる。

＜文書管理担当者＞

○　文書の作成、正確性の確保、保存等の文書管理の各段階で生じる文書管理者による確認等の事務を効率的に実施するため、その内容に応じて、文書管理者の実務的な補佐体制を置く。

○　文書管理担当者の果たすべき役割について、文書管理の各段階で生じる確認のほか、各行政機関又は各部局等がその実務に合わせて規定する。

○　文書管理者による確認の趣旨を適切に実現する観点から、確認すべき行政文書の内容を把握し得る補佐級の職員など、相応しい者を指名する。

＜監査責任者＞

○「監査責任者」は、文書管理に関するコンプライアンスを確保するため、各文書管理者における法令及び訓令等の遵守状況を把握し改善を図るための「監査」を実施する。

○「監査責任者」には、当該行政機関における業務監査等の専門部署の課長を充てることを原則とする。

○「監査責任者」は、監査責任者としての立場で「監査」を企画・実施し、総括文書管理者に監査結果を報告（第８－１－⑵）する。また、外部監査を実施する場合においても、外部監査実施者の報告先を監査責任者とすることに留意する。

○　適正な監査を確保する観点から、「監査責任者」の実務的な補佐体制（例：監査担当者）を置くことも考えられる。

＜職員＞

○　全ての職員は、法の趣旨にのっとり、関連する法令及び訓令等並びに総括文書管理者及び文書管理者の指示に従い、行政文書を適正に管理しなければならない。

＜その他＞

○　適正な文書管理を確保する観点から、必要に応じて、各部局における文書管理の推進体制（例：主任文書管理者）や部局間の連絡調整を行う会議体等を置くことも考えられる。

○　文書管理に関する専門家（レコードマネージャー、アーキビスト等）を積極的に活用し、専門的、技術的視点から職員を支援することも考えられる。

○　なお、国家公務員法（昭和22年法律第120号）第82条において、法令や職務上の義務に違反したり職務を怠った場合の懲戒処分について規定されており、また、刑法（明治40年法律第45号）第258条において、公用文書等毀棄罪が規定されている。このようなことを踏まえ、職員は文書管理を行う必要がある。

第３　作成

１　文書主義の原則

職員は、文書管理者の指示に従い、法第４条の規定に基づき、法第１条の目的の達成に資するため、○○省における経緯も含めた意思決定に至る過程並びに○○省の事務及び事業の実績を合理的に跡付け、又は検証することができるよう、処理に係る事案が軽微なものである場合を除き、文書を作成しなければならない。

２　別表第１の業務に係る文書作成

⑴　別表第１に掲げられた業務については、当該業務の経緯に応じ、同表の行政文書の類型を参酌して、文書を作成するものとする。

⑵　１の文書主義の原則に基づき、○○省内部の打合せや○○省外部の者との折衝等を含め、別表第１に掲げる事項に関する業務に係る政策立案や事務及び事業の実施の方針等に影響を及ぼす打合せ等（以下「打合せ等」という。）の記録については、文書を作成するものとする。

３　適切・効率的な文書作成

⑴　文書の作成に当たっては、文書の正確性を確保するため、その内容について原則として複数の職員による確認を経た上で、文書管理者が確認するものとする。作成に関し、部局長等上位の職員から指示があった場合は、その指示を行った者の確認も経るものとする。

⑵　○○省の外部の者との打合せ等の記録の作成に当たっては、○○省の出席者による確認を経るとともに、可能な限り、当該打合せ等の相手方（以下「相手方」という。）の発言部分等についても、相手方による確認等により、正確性の確保を期するものとする。ただし、相手方の発言部分等について記録を確定し難い場合は、その旨を判別できるように記載するものとする。

⑶　文書の作成に当たっては、常用漢字表（平成22年内閣告示第２号）、現代仮名遣い（昭和61年内閣告示第１号）、送り仮名の付け方（昭和48年内閣告示第２号）及び外来語の表記（平成３年内閣告示第２号）等により、分かりやすい用字用語で的確かつ簡潔に記載しなければならない。

⑷　文書の作成に当たって反復利用が可能な様式、資料等の情報については、電子掲示板等を活用し職員の利用に供するものとする。

≪留意事項≫

＜文書主義の原則＞

○　行政機関の意思決定及び事務事業の実績に関する文書主義については、行政

機関の諸活動における正確性の確保、責任の明確化等の観点から重要であり、行政の適正かつ効率的な運営にとって必要である。このため、法第４条に基づき、第３－１において、行政機関の意思決定及び事務事業の実績に関する文書主義の原則を明確にしている。これに基づき作成された文書は「行政文書」となる。

○「意思決定に関する文書作成」については、①法第４条に基づき必要な意思決定に至る経緯・過程に関する文書が作成されるとともに、②最終的には行政機関の意思決定の権限を有する者が文書に押印、署名又はこれらに類する行為を行うことにより、その内容を当該行政機関の意思として決定することが必要である。このように行政機関の意思決定に当たっては文書を作成して行うことが原則であるが、当該意思決定と同時に文書を作成することが困難であるときは、事後に文書を作成することが必要である。

○ 例えば、法令の制定や閣議案件については、最終的には行政機関の長が決定するが、その立案経緯・過程に応じ、最終的な決定内容のみならず、主管局長や主管課長における経緯・過程について、文書を作成することが必要である。また、法第４条第３号で「複数の行政機関による申合せ・・・及びその経緯」の作成義務が定められているが、各行政機関に事務を分担管理させている我が国の行政システムにおいて、行政機関間でなされた協議を外部から事後的に検証できるようにすることが必要であることから、当該申合せに関し、実際に協議を行った職員の役職にかかわらず、文書の作成が必要である。

○「事務及び事業の実績に関する文書作成」については、行政機関の諸活動の成果である事務及び事業の実績を適当と認める段階で文書化することが必要である。例えば、同一日に同一人から断続的に行われた相談への対応について、最後の相談が終了した後に文書を作成することなどが考えられる。

○ 行政機関の職員は、当該職員に割り当てられた事務を遂行する立場で、法第４条の作成義務を果たす。本作成義務を果たすに際しては、①法第１条の目的の達成に資するため、当該行政機関における経緯も含めた意思決定に至る過程並びに当該行政機関の事務及び事業の実績を合理的に跡付け、又は検証することができるようにすること、②処理に係る事案が軽微なものである場合を除くことについて、適切に判断する必要がある。

○ 各職員が、文書作成に関し上記の判断を適切に行うことができるよう、日常的な文書管理の実施についての実質的な責任者である「文書管理者の指示に従い」、行うこととしている。文書管理者は、法第１条の目的が達成できるよう、個々の文書の作成について、職員に日常的に指示する必要がある。

○「処理に係る事案が軽微なものである場合」は、法第１条の目的を踏まえ、厳格かつ限定的に解される必要がある。すなわち、事後に確認が必要とされるものではなく、文書を作成しなくとも職務上支障が生じず、かつ当該事案が歴史的価値を有さないような場合であり、例えば、所掌事務に関する単なる照会・問い合わせに対する応答、行政機関内部における日常的業務の連絡・打合

せなどが考えられる。当該事案が政策判断や国民の権利義務に影響を及ぼすような場合は含まれない。

○　職員が自己の執務の便宜のために保有している写し（正本・原本は別途管理）は行政文書には当たらないが、このような個人的な執務の参考資料は必要最小限のものとすべきである（26頁参照）。また、職員が起案の下書きをしている段階のメモも、一般的には行政文書には当たらないが、当該メモに行政機関における法律立案の基礎となった国政上の重要な事項に係る意思決定が記録されている場合などについては、行政文書として適切に保存すべきである。

○　また、一般的には職員の個人的な手紙や個人的にツイッターで発信した内容が記録された媒体が、直ちに行政文書に当たるとはいえない。もっとも、例えば、ツイッターの記載内容について、行政機関において起案し、当該行政機関のパソコンから送信するなど当該行政機関の組織的な広報活動として、ツイッターを用いている場合などは、当該ツイッターの内容について、適切な媒体により行政文書として適切に保存することが必要である。

○　また、例えば、他の行政機関に対する連絡、審議会等や懇談会等のメンバーに対する連絡を電子メールを用いて行った場合は、当該電子メールの内容について、適切な媒体により行政文書として適切に保存することが必要である。

＜別表第１の業務に係る文書作成＞

○　公文書等の管理に関する法律施行令（平成22年政令第250号。以下「施行令」という。）別表においては、一連の業務プロセスに係る文書が同一の保存期間で保存されるよう、法第４条各号により作成が義務付けられている文書など、各行政機関に共通する業務等に関し、当該業務プロセスに係る文書を類型化（ガイドライン別表第１において具体例を記載）した上で、その保存期間基準を定めている。各行政機関においては、ガイドライン別表第１に、各行政機関の事務及び事業の性質、内容等に応じた当該行政機関を通じた保存期間基準を加えて、規則の別表第１とするものとするとされており（21頁参照）、第３－２－(1)では、規則の別表第１に掲げられた業務については、当該業務の経緯に応じ、同表の行政文書の類型を参酌（併せて、文書管理者が作成する標準文書保存期間基準（以下「保存期間表」という。）を参酌。当該業務の経緯に応じて、同表に列挙された行政文書の類型が当てはまらない場合もあり得ることから「参酌」としている。）して、文書を作成することを明確にしている。

○　なお、審議会等や懇談会等については、法第１条の目的の達成に資するため、当該行政機関における経緯も含めた意思決定に至る過程並びに当該行政機関の事務及び事業の実績を合理的に跡付け、又は検証することができるよう、開催日時、開催場所、出席者、議題、発言者及び発言内容を記載した議事の記録を作成するものとする。

＜国務大臣を構成員とする会議又は省議における議事の記録の作成＞

○　国務大臣を構成員とする会議又は省議については、法第１条の目的の達成に資するため、当該行政機関における経緯も含めた意思決定に至る過程並びに当

該行政機関の事務及び事業の実績を合理的に跡付け、又は検証することができるよう、開催日時、開催場所、出席者、議題、発言者及び発言内容を記載した議事の記録を作成するものとする。

<歴史的緊急事態に対応する会議等における記録の作成の確保>

○　国家・社会として記録を共有すべき歴史的に重要な政策事項であって、社会的な影響が大きく政府全体として対応し、その教訓が将来に生かされるようなもののうち、国民の生命、身体、財産に大規模かつ重大な被害が生じ、又は生じるおそれがある緊急事態（以下「歴史的緊急事態」という。）に政府全体として対応する会議その他の会合（第３及び第８の留意事項において「会議等」という。）については、将来の教訓として極めて重要であり、以下のとおり、会議等の性格に応じて記録を作成するものとする。

　なお、個別の事態が歴史的緊急事態に該当するか否かについては、公文書管理を担当する大臣が閣議等の場で了解を得て判断する。

①　政策の決定又は了解を行う会議等

　国民の生命、身体、財産に大規模かつ重大な被害が生じ、又は生じるおそれがある緊急事態に政府全体として対応するため、政策の決定又は了解を行う会議等

（作成すべき記録）

　開催日時、開催場所、出席者、議題、発言者及び発言内容を記載した議事の記録、決定又は了解を記録した文書、配布資料　等

②　政策の決定又は了解を行わない会議等

　国民の生命、身体、財産に大規模かつ重大な被害が生じ、又は生じるおそれがある緊急事態に関する各行政機関の対応を円滑に行うため、政府全体として情報交換を行う会議等であり、政策の決定又は了解を行わないもの

（作成すべき記録）

　活動期間、活動場所、チームの構成員、その時々の活動の進捗状況や確認事項（共有された確認事項、確認事項に対して構成員等が具体的に採った対応等）を記載した文書、配布資料　等

○　なお、設置又は開催当初は政策の決定又は了解を行わない会議等であっても、その後、政策の決定又は了解を行うこととなった場合には、上記①の記録を作成するものとする。

○　このため、歴史的緊急事態に対応する行政機関においては、当該事態に対応する会議等について、事前にマニュアル等を整備又は改正し、作成すべき記録、事後作成の場合の方法・期限（原則３か月以内とし、３か月を超えても作成することが困難であることが想定される場合は、事後作成に支障を来さないようにするための措置を講ずることを明確にする。）、記録の作成の責任体制、記録の作成も含めた訓練等を行うことを明確化する等の措置を講ずる必要がある。なお、事後の点検等については、第８の留意事項を参照すること。

<適切・効率的な文書作成>

○　行政機関間の打合せ等の記録の正確性を確保するに当たっては、各行政機関において、現在及び将来の国民に説明する責務が全うされるようにするという法の目的に照らし、当該行政機関における経緯も含めた意思決定に至る過程並びに当該行政機関の事務及び事業の実績を合理的に跡付け、又は検証することができるよう、文書を作成することが前提である。

○　文書の正確性を確保するため、その内容について原則として複数の職員による確認を経た上で、文書管理者が確認する。作成に関し、部局長等上位の職員から指示があった場合は、その指示を行った者の確認も経るものとしている。

○　各行政機関の外部の者との打合せ等の記録については、文書を作成する行政機関の出席者による確認を経るとともに、可能な限り、当該打合せ等の相手方（以下「相手方」という。）の発言部分等についても、相手方による確認等により、正確性の確保を期するものとしている。なお、作成する行政機関において、相手方の発言部分等について記録を確定し難い場合は、その旨を判別できるように記載する必要がある。

（例）

文書全体について相手方の確認が取れない場合→ヘッダーに「○○（相手方）未確認」等と記載する。

文書の一部について相手方の確認が取れない場合→ヘッダーに「○○（相手方）一部未確認」等と記載した上で、該当部分を斜体にし、当該箇所が未確認である旨を記載する。

○　適切に文書を作成するため、第３－３－(3)のほか、公用文の統一性を保持するための基準である「公用文改善の趣旨徹底について（依命通知）」（昭和27年４月４日付け内閣閣甲第16号）、「公用文における漢字使用等について」（平成22年内閣訓令第１号）等により、分かりやすい用字用語で的確かつ簡潔に記載することが重要である。

○　効率的な文書作成に資するため、文書の作成に当たって反復利用が可能な様式、資料等の情報については、電子掲示板等を活用し職員の利用に供するものとしている。

＜取得＞

○　文書の取得については、各行政機関の実情に応じ、適宜定めるものとするが、以下のことに留意する必要がある。

○「行政文書」の要件である「取得」の時点は、行政機関の職員が実質的に取得した時点で判断されるものであり、必ずしも、受領印の押印や文書管理システムへの登録などの手続的な要件を満たした段階ではない。しかしながら、その一方で、適正な文書管理を確保する観点（例えば、許認可等の申請書は、行政手続法（平成５年法律第88号）第７条を踏まえ遅滞なく処理する必要がある。）から、受領印の押印や文書管理システムへの登録などの受付手続については、適切に行う必要がある。

○　文書の受付については、各府省統一の基準として、「一元的な文書管理シス

テムの導入に伴う文書管理規則等の改正のガイドライン」（平成20年３月31日文書管理業務・システム最適化関係府省連絡会議申合せ）があり、外部から文書を受け付ける場合には、部署ごとの文書受付簿や受領印ではなく、原則として文書管理システムにおいて、件名、差出人、宛先等を登録することとされている。

○　他の行政機関等から取得した文書は、必要に応じ、関係各課への配布や供覧を行うことが想定されるが、この場合、当該行政機関の中で、責任をもって正本・原本を管理する文書管理者を明確にするものとする。

○　委託事業に関し、説明責務を果たすために必要な文書（例：報告書に記載された推計に使用されたデータ）については、仕様書に明記するなどして、委託元の行政機関において適切に取得し、行政文書として適切に管理することが必要である。

＜決裁・進達・施行＞

○　文書の決裁、進達及び施行については、各行政機関の実情に応じ、適宜定めるものとするが、以下のことに留意する必要がある。

○「決裁」とは、行政機関の意思決定の権限を有する者が押印、署名又はこれらに類する行為を行うことにより、その内容を行政機関の意思として決定し、又は確認する行為をいう。

○「進達」とは、下級の機関から上級の機関に一定の事項を通知し、又は一定の書類を届けることをいう。

○「施行」とは、文書の効力を現実に一般的に発動させることをいう。

○　行政文書であるか否かは、法第１条の政府の説明責務が全うされるために必要十分なものとするため、業務上の必要性に基づき保有している文書であるかどうかを実質的に判断するものである。したがって、上記の「決裁」を行う際に使用される文書に限られるものではない。

○　決裁の記録については、各府省統一の基準である「一元的な文書管理システムの導入に伴う文書管理規則等の改正のガイドライン」において、決裁・供覧の起案及び処理は原則として文書管理システムで行うこととされており、部署ごとの決裁文書件名簿・伺い文等は設けないこととされている。

○　文書の施行については、施行文書件名簿等ではなく、各府省統一の基準である「一元的な文書管理システムの導入に伴う文書管理規則等の改正のガイドライン」において、原則として文書管理システムに施行先、施行日等を登録することとされている。

第４　整理

１　職員の整理義務

職員は、下記２及び３に従い、次に掲げる整理を行わなければならない。

(1)　作成又は取得した行政文書について分類し、名称を付するとともに、保存期間及び保存期間の満了する日を設定すること。

(2) 相互に密接な関連を有する行政文書を一の集合物（行政文書ファイル）にまとめること。

(3) (2)の行政文書ファイルについて分類し、名称を付するとともに、保存期間及び保存期間の満了する日を設定すること。

2 分類・名称

行政文書ファイル等は、当該行政機関の事務及び事業の性質、内容等に応じて系統的（三段階の階層構造）に分類（別表第1に掲げられた業務については、同表を参酌して分類）し、分かりやすい名称を付さなければならない。

3 保存期間

(1) 文書管理者は、別表第1に基づき、保存期間表を定め、これを公表しなければならない。

(2) 文書管理者は、保存期間表を定め、又は改定した場合は、総括文書管理者に報告するものとする。

(3) 1－(1)の保存期間の設定については、保存期間表に従い、行うものとする。

(4) 1－(1)の保存期間の設定及び保存期間表においては、法第2条第6項の歴史公文書等に該当するとされた行政文書にあっては、1年以上の保存期間を定めるものとする。

(5) 1－(1)の保存期間の設定及び保存期間表においては、歴史公文書等に該当しないものであっても、行政が適正かつ効率的に運営され、国民に説明する責務が全うされるよう、意思決定過程や事務及び事業の実績の合理的な跡付けや検証に必要となる行政文書については、原則として1年以上の保存期間を定めるものとする。

(6) 1－(1)の保存期間の設定においては、(4)及び(5)の規定に該当するものを除き、保存期間を1年未満とすることができる（例えば、次に掲げる類型に該当する文書。）。

① 別途、正本・原本が管理されている行政文書の写し

② 定型的・日常的な業務連絡、日程表等

③ 出版物や公表物を編集した文書

④ ○○省の所掌事務に関する事実関係の問合せへの応答

⑤ 明白な誤り等の客観的な正確性の観点から利用に適さなくなった文書

⑥ 意思決定の途中段階で作成したもので、当該意思決定に与える影響がないものとして、長期間の保存を要しないと判断される文書

⑦ 保存期間表において、保存期間を1年未満と設定することが適当なものとして、業務単位で具体的に定められた文書

(7) 1－(1)の保存期間の設定においては、通常は1年未満の保存期間を設定する類型の行政文書であっても、重要又は異例な事項に関する情報を含む

場合など、合理的な跡付けや検証に必要となる行政文書については、1年以上の保存期間を設定するものとする。

(8)　1－(1)の保存期間の起算日は、行政文書を作成し、又は取得した日（以下「文書作成取得日」という。）の属する年度の翌年度の4月1日とする。ただし、文書作成取得日から1年以内の日であって4月1日以外の日を起算日とすることが行政文書の適切な管理に資すると文書管理者が認める場合にあっては、その日とする。

(9)　1－(3)の保存期間は、行政文書ファイルにまとめられた行政文書の保存期間とする。

(10)　1－(3)の保存期間の起算日は、行政文書を行政文書ファイルにまとめた日のうち最も早い日（以下「ファイル作成日」という。）の属する年度の翌年度の4月1日とする。ただし、ファイル作成日から1年以内の日であって4月1日以外の日を起算日とすることが行政文書の適切な管理に資すると文書管理者が認める場合にあっては、その日とする。

(11)　(8)及び(10)の規定は、文書作成取得日においては不確定である期間を保存期間とする行政文書及び当該行政文書がまとめられた行政文書ファイルについては、適用しない。

≪留意事項≫

＜職員の整理義務＞

○　行政機関の各々の職員は、日々作成・取得した行政文書について、相互に密接な関連を有するものを一の集合物（行政文書ファイル）にまとめるとともに、行政文書ファイル等の適切な管理を行うため、一定の基準に従い、分類し名称を付するとともに、保存期間及び保存期間の満了する日を設定しなければならない。

○　意思決定過程や事務及び事業の実績の合理的な跡付けや検証に必要となる行政文書であって、検討や内容確認等の過程で随時内容が更新される行政文書については、確定した方針等に係る行政文書との区別を図る観点から、例えば、ヘッダーに「○○課長説明資料」「○○局議説明資料」等、更新のどの過程にある文書であるかを明示する。

○　また、当該行政文書の作成時点や作成担当（「○○課」、「○○係」）を判別できるようにする。

＜分類の意義・方法＞

○　行政文書を適切に分類することは、必要な文書を迅速に取り出し、事務効率を高めるために重要である。すなわち、検索の手段として行政文書を分類することは、職員の思考の整理と事務の整理に資する。適正な分類なくして、事務の効率化や情報の活用を図ることはできず、最適な意思決定は望めない。このように、行政文書の分類は、事務執行管理の中心に位置付けられるものであり、全職員がこれらの意義を踏まえ、適切に分類に取り組む必要がある。このよう

に行政文書の分類を適切に行うことは、国の有するその諸活動を現在及び将来の国民に説明する責務が全うされることにも資する。

○　具体的な分類の方法としては、各々の職員は、自ら現物の行政文書を確認しながら三段階の階層構造の分類を行うものとする。すなわち、①まず、相互に密接な関連を有する行政文書を一の集合物（行政文書ファイル）にまとめて小分類とし、②次にその小分類をまとめて中分類とし、③さらにその中分類をまとめて大分類としていくものとする。

○　規則の別表第1に掲げられた業務については、同表を参酌（併せて、文書管理者が作成する保存期間表を参酌）して分類する。

○　組織としての文書の検索性を高めるために、各職員ごとに文書を保存するのではなく、組織内の文書の共有化を図るとともに、分類の配列（行政文書ファイル管理簿への記載順序やファイリングキャビネットの中の並べ方等）を工夫することが望ましい。配列の例は以下のとおりである。

①　仕事の進行順序や月日の順序

・計画　→　実施　→　まとめ

・設計　→　施工　→　検査

・発注　→　納品　→　支払

・4月　→　5月　→　6月

②　全般・共通・総括から個別への順序、通例・通常・普通から特例・特殊・特別への順序

・定期調査　→　特別調査

・人事全般　→　任免

＜行政文書ファイル（小分類）＞

○「行政文書ファイル」は、迅速な所在検索や効率的な整理・保存の観点から、年度ごとにまとめることを原則とする。ただし、これにより難い場合は、その他の期間（暦年、事業年度、事業の始まりから終わりまで等）でまとめることができる。

○　一つの行政文書ファイルは必ずしも一つのファイリング用具に格納されているわけではない。このため、一つの行政文書ファイルを複数のファイリング用具を用いてまとめる場合は、文書管理を適切に実施する観点から、文書管理者はその個数を適切に把握する（例：背表紙における分冊表示（1/3、2/3、3/3　等）。また、複数の行政文書ファイルを一つのファイリング用具に格納する場合は、行政文書ファイルごとに区分けするなどして、明確に識別できるようにしておく。

○　ファイル化の方式は、「行政文書ファイル」にまとめるタイミングにより、以下のとおり「随時ファイル方式」と「事案完結時ファイル方式」とに大別される。

① 随時ファイル方式

文書を作成又は取得した段階で随時ファイル化する方式である。

具体的には、各々の職員が自ら分担している事務に係る文書を自ら直ちに分類するもので、分類の名称（行政文書ファイル（小分類）の名称を含む。）、保存期間及び保存期間の満了する日をあらかじめ記載した紙フォルダ、バインダー、保存箱などのファイリング用具（必要に応じ新たなファイリング用具に分類の名称等を記載し追加）に、個々の行政文書を作成又は取得後直ちに随時格納することによりファイル化する方式である。

※ この場合、紙フォルダ等に格納することにより、第４－１－(1)～(3)（法第５条第１項～第３項）の整理を同時に行うこととなる（ただし、第４－１－(1)の名称は個々の行政文書の件名）。なお、進行中の事務に係る文書は、仮分類での整理となる場合もある。

※ 電子文書について、あらかじめ、分類の名称、保存期間及び保存期間の満了する日を文書管理システムに登録した行政文書ファイルに個々の行政文書を格納することも、これに該当する。

※ 迅速な所在検索や効率的な整理・保存の観点から、本方式の方が望ましい。

② 事案完結時ファイル方式

一定の事案処理が完結した段階でファイル化する方式である。

ｉ）第４－１－(1)（法第５条第１項）の整理

事案完結時ファイル方式においては、まず、第４－１－(1)（法第５条第１項）の整理について、個々の行政文書に名称、保存期間、保存期間の満了する日を設定することとなる（設定例は以下のとおり）。

（設定例①）個々の行政文書を作成した際、件名（名称）を付するとともに、ヘッダーに保存期間及び保存期間の満了する日を設定。

保存期間：１年←《保存期間》
保存期間満了日：2014. 3.31
（平成26年３月31日）
↑
《保存期間の満了する日》

事　務　連　絡
2012年６月１日
（平成24年６月１日）

○○○○　殿

○○省○○局○○課長

○○会議の開催について←《名称》

（設定例②）他の行政機関等から行政文書を取得した場合、以下のようなラベルを貼付（名称は、①と同様、個々の取得文書の件名）。

保存期間：１年
保存期間満了日：2014. 3 . 31
（平成26年３月31日）

（設定例③）電子文書で作成又は取得し保存する場合、作成又は取得した段階で、原則、文書管理システムに名称、保存期間、保存期間の満了する日を登録。

※　なお、「単独で管理することが適当であると認める行政文書」については、下記ⅱ）のファイル化がなされることなく、「行政文書」の単位で適切に管理（保存、行政文書ファイル管理簿への記載、移管又は廃棄等）することとなる。

ⅱ）第４－１－⑵（法第５条第２項）の整理
一定の事案処理が完結した後、相互に密接な関連を有する行政文書について、紙文書の場合は、紙フォルダ、バインダー、保存箱などのファイリング用具により、また、電子文書の場合は文書管理システムにより、一の集合物にまとめる。

ⅲ）第４－１－⑶（法第５条第３項）の整理
一定の事案処理が完結した後、ⅱ）により「行政文書ファイル」にまとめた場合は、当該行政文書ファイルとして、改めて（小分類の）名称、保存期間及び保存期間の満了する日を設定することとなる。

＜名称の設定＞

○　第４－１－⑴（法第５条第１項）に基づく、「行政文書」の名称の設定については、当該行政文書の内容を端的に示すような、分かりやすい名称とする。

○　第４－１－⑶（法第５条第３項）に基づく、「行政文書ファイル」の名称（小分類）の設定については、以下の点に留意する。

①　「行政文書ファイル」や「当該行政文書ファイルに含まれる行政文書」を容易に検索することができるよう、行政文書ファイルの内容を端的に示す（複数の）キーワード（例：「配付資料」（※大分類は「公文書管理有識者会議」、中分類は「第○回会議」））を記載する。

②　特定の担当者しか分からない表現・用語（例：「Ｙプロジェクト関係文書」「○月○日に電話連絡があった件」「ＯＳＰ会議の配付資料」）は使用せず、具体的なプロジェクト名や地域名を盛り込むなどして、他の職員や一般の国民も容易に理解できる表現・用語とする。

③　あまり意味をもたない用語（例：「～文書」、「～書類」、「～ファイル」、「～綴り」、「～雑件」、「～関係資料」、「その他～」）はできる限り用いない。

＜保存期間基準＞

○　法第４条において、「当該行政機関における経緯も含めた意思決定に至る過程並びに当該行政機関の事務及び事業の実績を合理的に跡付け、又は検証する

ことができるよう」文書を作成しなければならないとされており、同条に基づき作成された行政文書について、適切な保存期間を設定する必要がある。このため、ガイドライン別表第1においては、法第4条の趣旨を踏まえ施行令別表に掲げられた行政文書の類型について、その業務の区分及び文書の具体例並びにこれに対応する保存期間を示している。例えば、「行政手続法第2条第3号の許認可等をするための決裁文書その他許認可等に至る過程が記録された文書」とは、許認可等の決定に至る過程を合理的に跡付け、又は検証することができるよう、対応する業務の区分である「許認可等に関する重要な経緯」を記録した文書を指し、この保存期間について「許認可等の効力が消滅する日に係る特定日以後5年」としている。

○ 各行政機関においては、ガイドライン別表第1に、各行政機関の事務及び事業の性質、内容等に応じた当該行政機関を通じた保存期間基準を加えて、規則の別表第1とするものとする。当該行政機関を通じた保存期間基準は、原則として業務プロセスに係る文書を類型化して記載するものとする。

【規則の別表第1への追加例】

事　項		業務の区分	当該業務に係る行政文書の類型（施行令別表の該当項）	保存期間	具体例
○	統計調査に関する事項	統計調査に関する重要な経緯	①統計の企画立案に関する経緯が記録された文書	5年	・基本方針 ・基本計画 ・要領
			②統計の承認に関する経緯が記録された文書		・承認申請書
			③統計の実施に関する経緯が記録された文書		・実施案 ・事務処理基準
			④統計の集計結果に関する文書	30年	・調査報告書
○	契約に関する事項	契約に関する重要な経緯（○の項から○の項までに掲げるものを除く。）	契約に係る決裁文書及びその他契約に至る過程が記録された文書	契約が終了する日に係る特定日以後5年	・仕様書案 ・協議・調整経緯

○ 文書管理者は、規則の別表第1に基づき当該文書管理者が管理する行政文書について、職員が適切に保存期間の設定ができるよう、具体的な業務及び文書

に即して、「○○課標準文書保存期間基準」を定めるものとする（例：「公文書管理法施行令の制定及び改廃及びその経緯／立案の検討／公文書管理委員会／議事録」→30年）。

○　保存期間表を定めるに当たり、業務の区分の内容等をそのまま記載すれば不開示情報が含まれることとなる場合には、当該内容等を一般化するなど、保存期間表に不開示情報を明示しないよう記載を適宜工夫する必要がある。

○　歴史公文書等に該当するとされたものにあっては、１年以上の保存期間を設定する必要がある。

○　例えば、趣旨を変えない範囲で表現を変更したものや形式的な字句の修正等、意思決定に与える影響がないものとして、長期間の保存を要しないと判断されるものについては、第４－３－⑸の「合理的な跡付けや検証に必要となる文書」に該当しない。

○「明白な誤り等の客観的な正確性の観点から利用に適さなくなった文書」については、法第４条の趣旨を踏まえ、厳格かつ限定的に解される必要がある。例えば、日付の誤りや誤字脱字が含まれることのみを理由に修正が行われた場合の修正前の文書、業務上の必要性を誤解して集計した資料等が該当する。

○　なお、正確性を確保する観点から複数の職員や相手方に確認を求め、行政文書を修正した場合の修正前の行政文書については、「客観的な正確性の観点から利用に適さなくなった文書」に該当すると一律に解釈されるものではない。

○　保存期間を１年未満とする行政文書ファイル等であって、第４－３－⑹①から⑦に該当しないものについて廃棄する場合には、第７－２－⑶の規定に従うものとする。

○「重要又は異例な事項」とは、ある業務について、通常とは異なる取扱いをした場合（例：通常専決処理される事務について、本来の決裁権者まで確認を求めた場合）等が想定されるものであり、そのような案件に係る情報を含む行政文書については、通常は１年未満の保存期間を設定する類型のものであっても、合理的な跡付けや検証に必要となるものについて、１年以上の保存期間を設定するものとする。

○　行政機関内の複数の部署で同じ行政文書（例：閣議決定文書）を保有する場合、責任をもって正本・原本を管理する文書管理者（例：当該閣議決定に係る主管課長）を明確にした上で、正本・原本以外の写しの文書については、その業務の必要性に応じ、例えば、正本・原本より短い保存期間とすることができる。

○　行政文書ファイル管理簿など、事案の発生や変更等に伴い、記載事項が随時、追記・更新される台帳や、法令の制定又は改廃等に伴い、随時、追記・更新される法令集など、職員が業務に常時利用するものとして継続的に保存すべき行政文書（常用文書）の保存期間については、施行令別表の三十の項により、期限のない保存期間とされている。なお、これらの常用文書であっても行政文書ファイル管理簿への記載が必要である（保存期間欄は、例えば「常用」や「無期限」と記載）。

＜保存期間の設定＞

○ 「保存期間」は、文書管理者が定める保存期間表に従い、設定する。

○ なお、法に基づく基準による保存期間の設定は、法第５条第１項又は第３項に基づき、施行後、行政文書を作成・取得したとき、行政文書ファイルにまとめたときにすべきものであるため、本法施行前に作成・取得され又はまとめられた行政文書ファイル等にまで及ぶものではない。しかしながら、このような行政文書ファイル等についても適正な文書管理の観点から、随時、新基準に従い、保存期間を変更することが望ましい。

＜保存期間の満了する日の設定＞

○ 「保存期間の満了する日」は、「保存期間の起算日」から起算して、上記により設定した「保存期間」が満了する日を設定する。

○ 「保存期間の起算日」は、迅速な所在検索や効率的な整理・保存の観点から、翌年度の４月１日起算を原則とする。ただし、これにより難い場合は、その他の日（７月１日等（ただし、文書作成取得日又はファイル作成日から１年以内の日））を起算日とすることができる。

○ 起算日及び保存期間満了日の例は、以下のとおりである。

【保存期間10年の行政文書ファイルの起算日及び保存期間満了日の例】

①原則（４月１日起算）

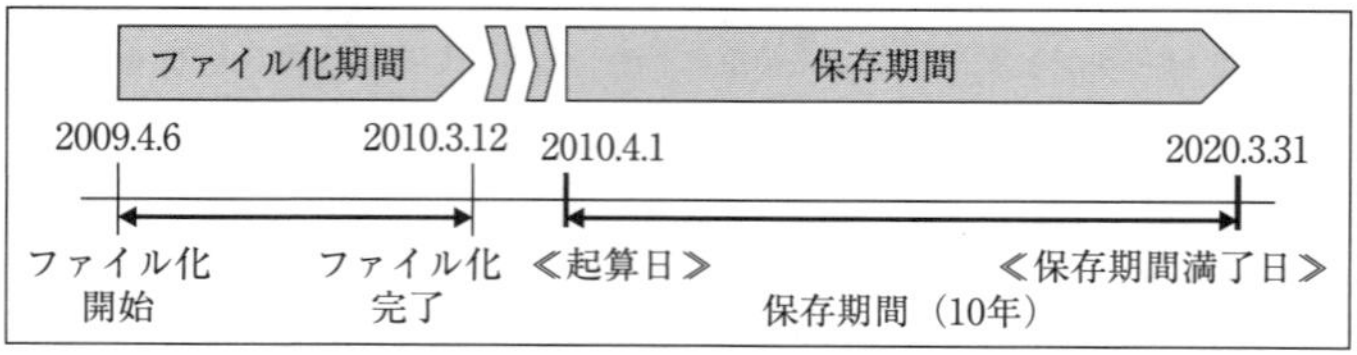

②暦年

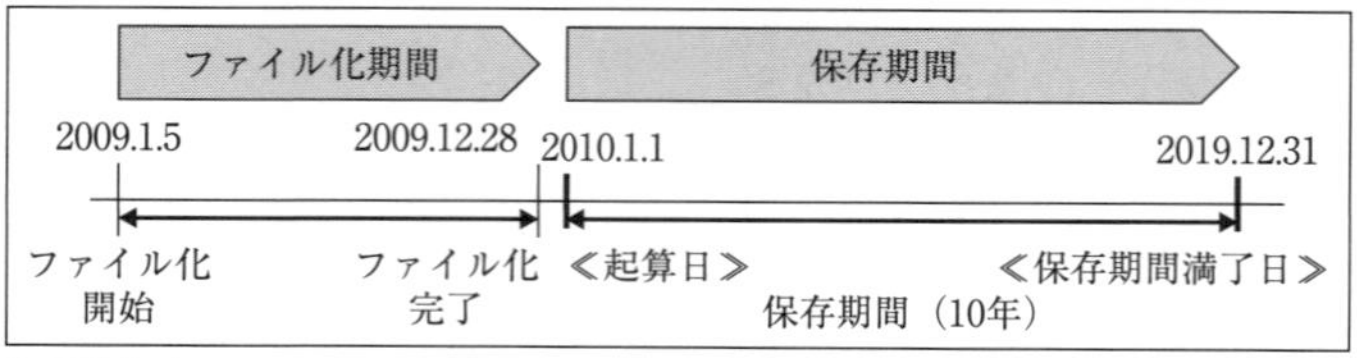

③事業年度

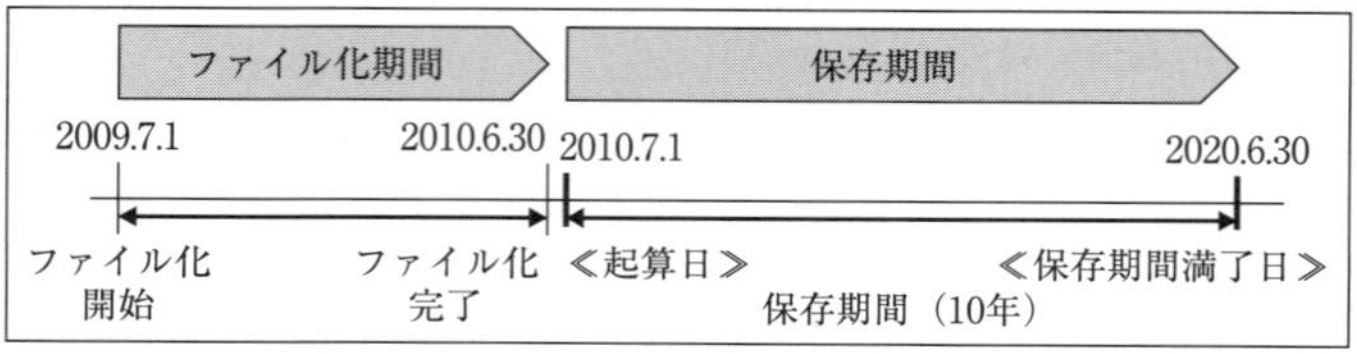

○　ただし、第４－３－⑾において、例えば、保存期間が「許認可等の効力が消滅する日に係る特定日以後５年」の文書や常用文書など、文書作成取得日においては不確定である期間を保存期間とする行政文書及び当該行政文書がまとめられた行政文書ファイルについては、起算日を翌年度の４月１日又は文書作成取得日・ファイル作成日から１年以内の日とする規定（第４－３－⑻又は第４－３－⑽）を適用しないこととしている。

○　この場合の起算日及び保存期間満了日の設定については、具体的には、以下のとおりである。

①　別表第１の備考一の10に規定する「特定日」が含まれた保存期間が設定された行政文書・行政文書ファイル

起算日は当初「未定」としておき、具体的に保存すべき期間が確定した段階で特定日（＝起算日）を具体的に設定する。例えば「許認可等の効力が消滅する日に係る特定日以後５年」の文書であれば、具体的に保存すべき期間が許認可等の効力が消滅する日に確定し、その日の翌年度の４月１日（４月１日を特定日とすることが難しい場合は１年以内の日）を特定日（＝起算日）として設定することとなる。

保存期間満了日についても当初「未定」としておき、上記起算日が具体的に設定された段階で具体的に設定する。

②　常用文書など保存期間に「特定日」が含まれない行政文書・行政文書ファイル

例えば、常用文書については、台帳作成日の翌日など起算日とみなすことが適当な日を起算日として設定し、保存期間満了日は常用の間は「未定」と設定する。

○　また、保存期間を１年未満とする行政文書・行政文書ファイルの起算日は、施行令第８条第４項及び同条第６項ただし書きに従い、作成・取得した日以降の適当な日を設定することができる。

＜行政文書ファイル管理簿への記載＞

○　各々の職員は行政文書ファイルをまとめたときは、分類の名称等を随時、行政文書ファイル管理簿の様式に仮記載（進行中の事務に係るものは仮分類での整理となる場合もある。）しておく。「行政文書ファイル」は年度ごとにまとめることを原則としていることから、文書管理者は年度末の時点で保有している行政文書ファイル等（単独管理の行政文書を含む。）の現況が法令及び訓令等に従い正確に行政文書ファイル管理簿の様式に記載されているかを確認し、その内容を確定する。

○　上記により確定した行政文書ファイル管理簿の記載内容を活用し、次年度のファイリング用具に分類の名称等をあらかじめ記載するなどして、次年度の整理を円滑に行うことができるよう準備することが望ましい。

＜その他＞

○　整理に当たっては、各府省庁の情報セキュリティポリシーにおける情報の格

付け（機密性、完全性、可用性。表記方法は各府省庁のポリシーに従う。）及び取扱制限について留意する必要がある。

第５　保存

１　行政文書ファイル保存要領

⑴　総括文書管理者は、行政文書ファイル等の適切な保存に資するよう、行政文書ファイル保存要領を作成するものとする。

⑵　行政文書ファイル保存要領には、次に掲げる事項を記載しなければならない。

①　紙文書の保存場所・方法

②　電子文書の保存場所・方法

③　引継手続

④　その他適切な保存を確保するための措置

２　保存

文書管理者は、行政文書ファイル保存要領に従い、行政文書ファイル等について、当該行政文書ファイル等の保存期間の満了する日までの間、適切に保存しなければならない。ただし、他の文書管理者等に引き継いだ場合は、この限りでない。

３　集中管理の推進

○○省における行政文書ファイル等の集中管理については、総括文書管理者が定めるところにより、推進するものとする。

≪留意事項≫

<行政文書ファイル保存要領>

○　総括文書管理者は、各行政機関の組織体制やオフィスのファイリング用具、事務机、ファイリングキャビネット、書棚、書庫の状況等も踏まえ、保存期間満了日までの適切な保存を行うための要領（行政文書ファイル保存要領）を作成することとしている。

本要領の具体的な記載事項は、以下のとおりである。

<紙文書の保存場所・方法>

○　行政文書ファイル等の内容、時の経過、利用の状況等に応じ、適切な保存及び利用を確保するために必要な保存場所・方法を記載する。

○　例えば、時の経過や利用の状況に応じた保存場所の変更（事務室→書庫等）や、集中管理に伴う保存場所の変更について記載する。

○　また、検索性の向上の観点から、ファイリングキャビネットや書棚等における行政文書ファイル等の配列や、ファイリング用具（例：紙フォルダ、バインダー、保存箱等）の見出しや背表紙等の表示（例：色分け等）の様式や所在管理についての考え方・方法（例：所在管理のための識別番号の付与）を記載する。

○　一般的に、行政文書ファイル等の利用頻度は、作成・取得してからの時の経

過に伴い、減少する傾向にある。このため、作成・取得から一定期間が経過した行政文書ファイル等（ただし、規則その他の規程により特別の管理が必要となる行政文書が含まれる行政文書ファイル等や継続的に利用する行政文書ファイル等は除く。）については、原則として事務室から書庫に移動するようにすべきである。

○　また、個人的な執務の参考資料は、共用のファイリングキャビネットや書棚等には置かず、職員各自の机の周辺のみに置くことを徹底する必要がある。なお、将来、利用する可能性があるとして、膨大な量の文書を個人的に所持している場合（例：勤務先の異動にもかかわらず、これまでの業務に係る文書を段ボールに梱包して机の周辺に置いている場合、机の上に膨大な量の文書を積み重ねている場合等）は、組織内の文書の共有化等を図ることにより改善すべきである。

＜電子文書の保存場所・方法＞

○　電子文書について、①改ざん、漏えい等の不適切な取扱いを防止、②一定期間経過後の集中管理、③移管のための長期保存フォーマットへの変換など、時の経過、利用の状況等に応じ、適切な保存及び利用を確保するための場所、記録媒体等についての考え方を記載する。なお、記載に当たっては、各府省庁の情報セキュリティポリシーに留意する。

○　また、共有フォルダを保存先として活用する際は、共有フォルダについて、行政文書ファイル管理簿上の分類に従った階層構造にする等、共有フォルダの構成を行政文書ファイル等として管理しやすい構造とする旨を記載する。

【共有フォルダの整理方法の例】

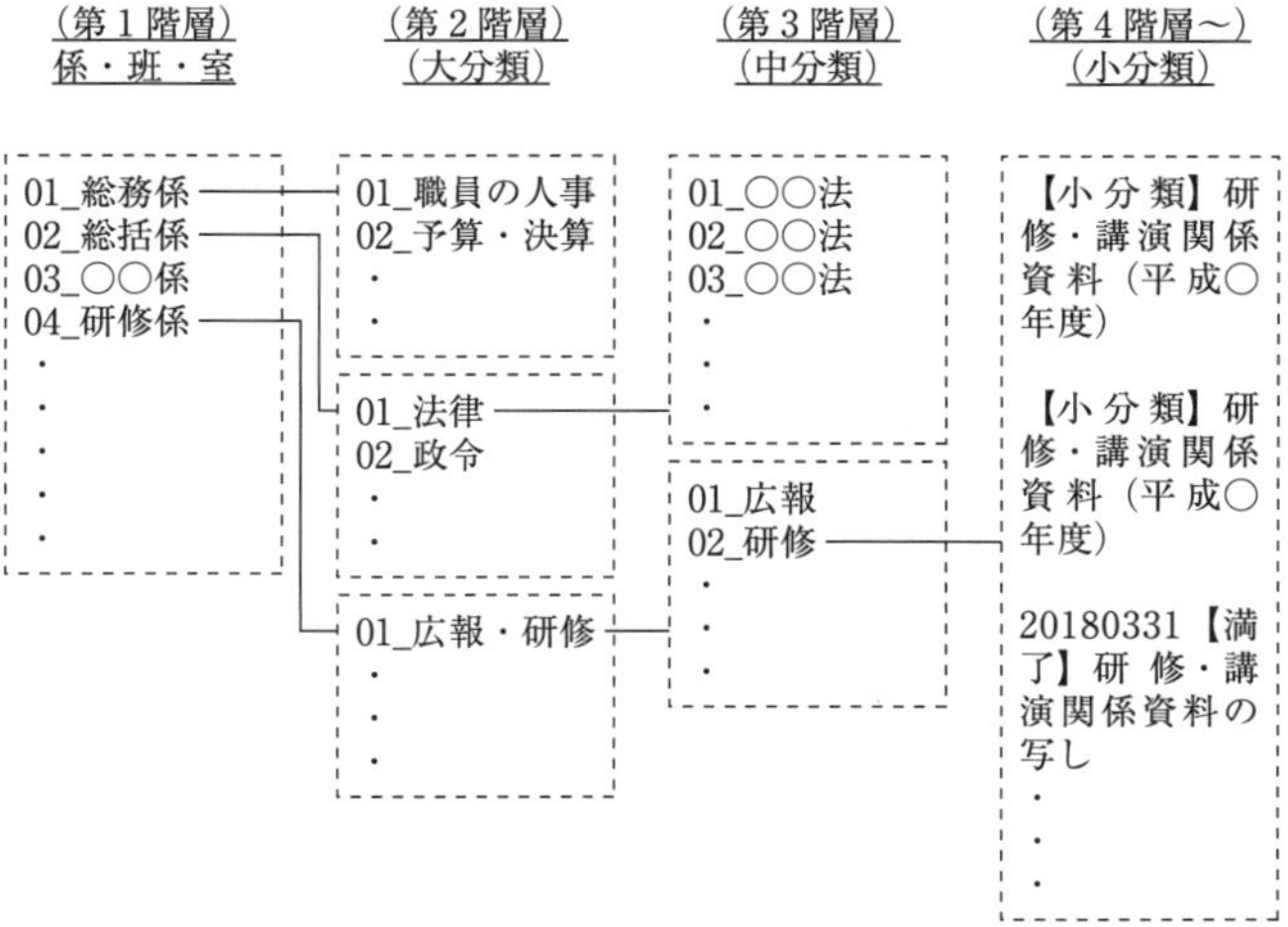

① 共有フォルダ内の電子文書について、業務の効率性の観点から、第１階層については課室等別に整理した上で、第２階層以降については、行政文書ファイル管理簿との対応関係を明確にする観点から、行政文書ファイル管理簿における大分類、中分類、小分類の順に従って階層構造を整理することが考えられる（18頁参照）。
② 第４階層以降に作成する、行政文書ファイル管理簿上の小分類に該当するフォルダについては、どのフォルダが行政文書ファイル等に対応しているかを明確にするため、「【小分類】（当該行政文書ファイル等の名称）」という名称を付すことが望ましい。
③ 別途、正本・原本が管理されている行政文書の写し等、１年未満の保存期間を設定する電子文書については、例えば、「20180331【満了】」をフォルダ名の冒頭に付す等、整理すべき期限が判別できるような名称を付すことが望ましい。

○ 共有フォルダ内において、組織的な検討や内容確認等を経て随時その内容が更新される行政文書については、「検討中」という名称のサブフォルダを作成する等、他の行政文書と区別して管理するとともに、常に検討等の進捗を的確に反映し、整理するべきである。

○ 個人的な執務の参考資料については、適切にアクセス制限を行った個人用フォルダに置くことを徹底する必要がある。

○ 意思決定過程や事務及び事業の実績の合理的な跡付けや検証に必要となる行政文書に該当する電子メールについては、保存責任者を明確にする観点から、原則として作成者又は第一取得者が速やかに共有フォルダ等に移すものとする。

【保存方法の具体例】
① 長期保存の観点から、電子メールを国際標準化機構（ISO）が制定している長期保存フォーマットの国際標準等により共有フォルダ等へ保存する。
② 紙文書として印刷した上で、紙媒体の行政文書ファイルへ編てつする。
③ 編集して再送するもの等利用頻度が高いものについては、電子メール形式を維持したまま共有フォルダへ保存する。

＜引継手続＞

○ ①文書管理者の異動の場合、②組織の新設・改正・廃止の場合、③集中管理に伴う副総括文書管理者への引継ぎの場合の行政文書ファイル等の引継手続について記載する（行政文書ファイル管理簿の管理者欄の更新等）。

○ 府省の枠を超えたプロジェクトチームの文書については、とりわけ散逸のおそれが高いことから、チームの解散後、管理主体を明確にした上で（当該プロジェクトチームが置かれた行政機関が引き続き管理するか、あるいは、業務上最も関係の深い行政機関に移管するかなど）、独立行政法人国立公文書館が運営する中間書庫（国立公文書館法（平成11年法律第79号）第11条第１項第２号又は同条第３項第２号に基づき、独立行政法人国立公文書館が行政機関からの委託を受けて行政文書の保存を行う書庫）に引き継ぐことも考えられる。

＜その他適切な保存を確保するための措置＞

○　ファイリング用具（例：紙フォルダ、バインダー、保存箱等）の見出しや背表紙等の表示内容（例：管理者、保存期間満了日、保存期間満了時の措置等）について、誤廃棄や散逸防止等の観点から、行政文書ファイル管理簿の記載内容と齟齬が生じないよう、十分に確認することが必要である。

○　なお、「行政文書ファイル保存要領」の記載例を示すと以下のとおりである。

○○省行政文書ファイル保存要領（例）

1　紙文書の保存場所・方法

・　文書管理者による確認の上、以下の規定に従い、共用の保存場所に保存する。

(1)　事務室における保存

・　年度ごとにまとめられた行政文書ファイル等（保存期間が○年以上のもの）について、事務室においては、「①現年度の行政文書ファイル等」と「②前年度の行政文書ファイル等」とを区分して保存する。この場合、①の保存場所を職員にとってより使いやすい場所（例：ファイリングキャビネットの上段等）とするよう配意する。

・　年度末においては、新年度の行政文書ファイル等の保存スペースを空けるために、行政文書ファイル等の移動を行う（例：ファイリングキャビネットの上段から下段への移動等）。ただし、「継続的に利用する行政文書ファイル等」にあっては、現年度の保存場所で保存することができる。

・　個人的な執務の参考資料の収納場所は、職員各自の机の周辺のみとする。

(2)　書庫における保存

・　「前々年度以前の行政文書ファイル等」については、副総括文書管理者に引き継ぎ、書庫で保存する。ただし、「継続的に利用する行政文書ファイル等」にあっては、事務室で保存することができる。

・　「継続的に利用する行政文書ファイル等」として継続して事務室で保存されている行政文書ファイル等については、年度末に、文書管理者が利用状況等を勘案し、書庫への移動を再検討する。

・　個人的な執務の参考資料は書庫に置いてはならない。

(3)　ファイリング用具及び書棚の表示と所在管理

・　ファイリング用具（バインダー、保存箱等）の見出しや背表紙の表示については、別添様式のとおりとする。

・　書棚は、行政文書ファイル等の所在を明らかにするため、棚番号を付すとともに、行政文書ファイル等にも同一の番号を付し、所在管理を行う。

2　電子文書の保存場所・方法

・　文書管理者による確認の上、以下の規定に従い、共用の保存場所に保存する。

・　電子文書の正本・原本は、文書管理システム等で保存し、文書の改ざんや漏えい等の防止等の観点から、必要に応じ、適切なアクセス制限を行った上で保存する。

・　保存期間が○年を経過した電子文書については、副総括文書管理者が管理する。

・　保存期間満了時の措置を移管としたもので、電子文書で移管するものは、適切な方式で保存する。

・　長期に保存する電子文書については、国際標準化機構（ISO）が制定している長期保存フォーマットの国際標準等で保存するなど、利活用が可能な状態で保存する。

・　電子文書は、情報セキュリティポリシーの規定に従い、必要に応じ、電子署名の付与を行うとともに、バックアップを保存する。

・　共有フォルダを保存先として活用する際は、共有フォルダについて、行政文書ファイル管理簿上の分類に従った階層構造にする等、共有フォルダの構成を行政文書ファイル等として管理しやすい構造とする。

【共有フォルダの整理方法の例】

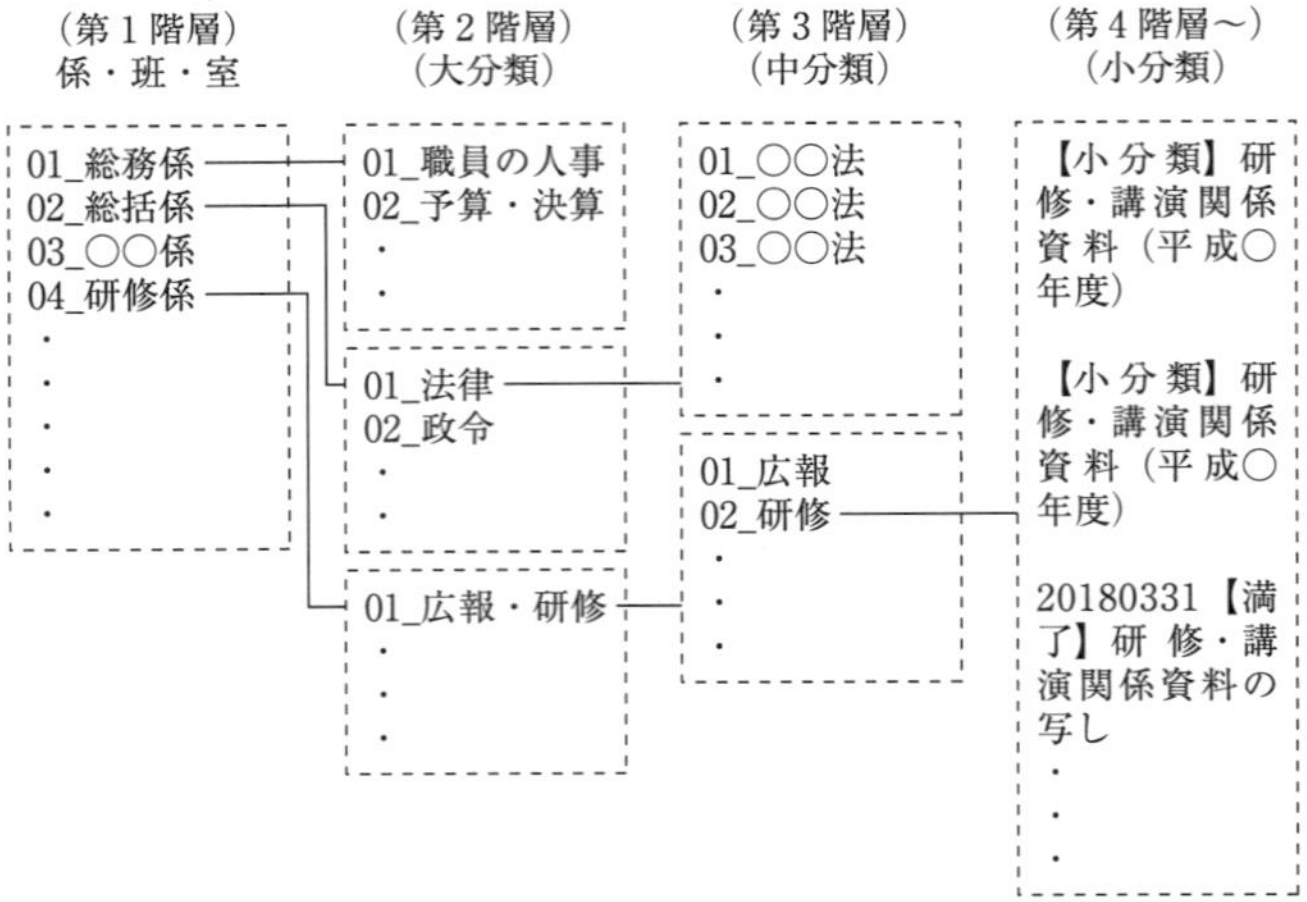

・　電子メールのうち、意思決定過程や事務及び事業の実績の合理的な跡付けや検証に必要となる行政文書に該当するものについては、原則として作成者又は第一取得者が速やかに共有フォルダ等に移し、保存するものとす

る。

3　引継手続

(1)　文書管理者の異動の場合の行政文書ファイル等の引継手続については、下記のとおりとする。

①　前任の文書管理者は、少なくとも次に掲げる文書を後任の文書管理者に引き継ぐものとする。

・行政文書ファイル管理簿
・保存期間表
・文書管理状況の点検・監査結果

②　後任の文書管理者は、前任の文書管理者の立会いの下、管理している行政文書ファイル等の保存場所等を行政文書ファイル管理簿と照合した上で確認する。

(2)　組織の新設・改正・廃止の場合の行政文書ファイル等の引継手続については、下記のとおりとする。

(引継元の組織における措置)

①　引継ぎを行う業務に関わる次に掲げるものについて引継先を整理する。

・行政文書ファイル等
・行政文書ファイル管理簿
・引継ぎを行う業務に関わる移管・廃棄簿の写し
・保存期間表
・直近の文書管理状況の点検・監査結果

②　引継元の文書管理者は、引継先の文書管理者の立会いの下　、引継ぎを行う行政文書ファイル等と行政文書ファイル管理簿の突合を実施する。

③　引継元の文書管理者は、①で引継先を整理したもの及び②の突合結果を引継先の文書管理者に引き渡す。

(引継先の組織における措置)

④　③の引渡しが確実に行われていることを確認する。

⑤　行政文書ファイル管理簿上で、引継ぎを受けた行政文書ファイル等の書誌情報（管理者、保存場所等）の更新及び行政文書ファイル等の背表紙の変更を実施する。

⑥　引継先の文書管理者は、別紙様式により、引継ぎを受けた旨を副総括文書管理者に報告する。

・　組織の改廃等により文書管理者が存在しなくなる行政文書ファイル等については、副総括文書管理者は、引き継ぐ行政文書ファイルの内容に最も密接な関係を有する文書管理者を、当該行政文書ファイル等の新たな文書管理として指名し、その旨を当該文書管理者及び引継元の文書管理者に通知する。

(3)　上記1(2)及び2の副総括文書管理者への引継ぎの場合の行政文書ファイル等の引継手続については、下記のとおりとする。
・　文書管理者は、集中管理の対象となる行政文書ファイル等を副総括文書管理者に引き継ぐ。
・　文書管理者は、引継ぎを行う行政文書ファイル等の行政文書ファイル管理簿上の書誌情報（管理者、保存場所等）を引継先の情報に更新の上、引継ぎを行う行政文書ファイル等の背表紙を変更する。また、文書管理者は、引継ぎを行う行政文書ファイル等を抜き出した行政文書ファイル管理簿の写しを、副総括文書管理者に引き渡す。
・　副総括文書管理者は、引継ぎを受けた行政文書ファイル等について、引継ぎを受けた行政文書ファイル管理簿の写しを基に、引継年月日（書庫に移動させた日）及び引継元の文書管理者を記した目録を作成する。

4　その他適切な保存を確保するための措置
・　ファイリング用具の見出しや背表紙等の表示内容について、行政文書ファイル管理簿の記載内容と齟齬が生じないよう、少なくとも毎年度一回、文書管理者が確認する。

＜集中管理の推進＞

○　作成又は取得から一定期間が経過した行政文書ファイル等の集中管理の推進は、文書の劣化や散逸の防止、移管業務の円滑化に資するものである。

○　このため、法第6条第2項を踏まえ、各行政機関において、各々の組織体制や書庫の状況等も勘案した上で、行政文書ファイル等の集中管理の推進に関する方針（当該行政機関における集中管理の具体的措置とその実施時期を記載）を定め、当該方針に基づき行政文書ファイル等の集中管理を推進するものとしている。

○　集中管理の具体的措置としては、一定期間以上の保存期間の行政文書ファイル等（ただし、規則その他の規程により特別の管理が必要となる行政文書が含まれる行政文書ファイル等や継続的に利用する行政文書ファイル等は除く。）については、一定期間経過後は、副総括文書管理者等に自動的に引き継がれる分かりやすい仕組み（例：10年以上保存文書について、6年目以降は副総括文書管理者において集中管理）を導入することが望ましい。集中管理を行う管理者（副総括文書管理者等）においては、業務に必要な場合の行政文書ファイル等の円滑な利用を確保するほか、円滑な移管に資するよう、歴史公文書等の評価・選別のチェックを行うことを想定している。

第6　行政文書ファイル管理簿

1　行政文書ファイル管理簿の調製及び公表
(1)　総括文書管理者は、○○省の行政文書ファイル管理簿について、公文書等の管理に関する法律施行令（平成22年政令第250号。以下「施行令」という。）第11条に基づき、文書管理システムをもって調製するものとする。

(2) 行政文書ファイル管理簿は、あらかじめ定めた事務所に備えて一般の閲覧に供するとともに、インターネットで公表しなければならない。
(3) 行政文書ファイル管理簿を一般の閲覧に供する事務所を定め、又は変更した場合には、当該事務所の場所を官報で公示しなければならない。

2 行政文書ファイル管理簿への記載

(1) 文書管理者は、少なくとも毎年度一回、管理する行政文書ファイル等（保存期間が1年以上のものに限る。）の現況について、施行令第11条第1項各号に掲げる事項を行政文書ファイル管理簿に記載しなければならない。
(2) (1)の記載に当たっては、行政機関の保有する情報の公開に関する法律（平成11年法律第42号）第5条各号に規定する不開示情報に該当する場合には、当該不開示情報を明示しないようにしなければならない。
(3) 文書管理者は、保存期間が満了した行政文書ファイル等について、国立公文書館等に移管し、又は廃棄した場合は、当該行政文書ファイル等に関する行政文書ファイル管理簿の記載を削除するとともに、その名称、移管日又は廃棄日等について、総括文書管理者が調製した移管・廃棄簿に記載しなければならない。

≪留意事項≫

<行政文書ファイル管理簿の意義と機能>

○ 「行政文書ファイル管理簿」は、法第1条に定める「国の諸活動や歴史的事実の記録である公文書等が、健全な民主主義の根幹を支える国民共有の知的資源として、主権者である国民が主体的に利用し得る」ために必要不可欠なツールであるとともに、行政機関の職員が適正かつ効率的に業務を行うための管理ツールとして調製するものである。

○ 「行政文書ファイル管理簿」の主な機能は次のとおりである。

- 国民と行政機関との情報共有化ツール
- 行政文書の作成・取得から移管・廃棄までの現況の管理ツール
- 意思決定の判断材料である情報の検索データベース
- 行政文書の管理状況の監査及び実地調査等における検証ツール
- 国立公文書館等への移管予定又は廃棄予定に関するデータベース

<行政文書ファイル管理簿の調製・公表>

○ 総括文書管理者は、当該行政機関における行政文書ファイル管理簿を文書管理システムで調製し、あらかじめ定めた事務所及びインターネットで公表する。

○ 「あらかじめ定めた事務所」とは、行政機関の保有する情報の公開に関する法律（平成11年法律第42号）に基づく開示請求の提出先とされている機関の事務所を想定しており、本省庁のみならず、地方支分部局等の開示請求の提出先も含む。

<行政文書ファイル管理簿への記載>

○　法第９条第１項により、毎年度、行政文書ファイル管理簿の記載状況について内閣府に報告することとされているほか、整理との関係から年度末時点の現況を管理簿に記載する必要があることから、第６－２－(1)において、少なくとも毎年度一回は、管理簿に記載しなければならないこととしている。

○　具体的には、各々の職員は行政文書ファイルをまとめたときは、分類等を行政文書ファイル管理簿の様式に仮記載（進行中の事務に係るものは仮分類での整理となる場合もある。24頁参照）し、「行政文書ファイル」は年度ごとにまとめることを原則としていることから、文書管理者は、年度末の時点で保有している行政文書ファイル等（単独管理の行政文書を含む。）について、正確に行政文書ファイル管理簿の様式に反映されていることを確認し、その記載内容を確定することとなる。

※　なお、上記のとおり、行政文書ファイル管理簿は、行政文書ファイル等の現況を明らかにするための帳簿であることから、移管又は廃棄した行政文書ファイル等については記載しないこととし、別に「移管・廃棄簿」を設け、当該帳簿に記載することとしている。

○　法第７条の規定に基づき、行政文書ファイル等の名称等をそのまま記載すれば不開示情報が含まれることとなる場合には、名称を一般化（例：「○○氏のカルテ」→「平成○年度初診内科カルテ」）するなど、行政文書ファイル管理簿に不開示情報を明示しないよう記載を適宜工夫する必要がある。

<行政文書ファイル管理簿の様式>

○　行政文書ファイル管理簿の様式例は、次のとおりである。

【様式例】

作成・取得年度等	分類		名称（小分類）	作成・取得者	起算日	保存期間
	大分類	中分類				
2012年度	○年度行政文書管理状況報告	全般	公表資料	大臣官房公文書管理課長	2013年4月1日	10年
2012年度	○年度行政文書管理状況報告	全般	報告要領・通知	大臣官房公文書管理課長	2013年4月1日	10年
2012年度	○年度行政文書管理状況報告	全般	各省確認	大臣官房公文書管理課長	2013年4月1日	10年
2012年度	○年度行政文書管理状況報告	各省報告	内閣官房報告	大臣官房公文書管理課長	2013年4月1日	10年

2012年度	○年度行政文書管理状況報告	各省報告	内閣府報告	大臣官房公文書管理課長	2013年4月1日	10年
2012年度	○年度行政文書管理状況報告	各省報告	総務省報告	大臣官房公文書管理課長	2013年4月1日	10年

保存期間満了日	媒体の種別	保存場所	管理者	保存期間満了時の措置	備考
2023年3月31日	紙	事務室	大臣官房公文書管理課長	移管	
(以下省略)					

＜作成・取得年度等欄＞(施行令第11条第1項第7号)

○　行政文書については文書作成取得日(第4－3－(8)参照)の属する年度、行政文書ファイルについてはファイル作成日(第4－3－(10)参照)の属する年度を記載する。なお、その他年度に準ずる時間単位(例：暦年、事業年度)で文書を管理している場合は、それらの単位を用いて記載することもできる。この場合、「2012年」、「2012事業年度」などと当該単位を明確に記載する。

＜分類欄及び名称欄＞(施行令第11条第1項第1号、第2号)

○「分類」は、所在検索の手掛かりにするため、大分類、中分類、小分類の三段階の階層構造とする。小分類は行政文書ファイル等の名称とし、「名称」欄に当該名称を記載する(18頁参照)。行政文書ファイル等の名称の設定については、当該行政文書ファイル等の内容を端的に示すような、分かりやすい名称とする。

○　部局名等の組織名は管理者欄に記載されていることから、分類欄が効果的な所在検索の手掛かりとなるよう、分類名が組織名と重複しないよう留意する。

○　あまり意味をもたない用語(例：「～文書」、「～書類」、「～ファイル」、「～綴り」、「～雑件」、「～関係資料」、「その他～」)はできる限り用いない(20頁参照)。

＜作成・取得者欄＞(施行令第11条第1項第8号)

○「作成・取得者」欄は、行政文書については文書作成取得日における文書管理者、行政文書ファイルについてはファイル作成日における文書管理者を局、部、課が分かるような役職名で記載(例：○○局○○課長)する(個人名は記載しない)。

＜起算日欄＞(施行令第11条第1項第9号)

○「起算日」欄は、当該行政文書ファイル等の保存期間の始期の年月日を記載

する（23～24頁参照。ただし、第４－３－⑾に係る行政文書ファイル等については24～25頁参照）。

＜保存期間欄＞（施行令第11条第１項第３号）

○　「保存期間」欄は、当該行政文書ファイル等に設定された保存期間を記載する。

○　保存期間が、例えば「許認可等の効力が消滅する日に係る特定日以後５年」など、当初不確定である期間が設定されたものについては、具体的に保存すべき期間が確定した後に、「５年」という具体的な年数を記載することも考えられる。

○　行政文書ファイル等の保存期間を延長する場合は、延長前の保存期間に延長分の保存期間を加えた通算の保存期間に更新する。

＜保存期間満了日欄＞（施行令第11条第１項第４号）

○　「保存期間満了日」欄は、当該行政文書ファイル等に設定された保存期間の満了する日を記載する（22～23頁参照。ただし、第４－３－⑾に係る行政文書ファイル等については23～24頁参照）。

○　行政文書ファイル等の保存期間を延長する場合は、延長前の保存期間満了日に延長分の保存期間を加えた新たな保存期間満了日に更新する。

＜媒体の種別欄＞（施行令第11条第１項第10号）

○　「媒体の種別」欄は、当該行政文書ファイル等の保存媒体の種別（紙、電子等）を記載する。長期保存の観点等から媒体変換を行った場合は、適切に記載を更新する。

＜保存場所欄＞（施行令第11条第１項第６号）

○　「保存場所」欄は、当該行政文書ファイル等の所在検索の目安となる程度に「事務室」、「書庫」、「文書管理システム」等の別で記載する。集中管理に伴い保存場所の変更を行った場合は、適切に記載を更新する。

＜管理者欄＞（施行令第11条第１項第11号）

○　「管理者」欄は、当該行政文書ファイル等を現に管理している文書管理者を局、部、課が分かるような役職名で記載（例：○○局○○課長）する（個人名は記載しない）。集中管理に伴い文書管理者の変更を行った場合は、適切に記載を更新する。

＜保存期間満了時の措置欄＞（施行令第11条第１項第５号）

○　「保存期間満了時の措置」欄は、法第５条第５項に基づき定められた行政文書ファイル等の保存期間が満了したときの措置（移管又は廃棄）を記載する。本措置は、第７－１－⑵により総括文書管理者の同意を得た上で記載する（40～41頁参照）。

＜備考欄＞

○　行政文書ファイル等の保存期間を延長する場合は、行政文書ファイル管理簿の「備考」欄に当初の保存期間満了日及び延長期間を記載する（「保存期間」欄を通算の保存期間に、「保存期間満了日」欄を新たな保存期間満了日に更新

するものとする。）

【１年間の延長の場合の更新例】

（更新前）

起算日	保存期間	保存期間満了日	備考
2010年４月１日	１年	2011年３月31日	

（更新後）

起算日	保存期間	保存期間満了日	備考
2010年４月１日	２年	2012年３月31日	当初の保存期間満了日：2011年３月31日 延長期間：１年

○　「備考」欄は、上記のほか適宜参考となる事項を記載する。例えば、行政文書ファイル等の中に未公表著作物がある場合の開示に関する著作者の意思表示の有無等、文書管理や開示事務を行う上で参考となる事項を記載する。

＜その他＞

○　行政文書ファイル管理簿の様式に、記載項目を付加（例：保存場所の詳細（○○課６階事務室Ａ書棚第２段））して、行政機関内部で利用することも考えられる。

○　行政文書ファイル管理簿が膨大なものになることも想定されることから、「分類（大分類・中分類）」のみを記載した管理簿総括表を調製し、管理簿の検索性の向上に資することも考えられる。

○　なお、施行令附則第２条及び第３条において、行政文書ファイル管理簿に関する経過措置が規定されている。

第７　移管、廃棄又は保存期間の延長

１　保存期間が満了したときの措置

(1)　文書管理者は、行政文書ファイル等について、別表第２に基づき、保存期間の満了前のできる限り早い時期に、法第５条第５項の保存期間が満了したときの措置を定めなければならない。

(2)　第６－２－(1)の行政文書ファイル等については、総括文書管理者の同意を得た上で、行政文書ファイル管理簿への記載により、(1)の措置を定めるものとする。

(3)　総括文書管理者は、(2)の同意に当たっては、必要に応じ、独立行政法人国立公文書館の専門的技術的助言を求めることができる。

２　移管又は廃棄

(1)　文書管理者は、総括文書管理者の指示に従い、保存期間が満了した行政文書ファイル等について、第７－１－(1)の規定による定めに基づき、独立行政法人国立公文書館に移管し、又は廃棄しなければならない。

(2) 文書管理者は、(1)の規定により、保存期間が満了した行政文書ファイル等を廃棄しようとするときは、あらかじめ、総括文書管理者を通じ内閣府に協議し、その同意を得なければならない。この場合において、内閣府の同意が得られないときは、当該文書管理者は、総括文書管理者を通じ内閣府と協議の上、当該行政文書ファイル等について、新たに保存期間及び保存期間の満了する日を設定しなければならない。

(3) 文書管理者は、保存期間を1年未満とする行政文書ファイル等であって、第4－3－(6)①から⑦に該当しないものについて、保存期間が満了し、廃棄しようとするときは、第4－3－(4)、(5)及び(7)に該当しないかを確認した上で、廃棄するものとする。この場合、○○省は、あらかじめ定めた一定の期間の中で、本規定に基づき、どのような類型の行政文書ファイル等についていつ廃棄したのかを記録し、当該期間終了後速やかに一括して公表するものとする。

(4) 文書管理者は、(1)の規定により移管する行政文書ファイル等に、法第16条第1項第1号に掲げる場合に該当するものとして独立行政法人国立公文書館において利用の制限を行うことが適切であると認める場合には、総括文書管理者の同意を得た上で、独立行政法人国立公文書館に意見を提出しなければならない。その場合には、利用制限を行うべき箇所及びその理由について、具体的に記載するものとする。

(5) 総括文書管理者は、内閣府から、法第8条第4項の規定により、行政文書ファイル等について廃棄の措置をとらないように求められた場合には、必要な措置を講じるものとする。

3 保存期間の延長

(1) 文書管理者は、施行令第9条第1項に掲げる場合にあっては、同項に定めるところにより、保存期間及び保存期間の満了する日を延長しなければならない。

(2) 文書管理者は、施行令第9条第2項に基づき、保存期間及び保存期間の満了する日を延長した場合は、延長する期間及び延長の理由を総括文書管理者を通じ、内閣府に報告しなければならない。

≪留意事項≫

＜保存期間が満了したときの措置＞

○ 各行政機関においては、ガイドライン別表第2に、各行政機関の事務及び事業の性質、内容等に応じた当該行政機関を通じた「保存期間満了時の措置の設定基準」を加えて、規則の別表第2とするものとする。

○ 規則の別表第2の2(2)②について、各行政機関は、ガイドライン別表第2の2(2)①で示された特に重要な政策事項を踏まえつつ、その所掌事務の中から、国民的関心が極めて高い政策や、基本的制度を新設又は抜本的に変更するような政策を重要政策として選定するものとする。

○　規則の別表第２の２⑵②の重要政策については、各行政機関において定期的に検討の上、毎年度内閣府に報告するものとする。内閣府は、これを取りまとめ公表する。

○　文書管理者は、行政文書ファイル等について、規則の別表第２に基づき、保存期間の満了前のできる限り早い時期に、法第５条第５項の保存期間が満了したときの措置を定めなければならないとし、第６－２－⑴の行政文書ファイル等については、総括文書管理者の同意を得た上で、行政文書ファイル管理簿への記載により、第７－１－⑴の措置を定めるものとしている。なお、第６－２－⑴の行政文書ファイル等以外のもの（歴史公文書等に該当しないもの）の措置の定めについては、例えば、行政文書ファイル等の名称等の設定時に廃棄の措置の定めを行うことを想定している。

○　本措置の定めについては、必要に応じ、独立行政法人国立公文書館の専門的技術的助言を求めることができるとしている。

○　規則の別表第２に基づき定められた「保存期間満了時の措置（移管又は廃棄）」については、第８－３－⑴（法第９条）により、毎年度、内閣府に報告することとされており、内閣府において、各行政機関における一次的な評価・選別のチェックを行うこととなる。

○　法施行前に作成・取得した行政文書ファイル等についての保存期間満了時の措置は、できるだけ早期に設定するよう努めるものとする。

＜移管又は廃棄＞

○　文書管理者は、総括文書管理者の指示に従い、保存期間が満了した行政文書ファイル等について、第７－１－⑴の規定による定めに基づき、独立行政法人国立公文書館（施行令第10条ただし書において他の施設に移管することとされている行政機関については当該施設）に移管し、又は廃棄しなければならない。

○　内閣府においては、第８－３－⑴の報告（法第９条）により、歴史公文書等に該当するか否かについての各行政機関における評価・選別をチェックしているが、歴史公文書等の独立行政法人国立公文書館（施行令第10条ただし書において他の施設に移管することとされている行政機関については当該施設）への確実な移管を確保するため、第７－２－⑵において、廃棄に当たっての内閣府の事前同意の仕組みを設けている。

○　第７－２－⑶の「一定の期間」については、一年度内において複数回に分けて定めるものとする。

○　第４－３－⑹に該当しないもので、１年未満の保存期間を設定するものについては、新規業務や事前に想定できなかった等の理由により保存期間表に記載できないものが想定される。

○　第７－２－⑶の規定に基づき記録する類型については、おおむね係単位で担当することが想定される程度のものとする（例：△△に関する緊急調査に係る文書、公文書管理委員会の開催業務に係る文書）。

○　第７－２－⑷の意見の提出に係る様式例は、次のとおりである。

【様式例】

行政文書ファイル等の名称	該当条項 （第16条第１項）	該当する理由
○○○○	イ	個人が識別されるおそれがあるため。 ※識別される箇所を具体的に記述。
	ロ	法人等に関する情報であり、利用されると・・・との理由から、当該法人の競争上の地位を害するおそれがあるため。 ※法人等に関する情報に該当する箇所を具体的に記述。 また、・・・は、法的保護に値する蓋然性が判断できるよう具体的に記述。

○　第７－２－(5)においては、法第８条第４項に基づき、内閣府から、行政文書ファイル等について廃棄の措置をとらないように求められた場合には、必要な措置を講じることを明記している。

＜保存期間の延長＞

○　施行令第９条第１項において、以下の場合は、括弧書で記載した期間が経過する日までの間、保存期間を延長しなければならないとしている。

①　現に監査、検査等の対象になっているもの（当該監査、検査等が終了するまでの間）

②　現に係属している訴訟における手続上の行為をするために必要とされるもの（当該訴訟が終結するまでの間）

③　現に係属している不服申立てにおける手続上の行為をするために必要とされるもの（当該不服申立てに対する裁決又は決定の日の翌日から起算して１年間）

④　開示請求があったもの（開示決定等の日の翌日から起算して１年間）

○　文書管理者は、施行令第９条第２項に基づき、職務の遂行上必要があると認めるときは、その必要な限度において、一定の期間を定めて当該保存期間を延長することができるが、この場合において、延長する期間及び延長の理由を、第８－３－(1)の報告（法第９条）に明確に記載して、総括文書管理者を通じ、内閣府に報告しなければならない。内閣府は、例えば、職務遂行上の必要性が乏しいにもかかわらず、当該保存期間を延長した場合の延長後の保存期間が通算で60年を超える場合など、その延長期間・理由に合理性がないと考えられる場合は、改善を求めることができる。

○　内閣府においては、法第９条第２項に基づく報告概要の公表の中で、延長する期間及び延長の理由を公表している。

○　保存期間を延長した場合は、第６の留意事項を参照し、行政文書ファイル管理簿の保存期間欄及び保存期間満了日欄を更新すること。

【報告例】

行政文書ファイル等の名称	保存期間	延長期間	延長理由
○○○○	30年	３年	○○法の改正を検討するために必要なファイルであることから、引き続き保存し、利用する必要があるため。
○○○○	10年	１年	○○災害への対応に必要なファイルであることから、引き続き保存し、利用する必要があるため。

第８　点検・監査及び管理状況の報告等

１　点検・監査

(1)　文書管理者は、自ら管理責任を有する行政文書の管理状況について、少なくとも毎年度一回、点検を行い、その結果を総括文書管理者に報告しなければならない。

(2)　監査責任者は、行政文書の管理状況について、少なくとも毎年度一回、監査を行い、その結果を総括文書管理者に報告しなければならない。

(3)　総括文書管理者は、点検又は監査の結果等を踏まえ、行政文書の管理について必要な措置を講じるものとする。

２　紛失等への対応

(1)　文書管理者は、行政文書ファイル等の紛失及び誤廃棄が明らかとなった場合は、直ちに総括文書管理者に報告しなければならない。

(2)　総括文書管理者は、(1)の報告を受けたときは、速やかに被害の拡大防止等のために必要な措置を講じるものとする。

３　管理状況の報告等

(1)　総括文書管理者は、行政文書ファイル管理簿の記載状況その他の行政文書の管理状況について、毎年度、内閣府に報告するものとする。

(2)　総括文書管理者は、法第９条第３項の規定による求め及び実地調査が行われる場合には、必要な協力を行うものとする。

(3)　総括文書管理者は、内閣府から法第31条の規定による勧告があった場合には、必要な措置を講じるものとする。

≪留意事項≫

＜点検・監査の意義＞

○　文書管理に関するコンプライアンスを確保し、適正な文書管理を、組織及び職員一人ひとりに根付かせ維持するためには、点検・監査の効果的な実施が必

要である。このため、少なくとも毎年度一回、紙文書であるか電子文書（電子メールを含む。）であるかにかかわらず、職員による行政文書の作成や保存が適切に行われているかどうか点検・監査を実施し、その中で、具体的な指導を継続することにより、組織としての文書管理レベルの向上と職員一人ひとりの文書管理スキルの向上を図ることとしている。

○　また、職員自身による自主点検について、例えば四半期ごとに文書管理推進期間を設けるなどにより実施する。

＜点検・監査＞

○　文書管理に関するコンプライアンスを確保するため、第８－１－(1)において文書管理者が自ら管理責任を有する行政文書の管理状況をチェックし改善を図るための「点検」について定め、第８－１－(2)において監査責任者が各文書管理者における法令及び訓令等の遵守状況を把握し改善を図るための「監査」について定めている。

○　点検については、総括文書管理者が点検項目や点検時期を示すなど、文書管理者における効果的な点検の実施を促すことが望ましい。

【点検項目の例】

・　作成すべき行政文書が適切に作成されているか。
・　文書管理者は、行政文書ファイル等の保存場所を的確に把握しているか。
・　行政文書ファイル等の保存場所は適切か。
・　個人的な執務の参考資料は、職員各自の机の周辺のみに置かれているか（共用のファイリングキャビネットや書棚に置かれていないか）。
・　行政文書ファイル等は、識別を容易にするための措置が講じられているか。
・　行政文書ファイル等の分類、名称、保存期間、保存期間満了日及び保存場所等が行政文書ファイル管理簿に適切に記載されているか。
・　移管すべき行政文書ファイル等が適切に移管されているか。
・　廃棄するとされた行政文書ファイル等は適切に廃棄されているか。
・　誤廃棄を防止する措置は採られているか。
・　職員に対する日常的指導は適切になされているか。
・　異動や組織の新設・改正・廃止に伴う事務引継の際、適切に行政文書ファイル等が引き継がれているか。

○　監査については、監査責任者が監査計画、監査要領や監査マニュアルを作成するとともに、文書管理者の点検結果等を十分に活用することにより、計画的かつ効果的に実施することが重要である。また、監査実施後は、監査報告書を作成し、文書管理者における必要な改善を促すとともに、監査手法の有効性の検証や評価を行うことが重要である。

【監査の実施例】

①　当該行政機関の業務全体の監査に関する基本計画の中に文書管理の監査を記載。業務監査担当課が業務全体の監査の一環と位置付けて実施。

②　監査における指摘事項を確実に改善するため、監査で指摘を受けた職員が

自ら改善することができるよう、監査とフォローアップ監査の実施時期の間隔を人事異動の間隔よりも短い1年以内に設定。

③　一定期間（例：3年）内に、地方支分部局も含めすべての部局について監査できるよう、監査計画を策定。

○　監査に民間の専門的知見を活用することも考えられる。監査責任者は、このような外部監査を実施する場合においても、外部監査実施者に文書管理者の点検結果等の情報提供を行うなど、計画的かつ効果的に監査を実施することが重要である。また、外部監査実施後は、外部監査実施者の報告内容を十分分析し、総括文書管理者に報告することが必要である。

○　総括文書管理者は、点検又は監査の結果等を踏まえ、行政文書の管理について必要な改善措置を講じることとしている。

○　上記の点検・監査に加え、歴史的緊急事態が発生した場合には、当該事態に対応する会議等の記録の作成の責任を負う行政機関においては、事後作成のための資料の保存状況や文書の作成・保存状況を適時点検するなど、マニュアル等に沿った対応がなされているか、マニュアル等で想定されていない事態が発生した場合には、関係する行政機関において記録の作成の責任体制を明確にした上で、当該事態に応じた必要な文書が適切に作成・保存されているか確認する必要がある。

＜紛失等への対応＞

○　行政文書ファイル等の紛失及び誤廃棄については、被害の拡大防止や業務への影響の最小化等の観点から、組織的に対応すべき重大な事態であることから、紛失及び誤廃棄が明らかとなった場合は、直ちに総括文書管理者に報告することとしている。

○　総括文書管理者は、上記報告を受けたときは、速やかに被害の拡大防止等のために、必要な措置を講じることとしている。

○　なお、各行政機関における行政文書ファイル等の紛失及び誤廃棄の状況については、第8－3－(1)の管理状況の報告事項としている。

＜管理状況の報告・実地調査・改善勧告＞

○　法第9条第1項に基づき、総括文書管理者は、行政文書ファイル管理簿の記載状況その他の行政文書の管理の状況について、毎年度、内閣府に報告する必要がある。

○　また、内閣府は、第三者的観点から、このような定期報告に加え、法第9条第3項に基づき、文書管理上の問題発生時や、制度運営上、特定の行政文書の取扱いについて検討の必要が生じたときなどに、報告や関係資料の提出を求め、又は、実地調査をすることができる。このような場合、総括文書管理者が必要な協力を行うことを第8－3－(2)で明記している。なお、法第8条第4項に基づき、歴史公文書等に関し専門的知見を有する独立行政法人国立公文書館に報告・資料提出の求めや実地調査をさせることができる。

○　さらに、内閣府は法第31条に基づき、法を実施するため特に必要があると認

める場合には、公文書管理委員会の調査審議を経た上で、各行政機関に対し、公文書等の管理について改善すべき旨の勧告をし、当該勧告の結果採られた措置について報告を求めることができるとされており、このような場合、総括文書管理者は、必要な措置を講じることを第８－３－(3)で明記している。

○　なお、歴史的緊急事態に対応する会議等における記録の作成・保存について、第３及び第８の留意事項に基づく各行政機関の取組のみでは対応が不十分又はそのおそれがある場合には、内閣府において、法第９条第３項及び第31条に基づく権限を背景に、文書の作成・保存状況の調査を行った上で、さらに必要がある場合には文書の作成・保存を求める。

第９　研修

１　研修の実施

総括文書管理者は、職員に対し、行政文書の管理を適正かつ効果的に行うために必要な知識及び技能を習得させ、又は向上させるために必要な研修を行うものとする。また、総括文書管理者は、各職員が少なくとも毎年度一回、研修を受けられる環境を提供しなければならない。文書管理者は、各職員の受講状況について、総括文書管理者に報告しなければならない。

２　研修への参加

文書管理者は、総括文書管理者及び独立行政法人国立公文書館その他の機関が実施する研修に職員を積極的に参加させなければならない。また、職員は、適切な時期に研修を受講しなければならない。

≪留意事項≫

＜研修の意義＞

○　適正な文書管理は、業務の効率化や円滑な行政運営に資するとともに、現在及び将来の国民に説明する責務を全うするための基本インフラである。このため、行政機関の職員一人ひとりが職責を明確に自覚し、誇りを持って文書を作成し、文書に愛着を持って適切な管理を行い、堂々と後世に残していくという意識を醸成する必要がある。

○　各職員が高い意識の下、法に基づき適正な文書管理を行うためには、文書管理に関する知識及び技能を習得させ、又は向上させるための研修の実施が不可欠である。

＜総括文書管理者・文書管理者の役割＞

○　総括文書管理者は、法第32条第１項に基づき、職員に対し、行政文書の管理を適正かつ効果的に行うために必要な知識及び技能を習得させ、又は向上させるために必要な研修を行うことを第９－１で明記している。総括文書管理者においては、文書管理に関する専門的知識を有する人材の計画的育成の観点からも、研修の実施後、当該研修の効果を把握するなどして、体系的・計画的な研修の実施に留意する必要がある。

○　第９－２において、文書管理者は、職員を研修に積極的に参加させなければ

ならないとしている。
＜研修の効果的実施＞
○　研修の実施に当たっては、職員それぞれの職責やレベルに応じた研修を行うことが効果的である。
○　地方支分部局など遠地に勤務する職員も、より研修の受講がしやすくなる環境を準備するよう努める。
○　また、各職員が少なくとも年度一回研修を受けるに当たっては、e-ラーニング等の活用を含め、効率性や受講のしやすさに配慮する。
【実施例】
①　新規採用職員研修
採用後直ちに、職員として必要な文書管理に係る基本的な知識及び技能を習得するための研修
(内容例)
法制度の目的・概要、規則の内容、ファイリングの手法、行政文書ファイル管理簿の意義・機能、文書管理システムの利用方法、歴史公文書等の評価・選別等
②　定期的な職員研修
職員一人ひとりにおいての公文書管理に係る基本的な知識及び技能の更なる向上を図るための研修
(内容例)
①の内容例のほか、法制度の趣旨、文書の作成・整理・保存等を日々行うに当たっての留意事項等
③　新任の管理職職員（文書管理者）研修
初めて管理職職員になる際、文書管理者の職務と責任の遂行に必要な知識及び技能を習得するための研修
(内容例)
①の内容例のほか、文書管理に関する職員の指導方法、管理状況の点検方法等
○　行政機関内部や独立行政法人国立公文書館における研修だけでなく、民間の専門的知見を有する者による外部研修を活用することにより、多様な知識・技能等を習得させ研修効果を高めることも考えられる。
○　また、情報セキュリティ対策に関する研修、個人情報保護に関する研修等と併せて実施することも考えられる。

第10　公表しないこととされている情報が記録された行政文書の管理
1　特定秘密である情報を記録する行政文書の管理
特定秘密（特定秘密の保護に関する法律（平成25年法律第108号）第３条第１項に規定する特定秘密をいう。以下同じ。）である情報を記録する行政文書については、この訓令に定めるもののほか、同法、特定秘密の保護に関

する法律施行令（平成26年政令第336号）、特定秘密の指定及びその解除並びに適性評価の実施に関し統一的な運用を図るための基準（平成26年10月14日閣議決定）及び同令第12条第１項の規定に基づき定められた○○省特定秘密保護規程に基づき管理するものとする。

2　特定秘密以外の公表しないこととされている情報が記録された行政文書のうち秘密保全を要する行政文書（特定秘密である情報を記録する行政文書を除く。以下「秘密文書」という。）の管理

(1)　秘密文書は、次の種類に区分し、指定する。

　極秘文書　秘密保全の必要が高く、その漏えいが国の安全、利益に損害を与えるおそれのある情報を含む行政文書

　秘文書　極秘文書に次ぐ程度の秘密であって、関係者以外には知らせてはならない情報を含む極秘文書以外の行政文書

(2)　秘密文書の指定は、極秘文書については各部局長が、秘文書については各課長が期間（極秘文書については５年を超えない範囲内の期間とする。(3)において同じ。）を定めてそれぞれ行うものとし（以下これらの指定をする者を「指定者」という。）、その指定は必要最小限にとどめるものとする。

(3)　指定者は、秘密文書の指定期間（この規定により延長した指定期間を含む。以下同じ。）が満了する時において、満了後も引き続き秘密文書として管理を要すると認めるときは、期間を定めてその指定期間を延長するものとする。また、指定期間は、通じて当該行政文書の保存期間を超えることができないものとする。

(4)　秘密文書は、その指定期間が満了したときは、当該指定は、解除されたものとし、また、その期間中、指定者が秘密文書に指定する必要がなくなったと認めるときは、指定者は、速やかに秘密文書の指定を解除するものとする。

(5)　指定者は、秘密文書の管理について責任を負うものを秘密文書管理責任者として指名するものとする。

(6)　秘密文書は、秘密文書を管理するための簿冊において管理するものとする。

(7)　秘密文書には、秘密文書と確認できる表示を付すものとする。

(8)　総括文書管理者は、秘密文書の管理状況について、毎年度、○○大臣に報告するものとする。

(9)　他の行政機関に秘密文書を提供する場合には、あらかじめ当該秘密文書の管理について提供先の行政機関と協議した上で行うものとする。

(10)　総括文書管理者は、この訓令の定めを踏まえ、秘密文書の管理に関し必要な事項の細則を規定する秘密文書の管理に関する要領を定めるものとする。

≪留意事項≫

＜特定秘密である情報を記録する行政文書の管理＞

○　特定秘密（特定秘密の保護に関する法律（平成25年法律第108号。以下「特定秘密保護法」という。）第３条第１項に規定する特定秘密をいう。以下同じ。）である情報を記録する行政文書については、他の行政文書と同様に法の適用を受け、規則に基づき管理されることとなるが、このほか、特定秘密保護法、特定秘密の保護に関する法律施行令（平成26年政令第336号。以下「特定秘密保護法施行令」という。）、特定秘密の指定及びその解除並びに適性評価の実施に関し統一的な運用を図るための基準（平成26年10月14日閣議決定。以下「運用基準」という。）及び特定秘密保護法施行令第12条第１項の規定に基づき各行政機関において定められた特定秘密保護規程に基づき管理を行う必要があることについて明らかにしている。

＜特定秘密以外の公表しないこととされている情報が記録された行政文書のうち秘密保全を要する行政文書の管理＞

○　特定秘密以外の公表しないこととされている情報が記録された行政文書のうち秘密保全を要する行政文書（特定秘密である情報を記録する行政文書を除く。以下「秘密文書」という。）は、原則として、極秘文書及び秘文書の２つに区分し指定する。

○　秘密文書は、原則として、極秘文書については当該行政機関の官房長、局長又はこれらに準ずる者、秘文書については当該行政機関の課長又はこれに準ずる者が、それぞれ期間（極秘文書については５年を超えない範囲内の期間とする。秘密文書の指定期間の延長において同じ。）を定めて指定するものとし(以下これらの指定をする者を「指定者」という。)、その指定は必要最小限でなければならない。

○　極秘文書については、その秘密保全の必要性の高さを踏まえ、定期的にその管理の状況を確認するという観点から、５年を超えない範囲内の期間を定めて指定及び指定期間の延長をすることとしている。

○　なお、指定した秘密文書のうち、特に重要なものについては、各行政機関の長（○○大臣等）にその指定について報告を行うものとする。

○　秘密文書の指定期間（第10－２－(3)の規定により延長した指定期間を含む。以下同じ。）が満了する時において、指定者が満了後も引き続き秘密文書として管理を要すると認める場合には、秘密文書の指定の期間がいたずらに長期にわたることを防止する観点から、期間を定めてその指定期間を延長するものとする。

○　また、秘密文書の指定は、当該行政文書の秘密保全の必要性を踏まえ、保存期間中における適正な管理を確保するために行われるものであるため、秘密文書の指定期間は、通じて当該行政文書の保存期間を超えることはできない。

○　秘密文書の指定期間が満了したときは何らかの措置をとるまでもなく当然に当該指定は解除されるものとしている。また、秘密文書の指定期間中であって

も指定者が秘密文書に指定する必要がなくなったと認めるときは、指定者は、速やかに秘密文書の指定を解除することとしている。

○　各行政機関の指定者は、秘密文書の管理について責任を負うものを秘密文書管理責任者として指名するものとしている。なお、秘密文書管理責任者は、原則として課長又はこれに準ずる者とする。

○　秘密文書は、原則として、秘密文書管理責任者が備える秘密文書を管理するための簿冊（以下「秘密文書管理簿」という。）において管理するものとする。秘密文書管理簿には、秘密文書の件名、指定区分、指定区分ごとの登録番号、指定期間満了年月日、提供先等秘密文書の適正な管理を図るために必要な事項を記載するものとする。

○　秘密文書には、秘密文書であることを明らかにするため、秘密文書と確認できる表示（以下「秘密文書表示」という。）を付すものとしている。

○　各行政機関の長が秘密文書の管理状況について把握することができるよう、総括文書管理者は、当該文書の管理状況について、毎年度、各行政機関の長（○○大臣等）に報告するものとしている。なお、当該報告は、各行政機関における文書管理及び秘密保全の業務の分担の状況等に照らして適切と認められる者が行うこともできる。秘密文書の管理状況については、第８－３－(1)の管理状況の報告事項としている。

○　秘密文書の管理に当たり、秘密文書に含まれる情報の不必要な拡散を防止するため、秘密文書を取り扱う者は必要最小限とすべきであることに留意が必要である。

○　他の行政機関に秘密文書を提供する場合には、あらかじめ当該秘密文書の管理について提供先の行政機関と協議した上で行うものとしている。提供先の行政機関においては、当該協議に当たって、政府における秘密文書の統一的な管理を図る観点から、可能な限り対象となる秘密文書について両行政機関で同程度の管理が行われるよう努めるものとする。

○　各行政機関において、国会より秘密文書の提供を求められたときは、秘密文書に指定されていることのみを理由にその提供を拒むことはできないことに留意するとともに、その提供に当たっては、国会の秘密文書に係る保護措置等を踏まえ、適切な対応を行うものとする。

○　秘密文書について行政機関の保有する情報の公開に関する法律に基づく開示請求がされたときは、秘密文書に指定されていることのみを理由に不開示とすることはできないことに留意するとともに、その都度個別に同法に基づき、開示・不開示の決定を行う必要がある。

○　総括文書管理者は、規則に定める秘密文書の管理に係る基本的な事項を踏まえ、秘密文書の管理に関し必要な事項の細則を規定する秘密文書の管理に関する要領（以下「秘密文書管理要領」という。）を定めるものとしている。なお、秘密文書管理要領は、各行政機関における文書管理及び秘密保全の業務の分担の状況等に照らして適切と認められる者が定めることもできる。

○　秘密文書については、規則及び各行政機関の秘密文書管理要領にのっとり管理するとともに、「政府機関の情報セキュリティ対策のための統一基準」の適用対象となる秘密文書については、同基準に規定された「機密性３情報」が記録された行政文書に該当することに留意して、各府省庁の情報セキュリティポリシーにのっとり、適正な管理を併せて行うものとする。

○　情報の保護に関する国際約束に基づき提供された情報が記録された秘密文書の管理に当たっては、規則のほか、当該国際約束の規定に基づき管理することに留意するものとする。

＜秘密文書管理要領＞

○　秘密文書管理要領を定めるに当たっては、法の趣旨を踏まえるとともに、各行政機関における秘密文書の管理の実効性を確保するため、各行政機関それぞれの業務内容や取り扱う秘密文書の性格、組織体制等を考慮するものとする。

○　秘密文書管理要領には、規則において定めた指定区分、指定者、秘密文書管理簿、秘密文書表示、行政機関の長への報告等のほか、秘密文書の保存、提供及び送達並びに複製等、秘密文書であった行政文書の廃棄、秘密文書の管理の適正に関する通報等の詳細について記載する。

○　従前の秘密文書の取扱いに関する規程に基づき「極秘」又は「秘」に指定されていた行政文書については、各行政機関において規則及び秘密文書管理要領に基づき適正に管理されるよう、平成29年度末を目途に必要な措置を完了するよう努めるものとする。

○　政府における秘密文書の統一的な管理及び各行政機関における秘密文書管理要領の作成に資するため、以下のとおり秘密文書の管理に関するモデル要領を示す。

秘密文書の管理に関するモデル要領

第１　目的

本要領は、○○省が保有する特定秘密（特定秘密の保護に関する法律（平成25年法律第108号）第３条第１項に規定する特定秘密をいう。以下同じ。）以外の公表しないこととされている情報が記録された行政文書のうち秘密保全を要する行政文書（特定秘密である情報を記録する行政文書を除く。以下「秘密文書」という。）の管理に関し、○○省行政文書管理規則に定めるもののほか、必要な事項の細則を定めるものである。

第２　秘密文書の指定及び指定者

１　指定区分

秘密文書は、次の種類に区分し、指定するものとする。

極秘文書　秘密保全の必要が高く、その漏えいが国の安全、利益に損害を与えるおそれのある情報を含む行政文書

秘文書　極秘文書に次ぐ程度の秘密であって、関係者以外には知らせてはならない情報を含む極秘文書以外の行政文書

2　指定者

秘密文書の指定は、極秘文書は各部局長が、秘文書は各課長が、期間（極秘文書については５年を超えない範囲内の期間とする。第３－１において同じ。）を定めてそれぞれ行う（以下これらの指定をする者を「指定者」という。）。

第３　秘密文書の指定期間の延長及び指定の解除

1　秘密文書の指定期間の延長

指定者は、秘密文書の指定期間（この規定により延長した指定期間を含む。以下同じ。）が満了する時において、満了後も引き続き秘密文書として管理を要すると認めるときは、その指定期間を、期間を定めて延長するものとし、当該秘密文書の提供先に、延長を行った旨及び延長後の指定期間を通知すること。また、指定期間は、通じて当該行政文書の保存期間を超えることができない。

2　秘密文書の指定の解除

⑴　秘密文書は、その指定期間が満了したときは、当該指定は、解除されたものとし、また、その期間中、指定者が秘密文書に指定する必要がなくなったと認めるときは、指定者は、速やかに秘密文書の指定を解除すること。

⑵　秘密文書の指定が解除された場合は、当該秘密文書の提供先に秘密文書の指定を解除した旨を通知すること。

第４　秘密文書であることの表示等

1　秘密文書表示

秘密文書であることの表示（以下「秘密文書表示」という。）は、以下のとおりとする。

⑴　秘密文書が紙文書である場合

秘密文書の見やすい箇所に、印刷、押印その他これらに準ずる確実な方法により、秘密文書の指定区分の文字（例：「極秘文書」、「秘文書」）を表示すること。

⑵　秘密文書が電子文書である場合

秘密文書を保存する際に、その文書名の先頭に指定区分を記す（例：「【極秘文書】○○基本計画」）とともに、当該秘密文書を電子計算機の映像面上において視覚により認識することができる状態にしたときに、秘密文書の指定区分の文字を容易な操作により認識することができるよう表示すること。

2　秘密文書の指定の解除の表示

秘密文書の指定が解除された場合には、秘密文書表示に代わって「秘密文書指定解.除」の表示を行うこと。

第５　秘密文書管理責任者等

１　指定者は、秘密文書の管理について責任を負うものを秘密文書管理責任者として指名する。

２　秘密文書は必要最小限の者で取り扱う。

第６　秘密文書管理簿

１　秘密文書管理責任者は、秘密文書の件名、指定区分、指定区分ごとの登録番号、指定期間満了年月日、提供先等を記載した秘密文書を管理するための簿冊（以下「秘密文書管理簿」という。）を備える。

２　秘密文書管理責任者は秘密文書の指定期間が延長された場合又は指定が解除された場合は、秘密文書管理簿の記載を変更する。

第７　秘密文書の保存

秘密文書の保存については、以下のとおりとする。

(1)　秘密文書が紙文書である場合

極秘文書については、金庫又は鋼鉄製の施錠のできる書庫等に保存すること。

秘文書については、施錠のできる書庫等に保存すること。

(2)　秘密文書が電子文書である場合

秘密文書については、インターネットに接続していない電子計算機又は媒体等に保存し、暗号化等による保護を行うとともに、当該秘密文書を記録する電子計算機、媒体等について、保存を金庫で行うなどにより物理的な盗難防止措置を施すこと。

秘文書については、インターネットからの侵入に対する多重防御による情報セキュリティ対策が施された電子計算機でも保存することができる。

第８　秘密文書の提供及び送達

１　秘密文書の提供に当たっては、指定者の承認を得るものとする。

２　秘密文書の送達については、以下のとおりとする。

(1)　秘密文書が紙文書である場合

極秘文書を送達する際は、秘密文書管理責任者又は秘密文書管理責任者の指定する者が、封筒に入れて携行すること。

秘文書を送達する際は、秘密文書管理責任者が指定する方法により行うこと。

(2)　秘密文書が電子文書である場合

極秘文書を送達する際は、暗号化措置等を施した上で、秘密文書管理責任者が指定する方法（インターネットによるものを除く。）により送達すること。

秘文書を送達する際は、暗号化措置等を施した上で、秘密文書管理責任者が指定する方法により送達すること。

第９　秘密文書の複製等

１　秘密文書の複製、翻訳並びに電磁的記録の書き出し及び印刷（以下「複製等」という。）を行い作成した文書は、秘密文書として管理すること。

２　秘密文書の複製等は必要最小限にとどめること。

第10　秘密文書であった行政文書の廃棄

１　秘密文書であった行政文書の廃棄に当たっては、歴史公文書等を廃棄することのないよう留意すること。

２　秘密文書であった行政文書の廃棄は、焼却、粉砕、細断、溶解、破壊等の復元不可能な方法により確実に行わなければならない。

第11　行政機関の長への報告

１　各部局長は、当該部局における秘密文書の管理状況について把握し、総括文書管理者に報告するものとする。

２　総括文書管理者は、秘密文書の管理状況について、毎年度、○○大臣に報告するものとする。

第12　行政機関間における秘密文書の管理

１　他の行政機関に秘密文書を提供する場合には、あらかじめ当該秘密文書の管理について提供先の行政機関と協議した上で行うものとする。

２　管理に疑義が生じた場合は、速やかに当該行政機関と協議を行うものとする。

第13　秘密文書の管理の適正に関する通報

１　秘密文書の管理が本要領に従って行われていないと思料した者は、○○（例：法令遵守対応窓口等）に通報できる。

２　○○に通報又は相談をしたことを理由として、通報者又は相談者に対し不利益な取扱いをしてはならない。

第14　秘密文書の指定前の管理

文書の作成者は、当該文書が極秘文書又は秘文書に該当すると考えられる場合には、それぞれに準じた管理を開始するとともに、指定の要否について、速やかに指定者の判断を仰ぐものとする。

〈特定秘密以外の公表しないこととされている情報が記録された行政文書のうち秘密文書に該当しない行政文書の管理〉

○　特定秘密以外の公表しないこととされている情報が記録された行政文書のうち秘密文書に該当しない行政文書（特定秘密である情報を記録する行政文書を除く。）については、各府省庁の情報セキュリティポリシー等にのっとり、各行政機関において、必要に応じて、施錠のできる書庫・保管庫に保存し、復元不可能な方法により廃棄するなど取扱いに注意して適正に管理するものとする。

第11　補則

１　特別の定め

○○法第○条の規定により、・・・と定められている事項については、当

該規定の定めるところによる。
2　細則
この訓令の施行に関し必要な事項は、別に総括文書管理者が定める。

≪留意事項≫

○　法第3条に基づき、公文書等の管理について、当該行政機関を規律する他の法律又はこれに基づく命令に特別の定めがある場合は、当該特別の定めによることとなる。

○　各行政機関の必要性等に応じ、国民への閲覧、非常時（災害発生時）における行政文書の取扱い等について、定めるものとする。

○　また、本訓令の施行に関し必要な細則について、総括文書管理者が定めることができる。

別表第1　行政文書の保存期間基準

事　項		業務の区分	当該業務に係る行政文書の類型（施行令別表の該当項）	保存期間	具体例
法令の制定又は改廃及びその経緯					
1	法律の制定又は改廃及びその経緯	(1)立案の検討	①立案基礎文書（一の項イ）	30年	・基本方針 ・基本計画 ・条約その他の国際約束 ・大臣指示 ・政務三役会議の決定
			②立案の検討に関する審議会等文書（一の項イ）		・開催経緯 ・諮問 ・議事の記録 ・配付資料 ・中間答申、最終答申、中間報告、最終報告、建議、提言
			③立案の検討に関する調査研究文書（一の項イ）		・外国・自治体・民間企業の状況調査 ・関係団体・関係者のヒアリング
		(2)法律案の審査	法律案の審査の過程が記録された文書（一の項ロ）		・法制局提出資料 ・審査録
		(3)他の行政機関への協議	行政機関協議文書（一の項ハ）		・各省への協議案 ・各省からの質問・意見 ・各省からの質問・意見に対する回答

		(4)閣議	閣議を求めるための決裁文書及び閣議に提出された文書（一の項ニ）		・５点セット（要綱、法律案、理由、新旧対照条文、参照条文） ・閣議請議書 ・案件表 ・配付資料
		(5)国会審議	国会審議文書（一の項ヘ）		・議員への説明 ・趣旨説明 ・想定問答 ・答弁書 ・国会審議録 ・内閣意見案 ・同案の閣議請議書
		(6)官報公示その他の公布	官報公示に関する文書その他の公布に関する文書（一の項ト）		・官報の写し ・公布裁可書（御署名原本）
		(7)解釈又は運用の基準の設定	①解釈又は運用の基準の設定のための調査研究文書（一の項チ）		・外国・自治体・民間企業の状況調査 ・関係団体・関係者のヒアリング
			②解釈又は運用の基準の設定のための決裁文書（一の項チ）		・逐条解説 ・ガイドライン ・訓令、通達又は告示 ・運用の手引
2	条約その他の国際約束の締結及びその経緯	(1)締結の検討	①外国（本邦の域外にある国又は地域をいう。）との交渉に関する文書及び解釈又は運用の基準の設定のための決裁文書（二の項イ及びニ）	30年	・交渉開始の契機 ・交渉方針 ・想定問答 ・逐条解説
			②他の行政機関の質問若しくは意見又はこれらに対する回答に関する文書その他の他の行政機関への連絡及び当該行政機関との調整に関する文書（二の項ロ）		・各省への協議案 ・各省からの質問・意見 ・各省からの質問・意見に対する回答
			③条約案その他の国際約束の案の検討に関する調査研究文書及び解釈又は運用の基準の設定のための調査研究文書（二の項ハ及びニ）		・外国・自治体・民間企業の状況調査 ・関係団体・関係者のヒアリング ・情報収集・分析

		(2)条約案の審査	条約案その他の国際約束の案の審査の過程が記録された文書（二の項ハ）		・法制局提出資料 ・審査録
		(3)閣議	閣議を求めるための決裁文書及び閣議に提出された文書（二の項ニ）		・閣議請議書 ・案件表 ・配付資料
		(4)国会審議	国会審議文書（二の項ニ）		・議員への説明 ・趣旨説明 ・想定問答 ・答弁書 ・国会審議録
		(5)締結	条約書、批准書その他これらに類する文書（二の項ホ）		・条約書・署名本書 ・調印書 ・批准・受諾書 ・批准書の寄託に関する文書
		(6)官報公示その他の公布	官報公示に関する文書その他の公布に関する文書（二の項ニ）		・官報の写し ・公布裁可書（御署名原本）
3	政令の制定又は改廃及びその経緯	(1)立案の検討	①立案基礎文書（一の項イ）	30年	・基本方針 ・基本計画 ・条約その他の国際約束 ・大臣指示 ・政務三役会議の決定
			②立案の検討に関する審議会等文書（一の項イ）		・開催経緯 ・諮問 ・議事の記録 ・配付資料 ・中間答申、最終答申、中間報告、最終報告、建議、提言
			③立案の検討に関する調査研究文書（一の項イ）		・外国・自治体・民間企業の状況調査 ・関係団体・関係者のヒアリング
		(2)政令案の審査	政令案の審査の過程が記録された文書（一の項ロ）		・法制局提出資料 ・審査録
		(3)意見公募手続	意見公募手続文書（一の項ハ）		・政令案 ・趣旨、要約、新旧対照条文、参照条文 ・意見公募要領 ・提出意見 ・提出意見を考慮した結果及びその理由

		(4)他の行政機関への協議	行政機関協議文書（一の項ハ）		・各省への協議案 ・各省からの質問・意見 ・各省からの質問・意見に対する回答
		(5)閣議	閣議を求めるための決裁文書及び閣議に提出された文書（一の項ニ）		・５点セット（要綱、政令案、理由、新旧対照条文、参照条文） ・閣議請議書 ・案件表 ・配付資料
		(6)官報公示その他の公布	官報公示に関する文書その他の公布に関する文書（一の項ト）		・官報の写し ・公布裁可書（御署名原本）
		(7)解釈又は運用の基準の設定	①解釈又は運用の基準の設定のための調査研究文書（一の項チ）		・外国・自治体・民間企業の状況調査 ・関係団体・関係者のヒアリング
			②解釈又は運用の基準の設定のための決裁文書（一の項チ）		・逐条解説 ・ガイドライン ・訓令、通達又は告示 ・運用の手引
4	内閣官房令、内閣府令、省令その他の規則の制定又は改廃及びその経緯	(1)立案の検討	①立案基礎文書（一の項イ）	30年	・基本方針 ・基本計画 ・条約その他の国際約束 ・大臣指示 ・政務三役会議の決定
			②立案の検討に関する審議会等文書（一の項イ）		・開催経緯 ・諮問 ・議事の記録 ・配付資料 ・中間報告、最終報告、提言
			③立案の検討に関する調査研究文書（一の項イ）		・外国・自治体・民間企業の状況調査 ・関係団体・関係者のヒアリング
		(2)意見公募手続	意見公募手続文書（一の項ハ）		・官房令案・府令案・省令案・規則案 ・趣旨、要約、新旧対照条文、参照条文 ・意見公募要領 ・提出意見 ・提出意見を考慮した結果及びその理由

		⑶制定又は改廃	内閣官房令、内閣府令、省令その他の規則の制定又は改廃のための決裁文書（一の項ホ）		・官房令案・府令案・省令案・規則案 ・理由、新旧対照条文、参照条文
		⑷官報公示	官報公示に関する文書（一の項ト）		・官報の写し
		⑸解釈又は運用の基準の設定	①解釈又は運用の基準の設定のための調査研究文書（一の項チ）		・外国・自治体・民間企業の状況調査 ・関係団体・関係者のヒアリング
			②解釈又は運用の基準の設定のための決裁文書（一の項チ）		・逐条解説 ・ガイドライン ・訓令、通達又は告示 ・運用の手引
閣議、関係行政機関の長で構成される会議又は省議（これらに準ずるものを含む。）の決定又は了解及びその経緯					
5	閣議の決定又は了解及びその経緯	⑴予算に関する閣議の求め及び予算の国会提出その他の重要な経緯	①閣議を求めるための決裁文書及び閣議に提出された文書（三の項イ）	30年	・歳入歳出概算 ・予算書（一般会計・特別会計・政府関係機関） ・概算要求基準等 ・閣議請議書 ・案件表 ・配付資料
			②予算その他国会に提出された文書（三の項ハ）		・予算書（一般会計・特別会計・政府関係機関） ・予算参考資料
		⑵決算に関する閣議の求め及び決算の国会提出その他の重要な経緯	①閣議を求めるための決裁文書及び閣議に提出された文書（三の項イ）		・決算書（一般会計・特別会計・政府関係機関） ・調書 ・予備費使用書 ・閣議請議書 ・案件表 ・配付資料
			②決算に関し、会計検査院に送付した文書及びその検査を経た文書（三の項ロ）		・決算書（一般会計・特別会計・政府関係機関）（※会計検査院保有のものを除く。）
			③歳入歳出決算その他国会に提出された文書（三の項ハ）		・決算書（一般会計・特別会計・政府関係機関）

		(3)質問主意書に対する答弁に関する閣議の求め及び国会に対する答弁その他の重要な経緯	①答弁の案の作成の過程が記録された文書（四の項イ）		・法制局提出資料 ・審査録
			②閣議を求めるための決裁文書及び閣議に提出された文書（四の項ロ）		・答弁案 ・閣議請議書 ・案件表 ・配付資料
			③答弁が記録された文書（四の項ハ）		・答弁書
		(4)基本方針、基本計画又は白書その他の閣議に付された案件に関する立案の検討及び閣議の求めその他の重要な経緯（1の項から4の項まで及び5の項(1)から(3)までに掲げるものを除く。）	①立案基礎文書（五の項イ）		・基本方針 ・基本計画 ・条約その他の国際約束 ・大臣指示 ・政務三役会議の決定
			②立案の検討に関する審議会等文書（五の項イ）		・開催経緯 ・諮問 ・議事の記録 ・配付資料 ・中間答申、最終答申、中間報告、最終報告、建議、提言
			③立案の検討に関する調査研究文書（五の項イ）		・外国・自治体・民間企業の状況調査 ・関係団体・関係者のヒアリング ・任意パブコメ
			④行政機関協議文書（五の項ロ）		・各省への協議案 ・各省からの質問・意見 ・各省からの質問・意見に対する回答
			⑤閣議を求めるための決裁文書及び閣議に提出された文書（五の項ハ）		・基本方針案 ・基本計画案 ・白書案 ・閣議請議書 ・案件表 ・配付資料
6	関係行政機関の長で構成される会議（これに	関係行政機関の長で構成される会議の決定又は了解に関	①会議の決定又は了解に係る案の立案基礎文書（六の項イ）	10年	・基本方針 ・基本計画 ・条約その他の国際約束 ・総理指示

	準ずるものを含む。この項において同じ。）の決定又は了解及びその経緯	する立案の検討及び他の行政機関への協議その他の重要な経緯	②会議の決定又は了解に係る案の検討に関する調査研究文書（六の項イ）		・外国・自治体・民間企業の状況調査 ・関係団体・関係者のヒアリング
			③会議の決定又は了解に係る案の検討に関する行政機関協議文書（六の項イ）		・各省への協議案 ・各省からの質問・意見 ・各省からの質問・意見に対する回答
			④会議に検討のための資料として提出された文書（六の項ロ）及び会議（国務大臣を構成員とする会議に限る。）の議事が記録された文書		・配付資料 ・議事の記録
			⑤会議の決定又は了解の内容が記録された文書（六の項ハ）		・決定・了解文書
7	省議（これに準ずるものを含む。この項において同じ。）の決定又は了解及びその経緯	省議の決定又は了解に関する立案の検討その他の重要な経緯	①省議の決定又は了解に係る案の立案基礎文書（七の項イ）	10年	・基本方針 ・基本計画 ・条約その他の国際約束 ・大臣指示
			②省議の決定又は了解に係る案の検討に関する調査研究文書（七の項イ）		・外国・自治体・民間企業の状況調査 ・関係団体・関係者のヒアリング
			③省議に検討のための資料として提出された文書（七の項ロ）及び省議（国務大臣を構成員とする省議に限る。）の議事が記録された文書		・配付資料 ・議事の記録
			④省議の決定又は了解の内容が記録された文書（七の項ハ）		・決定・了解文書
複数の行政機関による申合せ又は他の行政機関若しくは地方公共団体に対して示す基準の設定及びその経緯					

8	複数の行政機関による申合せ及びその経緯	複数の行政機関による申合せに関する立案の検討及び他の行政機関への協議その他の重要な経緯	①申合せに係る案の立案基礎文書（八の項イ）	10年	・基本方針 ・基本計画 ・条約その他の国際約束 ・総理指示
			②申合せに係る案の検討に関する調査研究文書（八の項イ）		・外国・自治体・民間企業の状況調査 ・関係団体・関係者のヒアリング
			③申合せに係る案の検討に関する行政機関協議文書（八の項イ）		・各省への協議案 ・各省からの質問・意見 ・各省からの質問・意見に対する回答
			④他の行政機関との会議に検討のための資料として提出された文書及び当該会議の議事が記録された文書その他申合せに至る過程が記録された文書（八の項ロ）		・開催経緯 ・議事の記録 ・配付資料
			⑤申合せの内容が記録された文書（八の項ハ）		・申合せ
9	他の行政機関に対して示す基準の設定及びその経緯	基準の設定に関する立案の検討その他の重要な経緯	①立案基礎文書（九の項イ）	10年	・基本方針 ・基本計画 ・条約その他の国際約束 ・大臣指示 ・政務三役会議の決定
			②立案の検討に関する審議会等文書（九の項イ）		・開催経緯 ・諮問 ・議事の記録 ・配付資料 ・中間答申、最終答申、中間報告、最終報告、建議、提言
			③立案の検討に関する調査研究文書（九の項イ）		・外国・自治体・民間企業の状況調査 ・関係団体・関係者のヒアリング
			④基準を設定するための決裁文書その他基準の設定に至る過程が記録された文書（九の項ロ）		・基準案

			⑤基準を他の行政機関に通知した文書（九の項ハ）		・通知
10	地方公共団体に対して示す基準の設定及びその経緯	基準の設定に関する立案の検討その他の重要な経緯	①立案基礎文書（九の項イ）	10年	・基本方針 ・基本計画 ・条約その他の国際約束 ・大臣指示 ・政務三役会議の決定
			②立案の検討に関する審議会等文書（九の項イ）		・開催経緯 ・諮問 ・議事の記録 ・配付資料 ・中間答申、最終答申、中間報告、最終報告、建議、提言
			③立案の検討に関する調査研究文書（九の項イ）		・外国・自治体・民間企業の状況調査 ・関係団体・関係者のヒアリング
			④基準を設定するための決裁文書その他基準の設定に至る過程が記録された文書（九の項ロ）		・基準案
			⑤基準を地方公共団体に通知した文書（九の項ハ）		・通知
個人又は法人の権利義務の得喪及びその経緯					
11	個人の権利義務の得喪及びその経緯	(1)行政手続法（平成5年法律第88号）第2条第8号ロの審査基準、同号ハの処分基準、同号ニの行政指導指針及び同法第6条の標準的な期間に関する立案の検討	①立案の検討に関する審議会等文書（十の項）	10年	・開催経緯 ・諮問 ・議事の記録 ・配付資料 ・中間答申、最終答申、中間報告、最終報告、建議、提言
			②立案の検討に関する調査研究文書（十の項）		・外国・自治体・民間企業の状況調査 ・関係団体・関係者のヒアリング
			③意見公募手続文書（十の項）		・審査基準案・処分基準案・行政指導指針案 ・意見公募要領 ・提出意見 ・提出意見を考慮した結果及びその理由

		その他の重要な経緯	④行政手続法第2条第8号ロの審査基準、同号ハの処分基準及び同号ニの行政指導指針を定めるための決裁文書（十の項）		・審査基準案・処分基準案・行政指導指針案
			⑤行政手続法第6条の標準的な期間を定めるための決裁文書（十の項）		・標準処理期間案
		⑵行政手続法第2条第3号の許認可等（以下「許認可等」という。）に関する重要な経緯	許認可等をするための決裁文書その他許認可等に至る過程が記録された文書（十一の項）	許認可等の効力が消滅する日に係る特定日以後5年	・審査案 ・理由
		⑶行政手続法第2条第4号の不利益処分（以下「不利益処分」という。）に関する重要な経緯	不利益処分をするための決裁文書その他当該処分に至る過程が記録された文書（十二の項）	5年	・処分案 ・理由
		⑷補助金等（補助金等に係る予算の執行の適正化に関する法律（昭和30年法律第179号）第2条第1項の補助金等をいう。以	①交付の要件に関する文書（十三の項イ）	交付に係る事業が終了する日に係る特定日以後5年	・交付規則・交付要綱・実施要領 ・審査要領・選考基準
			②交付のための決裁文書その他交付に至る過程が記録された文書（十三の項ロ）		・審査案 ・理由
			③補助事業等実績報告書（十三の項ハ）		・実績報告書

		下同じ。）の交付に関する重要な経緯			
		(5)不服申立てに関する審議会等における検討その他の重要な経緯	①不服申立書又は口頭による不服申立てにおける陳述の内容を録取した文書（十四の項イ）	裁決、決定その他の処分がされる日に係る特定日以後10年	・不服申立書 ・録取書
			②審議会等文書（十四の項ロ）		・諮問 ・議事の記録 ・配付資料 ・答申、建議、意見
			③裁決、決定その他の処分をするための決裁文書その他当該処分に至る過程が記録された文書（十四の項ハ）		・弁明書 ・反論書 ・意見書
			④裁決書又は決定書（十四の項ニ）		・裁決・決定書
		(6)国又は行政機関を当事者とする訴訟の提起その他の訴訟に関する重要な経緯	①訴訟の提起に関する文書（十五の項イ）	訴訟が終結する日に係る特定日以後10年	・訴状 ・期日呼出状
			②訴訟における主張又は立証に関する文書（十五の項ロ）		・答弁書 ・準備書面 ・各種申立書 ・口頭弁論・証人等調書 ・書証
			③判決書又は和解調書（十五の項ハ）		・判決書 ・和解調書
12	法人の権利義務の得喪及びその経緯	(1)行政手続法第2条第8号ロの審査基準、同号ハの処分基準、同号ニの行政指導指針及び同法第6条	①立案の検討に関する審議会等文書（十の項）	10年	・開催経緯 ・諮問 ・議事の記録 ・配付資料 ・中間答申、最終答申、中間報告、最終報告、建議、提言
			②立案の検討に関する調査研究文書（十の項）		・外国・自治体・民間企業の状況調査 ・関係団体・関係者のヒアリング

の標準的な期間に関する立案の検討その他の重要な経緯	③意見公募手続文書（十の項）		・審査基準案・処分基準案・行政指導指針案 ・意見公募要領 ・提出意見 ・提出意見を考慮した結果及びその理由
	④行政手続法第２条第８号ロの審査基準、同号ハの処分基準及び同号ニの行政指導指針を定めるための決裁文書（十の項）		・審査基準案・処分基準案・行政指導指針案
	⑤行政手続法第６条の標準的な期間を定めるための決裁文書（十の項）		・標準処理期間案
(2)許認可等に関する重要な経緯	許認可等をするための決裁文書その他許認可等に至る過程が記録された文書（十一の項）	許認可等の効力が消滅する日に係る特定日以後５年	・審査案 ・理由
(3)不利益処分に関する重要な経緯	不利益処分をするための決裁文書その他当該処分に至る過程が記録された文書（十二の項）	５年	・処分案 ・理由
(4)補助金等の交付（地方公共団体に対する交付を含む。）に関する重要な経緯	①交付の要件に関する文書（十三の項イ）	交付に係る事業が終了する日に係る特定日以後５年	・交付規則・交付要綱・実施要領 ・審査要領・選考基準
	②交付のための決裁文書その他交付に至る過程が記録された文書（十三の項ロ）		・審査案 ・理由
	③補助事業等実績報告書（十三の項ハ）		・実績報告書
(5)不服申立てに関する審議会等における検討その他の重要な経緯	①不服申立書又は口頭による不服申立てにおける陳述の内容を録取した文書（十四の項イ）	裁決、決定その他の処分がされる日に係る特定日以後10年	・不服申立書 ・録取書
	②審議会等文書（十四の項ロ）		・諮問 ・議事の記録 ・配付資料 ・答申、建議、意見

			③裁決、決定その他の処分をするための決裁文書その他当該処分に至る過程が記録された文書（十四の項ハ）		・弁明書 ・反論書 ・意見書
			④裁決書又は決定書（十四の項ニ）		・裁決・決定書
		(6)国又は行政機関を当事者とする訴訟の提起その他の訴訟に関する重要な経緯	①訴訟の提起に関する文書（十五の項イ）	訴訟が終結する日に係る特定日以後10年	・訴状 ・期日呼出状
			②訴訟における主張又は立証に関する文書（十五の項ロ）		・答弁書 ・準備書面 ・各種申立書 ・口頭弁論・証人等調書 ・書証
			③判決書又は和解調書（十五の項ハ）		・判決書 ・和解調書
職員の人事に関する事項					
13	職員の人事に関する事項	(1)人事評価実施規程の制定又は変更及びその経緯	①立案の検討に関する調査研究文書（十六の項イ）	10年	・外国・自治体・民間企業の状況調査 ・関係団体・関係者のヒアリング
			②制定又は変更のための決裁文書（十六の項ロ）		・規程案
			③制定又は変更についての協議案、回答書その他の内閣総理大臣との協議に関する文書（十六の項ハ）		・協議案 ・回答書
			④軽微な変更についての内閣総理大臣に対する報告に関する文書（十六の項ニ）		・報告書
		(2)職員の研修の実施に関する計画の立案の検討その他の職員の研修に関する重要な経緯	①計画の立案に関する調査研究文書（十七の項）	3年	・外国・自治体・民間企業の状況調査 ・関係団体・関係者のヒアリング
			②計画を制定又は改廃するための決裁文書（十七の項）		・計画案
			③職員の研修の実施状況が記録された文書（十七の項）		・実績

		(3)職員の兼業の許可に関する重要な経緯	職員の兼業の許可の申請書及び当該申請に対する許可に関する文書（十八の項）	3年	・申請書 ・承認書
		(4)退職手当の支給に関する重要な経緯	退職手当の支給に関する決定の内容が記録された文書及び当該決定に至る過程が記録された文書（十九の項）	支給制限その他の支給に関する処分を行うことができる期間又は5年のいずれか長い期間	・調書
その他の事項					
14	告示、訓令及び通達の制定又は改廃及びその経緯	(1)告示の立案の検討その他の重要な経緯（1の項から13の項までに掲げるものを除く。）	①立案の検討に関する審議会等文書（二十の項イ）	10年	・開催経緯 ・諮問 ・議事の記録 ・配付資料 ・中間答申、最終答申、中間報告、最終報告、建議、提言
			②立案の検討に関する調査研究文書（二十の項イ）		・外国・自治体・民間企業の状況調査 ・関係団体・関係者のヒアリング
			③意見公募手続文書（二十の項イ）		・告示案 ・意見公募要領 ・提出意見 ・提出意見を考慮した結果及びその理由
			④制定又は改廃のための決裁文書（二十の項ロ）		・告示案
			⑤官報公示に関する文書（二十の項ハ）		・官報の写し
		(2)訓令及び通達の立案の検討その他の	①立案の検討に関する調査研究文書（二十の項イ）	10年	・外国・自治体・民間企業の状況調査 ・関係団体・関係者のヒアリング

		重要な経緯（1の項から13の項までに掲げるものを除く。）	②制定又は改廃のための決裁文書（二十の項ロ）		・訓令案・通達案 ・行政文書管理規則案 ・公印規程案
15	予算及び決算に関する事項	(1)歳入、歳出、継続費、繰越明許費及び国庫債務負担行為の見積に関する書類の作製その他の予算に関する重要な経緯（5の項(1)及び(4)に掲げるものを除く。）	①歳入、歳出、継続費、繰越明許費及び国庫債務負担行為の見積に関する書類並びにその作製の基礎となった意思決定及び当該意思決定に至る過程が記録された文書（二十一の項イ）	10年	・概算要求の方針 ・大臣指示 ・政務三役会議の決定 ・省内調整 ・概算要求書
			②財政法（昭和22年法律第34号）第20条第2項の予定経費要求書等並びにその作製の基礎となった意思決定及び当該意思決定に至る過程が記録された文書（二十一の項ロ）		・予定経費要求書 ・継続費要求書 ・繰越明許費要求書 ・国庫債務負担行為要求書 ・予算決算及び会計令第12条の規定に基づく予定経費要求書等の各目明細書
			③①及び②に掲げるもののほか、予算の成立に至る過程が記録された文書（二十一の項ハ）		・行政事業レビュー ・執行状況調査
			④歳入歳出予算、継続費及び国庫債務負担行為の配賦に関する文書（二十一の項ニ）		・予算の配賦通知
		(2)歳入及び歳出の決算報告書並びに国の債務に関する計算書の作製その他の決算に関する重要な経緯（5の項(2)及び(4)に掲げるものを除	①歳入及び歳出の決算報告書並びにその作製の基礎となった意思決定及び当該意思決定に至る過程が記録された文書（二十二の項イ）	5年	・歳入及び歳出の決算報告書 ・国の債務に関する計算書 ・継続費決算報告書 ・歳入徴収額計算書 ・支出計算書 ・歳入簿・歳出簿・支払計画差引簿 ・徴収簿 ・支出決定簿 ・支出簿 ・支出負担行為差引簿 ・支出負担行為認証官の帳簿

		く。）	②会計検査院に提出又は送付した計算書及び証拠書類（二十二の項ロ）		・計算書 ・証拠書類（※会計検査院保有のものを除く。）
			③会計検査院の検査を受けた結果に関する文書（二十二の項ハ）		・意見又は処置要求（※会計検査院保有のものを除く。）
			④①から③までに掲げるもののほか、決算の提出に至る過程が記録された文書（二十二の項ニ）		・調書
			⑤国会における決算の審査に関する文書（二十二の項ホ）		・警告決議に対する措置 ・指摘事項に対する措置
16	機構及び定員に関する事項	機構及び定員の要求に関する重要な経緯	機構及び定員の要求に関する文書並びにその基礎となった意思決定及び当該意思決定に至る過程が記録された文書（二十三の項）	10年	・大臣指示 ・政務三役会議の決定 ・省内調整 ・機構要求書 ・定員要求書 ・定員合理化計画
17	独立行政法人等に関する事項	(1)独立行政法人通則法（平成11年法律第103号）その他の法律の規定による中期目標（独立行政法人通則法第２条第３項に規定する国立研究開発法人にあっては中長期目標、同条第４項に規定する行政	①立案の検討に関する調査研究文書（二十四の項イ）	10年	・外国・自治体・民間企業の状況調査 ・関係団体・関係者のヒアリング
			②制定又は変更のための決裁文書（二十四の項ロ）		・中期目標案
			③中期計画（独立行政法人通則法第２条第３項に規定する国立研究開発法人にあっては中長期計画、同条第４項に規定する行政執行法人にあっては事業計画）、事業報告書その他の中期目標の達成に関し法律の規定に基づき独立行政法人等により提出され、又は公表された文書（二十四の項ハ）		・中期計画 ・年度計画 ・事業報告書

		執行法人にあっては年度目標。以下この項において同じ。）の制定又は変更に関する立案の検討その他の重要な経緯			
		(2)独立行政法人通則法その他の法律の規定による報告及び検査その他の指導監督に関する重要な経緯	①指導監督をするための決裁文書その他指導監督に至る過程が記録された文書（二十五の項イ）	5年	・報告 ・検査
			②違法行為等の是正のため必要な措置その他の指導監督の結果の内容が記録された文書（二十五の項ロ）		・是正措置の要求 ・是正措置
18	政策評価に関する事項	行政機関が行う政策の評価に関する法律（平成13年法律第86号。以下「政策評価法」という。）第6条の基本計画の立案の検討、政策評価法第10条第1項の評価書の作成その他の政策評価の実施に関する重要な経	①政策評価法第6条の基本計画又は政策評価法第7条第1項の実施計画の制定又は変更に係る審議会等文書（二十六の項イ）	10年	・開催経緯 ・議事の記録 ・配付資料 ・中間報告、最終報告、提言
			②基本計画又は実施計画の制定又は変更に至る過程が記録された文書（二十六の項イ）		・外国・自治体・民間企業の状況調査 ・関係団体・関係者のヒアリング
			③基本計画の制定又は変更のための決裁文書及び当該制定又は変更の通知に関する文書（二十六の項イ）		・基本計画案 ・通知
			④実施計画の制定又は変更のための決裁文書及び当該制定又は変更の通知に関する文書（二十六の項イ）		・事後評価の実施計画案 ・通知

		緯	⑤評価書及びその要旨の作成のための決裁文書並びにこれらの通知に関する文書その他当該作成の過程が記録された文書（19の項に掲げるものを除く。）（二十六の項ロ）		・評価書 ・評価書要旨
			⑥政策評価の結果の政策への反映状況の作成に係る決裁文書及び当該反映状況の通知に関する文書その他当該作成の過程が記録された文書（二十六の項ハ）		・政策への反映状況案 ・通知
19	公共事業の実施に関する事項	直轄事業として実施される公共事業の事業計画の立案に関する検討、関係者との協議又は調整及び事業の施工その他の重要な経緯	①立案基礎文書（二十七の項イ）	事業終了の日に係る特定日以後5年又は事後評価終了の日に係る特定日以後10年のいずれか長い期間	・基本方針 ・基本計画 ・条約その他の国際約束 ・大臣指示 ・政務三役会議の決定
			②立案の検討に関する審議会等文書（二十七の項イ）		・開催経緯 ・諮問 ・議事の記録 ・配付資料 ・中間答申、最終答申、中間報告、最終報告、建議、提言
			③立案の検討に関する調査研究文書（二十七の項イ）		・外国・自治体・民間企業の状況調査 ・関係団体・関係者のヒアリング ・環境影響評価準備書 ・環境影響評価書
			④政策評価法による事前評価に関する文書（二十七の項へ）		・事業評価書 ・評価書要旨
			⑤公共事業の事業計画及び実施に関する事項についての関係行政機関、地方公共団体その他の関係者との協議又は調整に関する文書（二十七の項ロ）		・協議・調整経緯

			⑥事業を実施するための決裁文書（二十七の項ハ）		・実施案
			⑦事業の経費積算が記録された文書その他の入札及び契約に関する文書（二十七の項ニ）		・経費積算 ・仕様書 ・業者選定基準 ・入札結果
			⑧工事誌、事業完了報告書その他の事業の施工に関する文書（二十七の項ホ）		・工事誌 ・事業完了報告書 ・工程表 ・工事成績評価書
			⑨政策評価法による事後評価に関する文書（二十七の項へ）		・事業評価書 ・評価書要旨
20	栄典又は表彰に関する事項	栄典又は表彰の授与又ははく奪の重要な経緯（5の項(4)に掲げるものを除く。）	栄典又は表彰の授与又ははく奪のための決裁文書及び伝達の文書（二十八の項）	10年	・選考基準 ・選考案 ・伝達 ・受章者名簿
21	国会及び審議会等における審議等に関する事項	(1)国会審議（1の項から20の項までに掲げるものを除く。）	国会審議文書（二十九の項）	10年	・議員への説明 ・趣旨説明 ・想定問答 ・答弁書 ・国会審議録
		(2)審議会等（1の項から20の項までに掲げるものを除く。）	審議会等文書（二十九の項）	10年	・開催経緯 ・諮問 ・議事の記録 ・配付資料 ・中間答申、最終答申、中間報告、最終報告、建議、提言
22	文書の管理等に関する事項	文書の管理等	①行政文書ファイル管理簿その他の業務に常時利用するものとして継続的に保存すべき行政文書（三十の項）	常用（無期限）	・行政文書ファイル管理簿
			②取得した文書の管理を行うための帳簿（三十一の項）	5年	・受付簿

			③決裁文書の管理を行うための帳簿（三十二の項）	30年	・決裁簿
			④行政文書ファイル等の移管又は廃棄の状況が記録された帳簿（三十三の項）	30年	・移管・廃棄簿

備考

一　この表における次に掲げる用語の意義は、それぞれ次に定めるとおりとする。

1　立案基礎文書　立案の基礎となった国政に関する基本方針、国政上の重要な事項に係る意思決定又は条約その他の国際約束が記録された文書

2　審議会等文書　審議会その他の合議制の機関又は専門的知識を有する者等を構成員とする懇談会その他の会合（この表において「審議会等」という。）に検討のための資料として提出された文書及び審議会等の議事、答申、建議、報告若しくは意見が記録された文書その他審議会等における決定若しくは了解又はこれらに至る過程が記録された文書

3　調査研究文書　調査又は研究の結果及び当該結果に至る過程が記録された文書

4　決裁文書　行政機関の意思決定の権限を有する者が押印、署名又はこれらに類する行為を行うことにより、その内容を行政機関の意思として決定し、又は確認した行政文書

5　意見公募手続文書　意見公募手続の実施及び結果の公示に関する決裁文書

6　行政機関協議文書　他の行政機関への協議に係る案、当該協議に関する他の行政機関の質問若しくは意見又はこれらに対する回答が記録された文書その他の当該協議に関する文書

7　国会審議文書　国会における議案の趣旨の説明又は審議の内容が記録された文書、国会において想定される質問に対する回答に関する文書その他の国会審議に関する文書

8　関係行政機関の長で構成される会議（これに準ずるものを含む。）　閣僚委員会、副大臣会議その他の二以上の行政機関の大臣等（国務大臣、副大臣、大臣政務官その他これらに準ずる職員をいう。以下同じ。）で構成される会議

9　省議（これに準ずるものを含む。）　省議、政務三役会議その他の一の行政機関の大臣等で構成される会議

10　特定日　第４－３－⑾（施行令第８条第７項）の保存期間が確定することとなる日（19の項にあっては、事業終了の日又は事後評価終了の日）の属する年度の翌年度の４月１日（当該確定することとなる日から１年以内の日であって、４月１日以外の日を特定日とすることが行政文書の適切な管理に資すると文書管理者が認める場合にあっては、その日）

二　職員の人事に関する事項について、内閣官房令、人事院規則の規定により保存期間の定めがあるものは、それぞれ内閣官房令、人事院規則の規定による。

三　本表の第三欄は、法第４条の趣旨を踏まえ、経緯も含めた意思決定に至る過程並びに事務及び事業の実績を合理的に跡付け、又は検証する観点から重要な行政文書を示しているものであることから、同欄における「過程が記録された文書」は、当該行政機関における重要な経緯が記録された文書である。

四　本表各項の第四欄に掲げる保存期間については、それぞれ当該各項の第二欄に掲げる業務を主管する行政機関に適用するものとする。

五　本表が適用されない行政文書については、文書管理者は、本表の規定を参酌し、当該文書管理者が所掌する事務及び事業の性質、内容等に応じた保存期間基準を定めるものとする。

別表第２　保存期間満了時の措置の設定基準

1　基本的考え方

法第１条の目的において、「国及び独立行政法人等の諸活動や歴史的事実の記録である公文書等が、健全な民主主義の根幹を支える国民共有の知的資源として、主権者である国民が主体的に利用し得るものであること」及び「国及び独立行政法人等の有するその諸活動を現在及び将来の国民に説明する責務が全うされるようにすること」とされ、法第４条において、経緯も含めた意思決定に至る過程及び事務・事業の実績を合理的に跡付け、検証することができるよう文書を作成しなければならない旨が規定されており、以下の【Ⅰ】～【Ⅳ】のいずれかに該当する文書は、「歴史資料として重要な公文書その他の文書」に当たり、保存期間満了後には国立公文書館等に移管するものとする。

【Ⅰ】国の機関及び独立行政法人等の組織及び機能並びに政策の検討過程、決定、実施及び実績に関する重要な情報が記録された文書

【Ⅱ】国民の権利及び義務に関する重要な情報が記録された文書

【Ⅲ】国民を取り巻く社会環境、自然環境等に関する重要な情報が記録された文書

【Ⅳ】国の歴史、文化、学術、事件等に関する重要な情報が記録された文書

≪留意事項≫

○【Ⅰ】の文書について、例えば、次のような重要な情報が記録された文書が対象となる。

・　国の機関及び独立行政法人等の設置、統合、廃止、改編の経緯並びに各組織の構造や権限及び機能の根拠に関する情報が記録された文書

・　経緯も含めた政策の検討過程や決定並びに政策の実施及び実績に関する情報であって、将来までを見据えて政策の理解や見直しの検討に資すると考えられる情報が記録された文書

○【Ⅱ】の文書について、例えば、次のような重要な情報が記録された文書が対象となる。

・　国民の権利及び義務の法令上の根拠並びに個人及び法人の権利及び義務の得喪に関する基準や指針等の設定に関する経緯も含めた情報が記録された文書

・　個別の許認可等のうち公益等の観点から重要と認められるものに関する情報が記録された文書

・　国民からの不服申立てや国又は行政機関を当事者とする訴訟の提起等に関する情報のうち、法令の解釈やその後の政策立案等に大きな影響を与えた事件に関する情報が記録された文書

○【Ⅲ】の文書について、例えば、次のような重要な情報が記録された文書が対象となる。

・　政策の変更や優先順位の設定に影響を与えた社会環境、自然環境等に関する情報が記録された文書

・　政策が国民に与えた影響や効果、社会状況を示す重要な調査の結果、政府の広報に関する情報が記録された文書

・　我が国の自然環境に関する観測結果等、その動態に関する情報が記録された文書

○ 【Ⅳ】の文書について、例えば、次のような重要な情報が記録された文書が対象となる。

・　我が国の領土・主権、来歴や、多くの国民の関心事項となる自然災害及び事件等の重大な出来事（国内で起きたものに限らない。）に関する情報が記録された文書

・　学術の成果やその顕彰等及び文化、芸術、技術等の功績等のうち重要なものに関する情報が記録された文書

2　具体的な移管・廃棄の判断指針

１の基本的考え方に基づいて、個別の行政文書ファイル等の保存期間満了時の措置（移管・廃棄）の判断については以下の⑴～⑹に沿って行うものとし、いずれかの基準において移管と判断される場合には移管するものとする。

⑴　業務単位での保存期間満了時の措置

①　別表第１に掲げられた業務に係る行政文書ファイル等の保存期間満了時の措置については、次の表（用語の意義は、別表第１の用語の意義による。）の右欄のとおりとする。

事　項		業務の区分	保存期間満了時の措置
法令の制定又は改廃及びその経緯			
1	法律の制定又は改廃及びその経緯	⑴立案の検討	移管
		⑵法律案の審査	
		⑶他の行政機関への協議	
		⑷閣議	
		⑸国会審議	
		⑹官報公示その他の公布	
		⑺解釈又は運用の基準の設定	
2	条約その他の国際約束の締結及びその経緯	⑴締結の検討	移管（経済協力関係等で定型化し、重要性がないものは除く。）
		⑵条約案の審査	
		⑶閣議	
		⑷国会審議	

		⑸締結	
		⑹官報公示その他の公布	
3	政令の制定又は改廃及びその経緯	⑴立案の検討	移管
		⑵政令案の審査	
		⑶意見公募手続	
		⑷他の行政機関への協議	
		⑸閣議	
		⑹官報公示その他の公布	
		⑺解釈又は運用の基準の設定	
4	内閣官房令、内閣府令、省令その他の規則の制定又は改廃及びその経緯	⑴立案の検討	移管
		⑵意見公募手続	
		⑶制定又は改廃	
		⑷官報公示	
		⑸解釈又は運用の基準の設定	
閣議、関係行政機関の長で構成される会議又は省議（これらに準ずるものを含む。）の決定又は了解及びその経緯			
5	閣議の決定又は了解及びその経緯	⑴予算に関する閣議の求め及び予算の国会提出その他の重要な経緯	移管
		⑵決算に関する閣議の求め及び決算の国会提出その他の重要な経緯	
		⑶質問主意書に対する答弁に関する閣議の求め及び国会に対する答弁その他の重要な経緯	
		⑷基本方針、基本計画又は白書その他の閣議に付された案件に関する立案の検討及び閣議の求めその他の重要な経緯（１の項から４の項まで及び５の項⑴から⑶までに掲げるものを除く。）	

6	関係行政機関の長で構成される会議（これに準ずるものを含む。この項において同じ。）の決定又は了解及びその経緯	関係行政機関の長で構成される会議の決定又は了解に関する立案の検討及び他の行政機関への協議その他の重要な経緯	移管
7	省議（これに準ずるものを含む。この項において同じ。）の決定又は了解及びその経緯	省議の決定又は了解に関する立案の検討その他の重要な経緯	移管
複数の行政機関による申合せ又は他の行政機関若しくは地方公共団体に対して示す基準の設定及びその経緯			
8	複数の行政機関による申合せ及びその経緯	複数の行政機関による申合せに関する立案の検討及び他の行政機関への協議その他の重要な経緯	移管
9	他の行政機関に対して示す基準の設定及びその経緯	基準の設定に関する立案の検討その他の重要な経緯	移管
10	地方公共団体に対して示す基準の設定及びその経緯	基準の設定に関する立案の検討その他の重要な経緯	移管
個人又は法人の権利義務の得喪及びその経緯			
11	個人の権利義務の得喪及びその経緯	(1)行政手続法第２条第８号ロの審査基準、同号ハの処分基準、同号ニの行政指導指針及び同法第６条の標準的な期間に関する立案の検討その他の重要な経緯	移管

		(2)許認可等に関する重要な経緯	以下について移管（それ以外は廃棄。以下同じ。） ・国籍に関するもの
		(3)不利益処分に関する重要な経緯	廃棄
		(4)補助金等の交付に関する重要な経緯	以下について移管 ・補助金等の交付の要件に関する文書
		(5)不服申立てに関する審議会等における検討その他の重要な経緯	以下について移管 ・法令の解釈やその後の政策立案等に大きな影響を与えた事件に関するもの ・審議会等の裁決等について年度ごとに取りまとめたもの
		(6)国又は行政機関を当事者とする訴訟の提起その他の訴訟に関する重要な経緯	以下について移管 ・法令の解釈やその後の政策立案等に大きな影響を与えた事件に関するもの
12	法人の権利義務の得喪及びその経緯	(1)行政手続法第2条第8号ロの審査基準、同号ハの処分基準、同号ニの行政指導指針及び同法第6条の標準的な期間に関する立案の検討その他の重要な経緯	移管
		(2)許認可等に関する重要な経緯	以下について移管 ・運輸、郵便、電気通信事業その他の特に重要な公益事業に関するもの ・公益法人等の設立・廃止等、指導・監督等に関するもの
		(3)不利益処分に関する重要な経緯	廃棄
		(4)補助金等の交付（地方公共団体に対する交付を含む。）に関する重要な経緯	以下について移管 ・補助金等の交付の要件に関する文書

		(5)不服申立てに関する審議会等における検討その他の重要な経緯	以下について移管 ・法令の解釈やその後の政策立案等に大きな影響を与えた事件に関するもの ・審議会等の裁決等について年度ごとに取りまとめたもの
		(6)国又は行政機関を当事者とする訴訟の提起その他の訴訟に関する重要な経緯	以下について移管 ・法令の解釈やその後の政策立案等に大きな影響を与えた事件に関するもの
職員の人事に関する事項			
13	職員の人事に関する事項	(1)人事評価実施規程の制定又は変更及びその経緯	廃棄 ※別表第1の備考二に掲げるものも同様とする。（ただし、閣議等に関わるものについては移管）
		(2)職員の研修の実施に関する計画の立案の検討その他の職員の研修に関する重要な経緯	
		(3)職員の兼業の許可に関する重要な経緯	
		(4)退職手当の支給に関する重要な経緯	
その他の事項			
14	告示、訓令及び通達の制定又は改廃及びその経緯	(1)告示の立案の検討その他の重要な経緯（1の項から13の項までに掲げるものを除く。）	廃棄
		(2)訓令及び通達の立案の検討その他の重要な経緯（1の項から13の項までに掲げるものを除く。）	以下について移管 ・行政文書管理規則その他の重要な訓令及び通達の制定又は改廃のための決裁文書
15	予算及び決算に関する事項	(1)歳入、歳出、継続費、繰越明許費及び国庫債務負担行為の見積に関する書類の作	以下について移管 ・財政法第17条第2項の規定による歳入歳出等見積

		製その他の予算に関する重要な経緯（5の項(1)及び(4)に掲げるものを除く。）	書類の作製の基礎となった方針及び意思決定その他の重要な経緯が記録された文書（財務大臣に送付した歳入歳出等見積書類を含む。） ・財政法第20条第2項の予定経費要求書等の作製の基礎となった方針及び意思決定その他の重要な経緯が記録された文書（財務大臣に送付した予定経費要求書等を含む。） ・上記のほか、行政機関における予算に関する重要な経緯が記録された文書
		(2)歳入及び歳出の決算報告書並びに国の債務に関する計算書の作製その他の決算に関する重要な経緯（5の項(2)及び(4)に掲げるものを除く。）	以下について移管 ・財政法第37条第1項の規定による歳入及び歳出の決算報告書並びに国の債務に関する計算書の作製の基礎となった方針及び意思決定その他の重要な経緯が記録された文書（財務大臣に送付した歳入及び歳出の決算報告書並びに国の債務に関する計算書を含む。） ・財政法第37条第3項の規定による継続費決算報告書の作製の基礎となった方針及び意思決定その他の重要な経緯が記録された文書（財務大臣に送付した継続費決算報告書を含む。） ・財政法第35条第2項の規定による予備費に係る調書の作製の基礎となった

			方針及び意思決定その他の重要な経緯が記録された文書（財務大臣に送付した予備費に係る調書を含む。） ・上記のほか、行政機関における決算に関する重要な経緯が記録された文書
16	機構及び定員に関する事項	機構及び定員の要求に関する重要な経緯	移管
17	独立行政法人等に関する事項	(1)独立行政法人通則法その他の法律の規定による中期目標（独立行政法人通則法第２条第３項に規定する国立研究開発法人にあっては中長期目標、同条第４項に規定する行政執行法人にあっては年度目標）の制定又は変更に関する立案の検討その他の重要な経緯	移管
		(2)独立行政法人通則法その他の法律の規定による報告及び検査その他の指導監督に関する重要な経緯	
18	政策評価に関する事項	政策評価法第６条の基本計画の立案の検討、政策評価法第10条第１項の評価書の作成その他の政策評価の実施に関する重要な経緯	移管
19	公共事業の実施に関する事項	直轄事業として実施される公共事業の事業計画の立案に関する検討、関係者との協議又は調整及び事業の施工その他の重要な経緯	以下について移管 ・総事業費が特に大規模な事業（例：100億円以上）については、事業計画の立案に関する検討、環境影響評価、事業完了報告、評価書その他の重要なもの

			・総事業費が大規模な事業（例：10億円以上）については、事業計画の立案に関する検討、事業完了報告、評価書その他の特に重要なもの ・工事誌
20	栄典又は表彰に関する事項	栄典又は表彰の授与又ははく奪の重要な経緯（5の項(4)に掲げるものを除く。）	以下について移管 ・栄典制度の創設・改廃に関するもの ・叙位・叙勲・褒章の選考・決定に関するもの ・国民栄誉賞等特に重要な大臣表彰に係るもの ・国外の著名な表彰の授与に関するもの
21	国会及び審議会等における審議等に関する事項	(1)国会審議（1の項から20の項までに掲げるものを除く。）	以下について移管 ・大臣の演説に関するもの ・会期ごとに作成される想定問答
		(2)審議会等（1の項から20の項までに掲げるものを除く。）	以下について移管 ・審議会その他の合議制の機関に関するもの（部会、小委員会等を含む。）
22	文書の管理等に関する事項	文書の管理等	以下について移管 ・移管・廃棄簿

② 以下の左欄の事項に係る歴史公文書等の具体例は、右欄のとおりであることから、これらの歴史公文書等を含む行政文書ファイル等を移管することとする。

事　項	歴史公文書等の具体例
各行政機関において実施・運用している制度（例：政策評価、情報公開、予算・決算、補助金等、機構・定員、人事管理、統計等）について、制度を所管する行政機関による当該制度の運用状況の把握等に関する事項	・基本計画 ・年間実績報告書等 ・施行状況調査・実態状況調査 ・意見・勧告 ・その他これらに準ずるもの

国際会議	・国際機関（IMF, ILO, WHO等）に関する会議又は閣僚が出席した会議等であって、重要な国際的意思決定が行われた会議に関する準備、実施、参加、会議の結果等に関する文書
国際協力・国際交流	・政府開発援助、国際緊急援助の基本的な方針、計画、実施及び評価に関する文書 ・国賓等の接遇に関する文書のうち重要なもの
統計調査	・基幹統計調査の企画に関する文書及び調査報告書 ・一般統計調査の調査報告書
その他の事項	・年次報告書 ・広報資料 ・大臣記者会見録 ・大臣等の事務引継書

(2) 政策単位での保存期間満了時の措置

① 国家・社会として記録を共有すべき歴史的に重要な政策事項であって、社会的な影響が大きく政府全体として対応し、その教訓が将来に活かされるような以下の特に重要な政策事項等に関するものについては、１の基本的考え方に照らして、

(1)①の表で「廃棄」とされているものも含め、原則として移管するものとする。

(災害及び事故事件への対処)

阪神・淡路大震災関連、オウム真理教対策、病原性大腸菌O157対策、東日本大震災関連等

(我が国における行政等の新たな仕組みの構築)

中央省庁等改革、情報公開法制定、不良債権処理関連施策、公文書管理法関連、天皇の退位等

(国際的枠組みの創設)

気候変動に関する京都会議関連施策、サッカーワールドカップ日韓共催、2020年東京オリンピック・パラリンピック等

② 総括文書管理者は○○省における重要政策を定期的に検討の上公表することとし、当該重要政策に関する企画・立案から実施に至る経緯を含めた情報が記録された文書については、１の基本的考え方に照らして、(1)①の表で「廃棄」とされているものも含め、原則として移管するものとする。

③ 領土・主権に関連する文書については、１の【Ⅳ】に該当する可能性が

極めて高いことから、原則として移管するものとする。

なお、「領土・主権に関連する文書」とは、北方領土及び竹島に関する我が国の基本的立場及び対応に関して作成又は取得した文書のみならず、北方領土及び竹島に関する情報を記載又は記録をした海洋、漁業、鉱物資源及び環境に関する調査その他の調査、教育、地図の作成、航海その他の施策に関する文書も指す。また、尖閣諸島に関しては、領土問題ではないものの、同様の考え方に基づき対処する。

(3) 昭和27年度までに作成・取得された文書

昭和27年度までに作成・取得された文書については、日本国との平和条約(昭和27年条約第5号。いわゆる「サンフランシスコ平和条約」)公布までに作成・取得された文書であり、1の【Ⅰ】【Ⅲ】【Ⅳ】に該当する可能性が極めて高いことから、原則として移管するものとする。

(4) 特定秘密である情報を記録する行政文書

特定秘密である情報を記録する行政文書については、この表に定めるもののほか、特定秘密保護法、特定秘密保護法施行令及び運用基準を踏まえ、移管・廃棄の判断を行うものとする。

(5) (1)から(4)に記載のない文書

(1)から(4)に記載のないものに関しては、1の基本的考え方に照らして、各行政機関において個別に判断するものとする。

(6) 注意事項

① 「移管」とされている文書が含まれている行政文書ファイル等はすべて移管することとする。

② 移管については、当該業務を主管する課室等の文書管理者において行うものとする。

別紙様式

平成○○年○○月○○日

副総括文書管理者宛て

○○局○○課文書管理者

組織新設・改廃に伴う行政文書ファイルの引継ぎについて（報告）

平成○○年○○月○○日、下記につき、○○課文書管理者より引継ぎを受けましたので、○○省行政文書ファイル保存要領に基づき報告します。

記

№	作成・取得年度	大分類	中分類	小分類 （行政文書ファイル名）	作成・取得者
1	20○○年度 （平成○年度）	△△△ △△	◆◆◆ ◆◆◆	□□□□□□□	○○局○○課長

起算日	保存期間	保存期間満了日	媒体の種別
20○○年４月１日	10年	20○○年３月31日	紙

※「記」以下の記載については、引継ぎを受けた行政文書ファイル等に係る行政文書ファイル管理簿の一覧をもって代えることができる。